AF341157

ART
DE FAIRE ECLORRE
ET D'ELEVER EN TOUTE SAISON
DES
OISEAUX DOMESTIQUES
DE TOUTES ESPECES,

Soit par le moyen de la chaleur du fumier, soit par le moyen de celle du feu ordinaire.

Par M. DE REAUMUR, de l'Académie Royale des Sciences, &c. Commandeur & Intendant de l'Ordre royal & militaire de Saint-Louis.

Tome Second.

A PARIS,
DE L'IMPRIMERIE ROYALE.

M. DCCXLIX.

TABLE

Des Mémoires contenus dans ce Volume.

ART

ART

D'élever les Poulets éclos dans les Fours de toutes espèces.

PREMIER MÉMOIRE.

Moyens de suppléer aux Mères qui manquent aux Poulets éclos dans les Fours.

INUTILEMENT sauroit-on faire naître des poulets en telle quantité qu'on voudroit, si l'on ne pouvoit pas se promettre de les élever. Cette partie de l'ouvrage a peut-être été regardée comme la plus difficile ; ç'a été probablement l'impossibilité qu'on a cru voir à y réussir, qui a fait négliger, ainsi que nous l'avons dit ailleurs,

Tome II. . A

de conſtruire des fours à poulets ſemblables à ceux d'E′gypte, dans les pays où
les arts ſont cultivés & où l'induſtrie eſt
animée par des récompenſes. Que faire,
s'eſt-on demandé, de tant de poulets nés
à la fois, & dépourvûs de ces mères ſi néceſſaires pour les réchauffer & pour les
défendre contre les injures de l'air ! Cette
difficulté n'eût pourtant paru rien moins
qu'inſurmontable, ſi on ſe fût donné la
peine de la méditer & de chercher les
moyens de la lever ; elle n'eût pas même
dû arrêter tous ceux qui ſavent qu'au lieu
d'une mère conductrice, on peut donner
un père conducteur aux poulets nés ſous
des poules ; qu'un chapon qu'on a ſû inſ-
truire, conduit, ſoigne & couve auſſi bien
les poulets qu'on lui confie, que le pourroit
faire la mère ſous laquelle ils ſont éclos.

Or il eſt connu depuis bien des années,
qu'on peut faire acquerir à un coq le goût
& le talent qui ſembleroient propres à la
ſeule mère poule. Geſner rapporte dans ſon
Ornithologie, que ce fait étoit atteſté par
pluſieurs modernes de ſon temps ; il cite
même Albert le Grand, qui a écrit qu'il
avoit vû un coq conduire des poulets.

Willughby parle du même fait dans
ſon Ornithologie, comme témoin oculaire ; il y dit qu'il avoit vû plus d'une

fois avec plaifir un chapon remplir très-bien les fonctions d'une mère affection-née, auprès des poulets du foin defquels on l'avoit chargé. Prefque tous les Au-teurs qui ont écrit de l'œconomie de la campagne, ont enfeigné la manière dont il falloit s'y prendre pour donner à un chapon le goût de conduire des poulets nouvellement nés : on ne fait pourtant pas affez dans les campagnes que les chapons peuvent être fubftitués aux poules pour cet emploi, ou du moins n'y cherche-t-on pas, comme on le devroit, à les en char-ger. J'avois eu des occafions répétées de m'affurer par mes propres yeux qu'ils s'en acquittent très-bien : une Dame de mes pa-rentes, également refpectée de tous ceux qui la connoiffent, pour fon bon cœur & pour fon grand fens, ne fait élever fes poulets que par des chapons, & elle en fait élever chaque année un grand nom-bre : j'ai vû & revû dans fon château de Vaujour près Livry, plus de deux cens poulets qui n'avoient que trois ou quatre chapons pour conducteurs ; car un des avantages qu'on trouve à les en faire fer-vir, eft qu'on peut donner à un feul cha-pon le double & le triple des poulets qu'on peut donner à une poule. Un autre avan-tage eft qu'on eft maître de les lui donner

A ij

quand on veut, il eſt toûjours prêt à recevoir ceux dont on juge à propos de le
charger, il ſemble devenir plus fier à meſure que le nombre en augmente ; au
contraire les poules traitent mal les jeunes
poulets qu'on leur offre, quand leur âge
diffère de pluſieurs jours de l'âge de ceux
qu'elles ont fait éclorre & qu'elles ont ſoi-
gnés depuis leur naiſſance.

On trouve encore deux autres avantages à faire élever les poulets par des chapons ; on ne perd point les œufs que des
poules auroient pondus pendant une partie du temps où elles ont été occupées du
ſoin de leurs petits : mais l'envie de pondre,
que ce ſoin arrête ordinairement, leur re-
vient quelquefois trop tôt, alors elles abandonnent à eux-mêmes des poulets encore
trop foibles, au lieu qu'ils ne ceſſent d'être
menés par les chapons que quand ils veulent ceſſer de l'être.

Ces avantages ſont bien réels, & ne ſauroient être ignorés dans les campagnes ;
pourquoi donc eſt-il ſi rare d'y voir des
chapons conducteurs d'une troupe de poulets, & même dans celles où les moyens de
les en rendre capables ne ſont pas abſolu-
ment ignorés ? Ces moyens ont été enſei-
gnés il y a long-temps par Porta dans ſa
magie naturelle, *livre 4, chap. 2 6.* Il preſ-

crit de plumer sur le soir le ventre du chapon qu'on veut instruire, & de lui en rendre la peau douloureuse en la frottant avec des orties; de mettre ensuite sous lui des poulets dès la même nuit, ou la nuit suivante. D'autres ajoûtent à ces procédés pour recette plus sûre, d'enivrer le chapon en lui faisant boire du vin; ils veulent qu'on arrange sous lui les poulets pendant qu'il est ivre : on a parlé de l'effet de cette ivresse, comme si elle donnoit lieu de croire au chapon, qui à son réveil se trouve environné de petits poulets, qu'il a été transformé en poule, & qu'elle lui en eût fait prendre toutes les inclinations.

Ces procédés qui ont été exposés comme aussi sûrs que simples, auront dégoûté d'avoir recours aux chapons ceux qui en auront attendu un effet si prompt; ils auront vû que le chapon à son réveil écrasoit en marchant sur eux, les poulets qu'on avoit fait passer sous son corps, & qu'il en assommoit d'autres à coups de bec : c'est ainsi qu'en agirent trois chapons que je tentai successivement de former à tenir lieu de mères à des poulets. D'autres dont les premières tentatives pour instruire des chapons n'auront pas été plus heureuses que les miennes, auront renoncé à les recommencer.

A iij

Que faut-il donc faire de plus pour faire prendre à un chapon une affection pour des poulets ſemblable à celle qu'ont pour eux les poules qui les ont fait naître? Il faut y employer plus de temps, il faut leur donner une éducation qui n'eſt pas l'affaire d'une ſeule nuit ou d'un ſeul jour, qui demande à être ſuivie pendant pluſieurs jours. Ayant à différentes repriſes tenté mes eſſais ſur mes trois chapons ſans leur avoir fait acquerir le talent que je leur voulois, je les envoyai à une maîtreſſe plus habile que moi, à la femme qui ſoigne la baſſe-cour de cette parente dont j'ai parlé ci-deſſus; ils ſortirent de ſon école très-bien inſtruits, mais ce ne fut qu'au bout de dix à douze jours. Sa façon n'eſt ni de leur plumer le ventre, ni de le frotter d'orties, ni de les enivrer; tout cela pourtant n'eſt point contraire à l'objet qu'on ſe propoſe : elle tient un chapon ſeul pendant un jour ou deux, dans un baquet peu large & aſſez profond, qu'elle couvre de planches ; elle le retire pluſieurs fois par jour de ce baquet pour le mettre ſous une cage où il trouve dequoi manger; un des jours ſuivans elle lui donne pour compagnons deux ou trois petits poulets, de ceux qui ont déjà quelque force, à qui des plumes ont pouſſé

aux aîles, & qui en ont à la queue qui
commencent à se montrer; elle les laisse
avec lui, & les retire ensemble du baquet
pour les mettre sous la cage & les y faire
manger de compagnie : s'il les traite mal,
elle les sépare & ne recommence que le
lendemain à mettre ces mêmes poulets ou
d'autres avec le chapon dans le baquet où
il entre peu de jour. Au moyen de ces
opérations répétées plusieurs fois par jour
& quelques jours de suite, le chapon s'accoûtume à vivre avec deux ou trois poulets : on en augmente le nombre peu à
peu, il s'accoûtume à vivre avec les nouveaux venus, comme il s'est accoûtumé
avec les anciens; & quand on est parvenu
à en mettre avec lui sept à huit, & qu'il
a paru s'y être attaché, on peut sans risque
lui en donner une plus grande quantité,
on l'a amené au point de paroître d'autant
plus content qu'il y en a plus de confiés à sa conduite. On peut alors lui donner pleine liberté, il les couvera comme
les poules les couvent, lorsqu'ils auront
besoin d'être réchauffés; il les menera dans
les endroits où il croira qu'ils trouveront
de quoi se nourrir; il gloussera comme
font les poules pour rappeller ceux qui se
seront trop écartés; il redoublera ses gloussemens lorsqu'il aura trouvé quelques mor-

A iiij

ceaux friands, pour les inviter à venir le partager entr'eux : fi c'eft un morceau de pain ou un long ver, il le leur dépecera en très-petites parties ; content fi fes poulets les mangent avec avidité, il s'en privera pour eux.

Les premiers jours de l'éducation font les plus difficiles, il eft rare qu'ils fe paffent fans qu'il y ait quelque petit poulet tué ou eftropié : il faut s'attendre à voir de ces fâcheufes aventures & n'en être pas rebuté, parce qu'elles ne feront pas répétées dans la fuite ; elles font le prix de l'inftruction du chapon. Au moyen d'une éducation femblable on réuffit à faire prendre aux coqs comme aux chapons, le goût de devenir conducteurs de poulets. J'avois cru avoir envoyé trois chapons à l'école ; un d'eux n'en avoit que l'apparence que donne la crête coupée, c'étoit d'ailleurs un véritable coq ; il n'en revint pas cependant moins inftruit que les vrais chapons ; il a conduit très-bien les poulets que je lui ai confiés ; il ne lui arrivoit de les négliger que pour quelques momens, lorfqu'il voyoit paffer une poule qu'il jugeoit difpofée à recevoir fes careffes ; c'étoit un objet piquant à diftraction contre lequel il ne pouvoit tenir, fes poulets étoient oubliés pour ce moment, il les abandonnoit pour courir fur la poule, & dès qu'il l'avoit forcée à fouf-frir fes careffes, il retournoit froidement à eux.

Les chapons & les coqs une fois inf-truits à conduire les poulets, le font pour toute leur vie, ils ne fe laffent pas de cette occupation : fi on les laiffe oififs pendant plufieurs mois de fuite, comme on le fait ordinairement pendant la fin de l'automne & pendant tout l'hiver, on leur retrouve au printemps le talent qu'on leur avoit fait acquerir, ou il ne faut que très-peu de leçons pour le leur redonner.

Quelque quantité de poulets qu'on fît éclorre dans des fours, on n'auroit donc pas à craindre d'en être embarraffé, fi on avoit eu la précaution de fe pourvoir d'un nombre fuffifant de chapons ou de coqs, prêts à recevoir & foigner les pouffins à mefure qu'ils naîtroient. Il eft pourtant vrai qu'il faudroit renoncer à en faire naî-tre pendant les rudes faifons, fi on vouloit laiffer aux chapons fubftitués aux poules, la liberté de courir dans des cours : on ne pourroit les employer à élever avec fuccès des poulets pendant l'hiver qu'en les te-nant dans des lieux chauds, dans des efpè-ces d'étuves ; on ne doit pas attendre plus d'eux que des poules, dont tous les foins ne sauvent pas la vie à leurs petits lorsque la durée du froid est trop constante.

J'ai espéré que sans se charger d'avoir à fournir du grain à tant de chapons, on réussiroit à élever les poulets en toute saison; il m'a semblé que l'on pouvoit se promettre que la même couche de fumier qui leur avoit tenu lieu de mère pour les faire éclorre, leur en serviroit encore pour leur conserver la vie & les faire croître; que de même on feroit utilement usage pour les élever, de ces fours à pain ou autres par la chaleur desquels avoient été couvés les œufs dont ils étoient sortis. Le succès a parfaitement répondu à mon attente : je ne cacherai point que ce n'a pas été sans avoir éprouvé bien des contrariétés, sans payer le plaisir que j'avois eu de voir naître des milliers de poulets, par le regret d'en voir périr une grande & très-grande partie ; je dois raconter ces aventures qui m'ont été si désagréables, & en faire connoître les causes pour empêcher les autres d'en essuyer de pareilles. Mais enfin la suite de mes tentatives pour élever les poulets, soit par le moyen de la chaleur du fumier, soit par le moyen d'un feu ordinaire qui ne coûte rien ou peu, m'ont appris des manières d'y réussir aussi simples & aussi sûres que je les avois désirées. Leurs avantages sur la manière pratiquée jusqu'ici, sont tels qu'on jugera qu'il y auroit même à gagner en ôtant aux poules les poulets qu'elles auront fait éclorre, pour les soigner selon quelqu'une des nouvelles méthodes. J'expliquerai d'abord celles qui exigent une couche de fumier, elles me laisseront peu à dire par rapport à celles qui supposent la chaleur du feu ordinaire.

Le froid & la pluie sont ce qu'il y a de plus contraire aux jeunes poulets ; les mères ont bien de la peine à les défendre contre l'un & l'autre, même dans les saisons des jours chauds : l'été est le temps où il en périt le moins & où ils croissent plus vîte. En les élevant dans une couche il est aisé de leur faire jouir d'un été continuel, dans lequel il n'y a ni nuits froides, ni temps pluvieux ; cet été constant règne dans le four où ils sont nés. Si on vouloit en prendre la peine on pourroit les élever dans ce même four ou dans un pareil, en cas qu'on en eût un de relais, jusqu'à ce qu'ils eussent quinze jours ou trois semaines : on les en retireroit seulement aux heures où on voudroit leur faire faire des repas, c'est-à-dire, cinq à six fois par jour, pour les mettre dans une boîte sans couvercle où ils trouveroient

de quoi becqueter & remplir leur petit
jabot : le repas pris, ce qui est fait en
moins d'un quart d'heure, on les remettroit dans le four, où ils passeroient les
autres temps de la journée & la nuit entière. Cette façon de les élever dans leur
âge le plus tendre, n'a contr'elle que la
sujétion qu'elle exige, le succès en est sûr.
Mais quand on ne se proposeroit pas de
tenir les poulets dans un four pendant
deux ou trois semaines, on doit les laisser
dans celui où ils sont nés, ou dans un
autre où on les aura transportés, pendant
environ vingt-quatre heures ; ils sont au
moins pendant tout ce temps sans avoir
besoin de manger ; quoiqu'il y en ait qui
becquetent dix à douze heures après qu'ils
sont éclos, ce n'est pas encore par nécessité. Leurs parties extérieures s'affer-
missent dans le lieu chaud où ils se trouvent : je ne pensai pas pourtant qu'il con-
vînt de les tenir dans les tonneaux où ils
étoient nés, au moins quand ils seroient
parvenus à une grandeur qui leur donne
des forces & l'envie d'en faire usage ; ils n'y
auroient pas eu une liberté de se prome-
ner nécessaire pour exercer leurs jambes,
& pour fortifier leur corps ; mais des pro-
menoirs de cinq à six pieds de longueur
me semblèrent longs de reste pour des

poulets nouvellement nés, & même pour ceux qui font devenus prefqu'affez grands pour être abandonnés à eux-mêmes : je ne trouvai donc rien de plus convenable que de leur donner pour logement une longue boîte *, mais étroite, qui n'eût pour largeur que celle d'une planche qui en faifoit le fond, & pour hauteur que la largeur d'une pareille planche ; elle avoit par deffus une claye d'ofier très à claire-voie.

* Planche V, fig. 1.

J'ai donné à cette boîte le nom de *pouffinière*, dont je me fervirai dans la fuite pour la défigner ; je la nommerai même la première pouffinière, pour la diftinguer d'une autre dont nous indiquerons l'ufage. Je la fis enterrer dans la couche & entourer de fumier nouveau bien chargé de crottin : à un de fes bouts le fumier s'élevoit à fleur du bord fupérieur de ce bout & de fes côtés *; de-là jufqu'à l'autre bout * la furface du fumier devenoit de plus en plus baffe, elle laiffoit à découvert une plus grande hauteur de chaque côté de la pouffinière, de manière que fon fecond bout n'étoit enfoncé dans le fumier que d'un pouce ou deux.

* Figure 1. P P. * Q Q.

De cette difpofition du fumier il réfultoit que depuis le dernier bout de la pouffinière jufqu'au premier, il y avoit

dans sa cavité différentes températures
d'air : quand les poulets vouloient avoir
aussi chaud que s'ils eussent été couvés
par une poule , ils n'avoient qu'à se rendre auprès du bout le plus échauffé, ou le
plus enterré dans le fumier ; mais lorsque la
durée de l'action d'un air si chaud leur devenoit incommode , ils avoient à choisir
dans le reste de la boîte entre les nuances,
pour ainsi dire , de température d'air qui
s'y trouvoient. Quoique nos corps, & probablement ceux de la plûpart des animaux,
souffrent des passages trop subits du froid
au chaud, peut-être que la santé des corps
animés s'affoibliroit à la longue dans un
air où il n'y auroit absolument aucune vi-
cissitude ; enfin il m'a semblé que nos
poulets devoient se trouver mieux s'ils n'é-
toient pas toûjours tenus dans un degré
de chaleur égal.

C'est dans un endroit de la poussinière
de température moyenne que je faisois
mettre de petits vases dont les uns contenoient la nourriture propre aux petits
poulets, & les autres de l'eau claire qui
fait leur seule boisson ; on répandoit un
peu de la nourriture sur le fond de la
boîte, de manière qu'elle formât une trace
qui les conduisît aux endroits où elle étoit
rassemblée en plus grande quantité ; ils

ne manquoient pas de s'y rendre, d'y remplir leur petit jabot, & quand ils s'étoient
raffafiés, ils retournoient auprès du bout
le plus chaud, & s'y mettoient en peloton
en fe preffant les uns contre les autres.
Après un repos d'une durée tantôt plus
longue, tantôt plus courte, ils n'avoient
pas befoin d'y être excités pour fe déterminer à courir dans la boîte, à y battre des
aîles, & à chercher à remplacer ce qui
avoit paffé de leur jabot dans leur géfier.

Au moyen d'une pouffinière auffi fimple que celle qui vient d'être décrite, des
poulets furent élevés chez moi, non pourtant fans qu'il en mourût plufieurs, quoique peut-être le nombre de ceux-ci ne
fût pas plus grand proportionnellement
que le nombre de ceux qui périffent malgré les foins des poules. Dans la fuite ma
pouffinière ne me parut pas affez parfaite,
je jugeai qu'il lui manquoit une pièce qui
pouvoit contribuer à faire bien porter les
poulets, & par conféquent à en fauver :
ils y étoient tenus dans un air chaud, mais
ils n'y étoient pas véritablement couvés,
je veux dire qu'ils n'y avoient rien d'équivalent à cette douce preffion du ventre de
la mère contre le dos des petits qu'elle
couve : leur dos eft plus échauffé que le
refte par le ventre de la mère ; pendant

qu'elle l'applique contre le dos de ses petits, leur ventre est souvent posé sur une terre froide & humide, leurs pattes au contraire sont plus chauffées que le reste dans la poussinière. Les petits que je tenois dans la poussinière auroient dû m'apprendre de bonne heure qu'ils avoient besoin d'échauffer leur dos plus que leurs autres parties; lorsqu'après s'être rendus au bout de la poussinière ils restoient dans l'inaction, au lieu de s'accroupir, ce qui est pour eux une attitude assez naturelle dans les temps de repos, ils se dressoient sur leurs jambes, ayant le derrière tourné vers les parois ou le bout de la boîte, pour appliquer le plus qu'il étoit possible leur dos contre ces parois plus chaudes que l'air. On ne sauroit mieux faire que de copier les procédés de la Nature, quand on veut opérer des effets pareils à ceux qu'elle nous fait voir : il me sembla donc qu'il manquoit aux petits de la poussinière, une mère, une couveuse qui les déterminât à prendre leur repos dans les mêmes attitudes où ils le prennent sous la poule; j'imaginai de leur en donner une inanimée qui leur tînt lieu d'une poule vivante. Qu'on se représente un pupitre tel que ceux qu'on met sur une table à écrire, dont toutes les parois de la cavité intérieure font revêtues d'une bonne fourrure, & on jugera qu'il peut être pour les poulets l'équivalent d'une mère, & même valoir mieux pour eux * : c'est un logement qui leur donne une libre entrée, mais le toit étant peu élevé & incliné, ils ne fauroient guère avancer dans l'intérieur fans que leur dos touche les poils de la peau dont la furface intérieure de ce toit eft recouverte ; à mefure qu'ils pénètrent plus avant, leur dos preffe davantage la fourrure, & ils la preffent plus ou moins à leur gré. Ils m'ont bien-tôt montré qu'ils connoiffoient tout le mérite de cette mère artificielle, qu'ils aimoient à fe tenir fous elle, où il fait plus chaud que par-tout ailleurs, & à la preffer beaucoup : quand ils avoient pris leurs petits repas, fauté, gambadé, & qu'ils commençoient à fe laffer ou à n'avoir plus affez chaud, ils fe rendoient fous cette mère, & s'y enfonçoient fi avant qu'ils ne pouvoient y être que tapis fur le ventre ; lorfqu'on enlevoit & renverfoit cette mère artificielle, on voyoit l'empreinte du dos de divers poulets bien marquée dans la fourrure.

La largeur de cette mère artificielle eft déterminée par celle de la pouffinière, dans laquelle elle doit entrer à l'aife ; fa longueur, ou, fi l'on veut, fa profondeur, eft

* Planche I,
fig. 1, 2 &
3. M.

aſſez arbitraire, & doit être proportionnée au nombre de poulets qu'on veut
qu'elle ſoit capable de recevoir : je ſui en
donne ordinairement une de quinze pouces, ce qui ſuffit pour plus de cinquante à
ſoixante très-petits poulets. L'âge de ceux
qui y doivent être couvés, demande qu'on
en ait de plus & de moins hautes à l'entrée
& au fond, car il convient d'en avoir de
différentes pour les poulets qui ont une
différence notable de taille. La petite charpente de cette mère conſiſte en un chaſſis
qui en fait le toit * : ce chaſſis laiſſe une
flexibilité à la fourrure tendue ſur la ſurface inférieure, qu'elle n'auroit pas ſi ce
toit étoit une planche ; il eſt poſé ſur quatre pieds, dont les deux poſtérieurs ſont
extrêmement courts, deux pouces de hauteur leur ſuffiſent ; ceux de devant ne doivent avoir que quatre pouces, ſi la loge eſt
deſtinée à des poulets naiſſans, & on leur
en donne davantage, ſi elle l'eſt à des poulets plus âgés ; alors on donne auſſi plus
d'élévation aux deux pieds poſtérieurs.

C'eſt avec de la peau d'agneau paſſée
par un fourreur, & fournie d'une aſſez longue laine, que j'ai fait garnir toute la ſurface
intérieure de la mère * : d'autres peaux peu
chères, comme celles de lièvre, de lapin,
de chat, &c. pourroient être employées

*Planche II,
fig. 1, A B
C D.

* Fig. 2.

au même usage ; mais peut-être que celle d'agneau, qui est plus touffue, mérite d'être préférée : enfin j'ai fait attacher un petit rideau * au devant de quelques-unes, qu'on abaissoit le soir quand la chaleur de la cavité ne sembloit pas forte ; le rideau contribuoit à faire passer la nuit aux poulets plus chaudement.

* Planche II, fig. 1, R S.

On s'assure du degré de chaleur qui règne dans cette loge fourrée, comme on s'assure de celui de la chaleur des fours, par le moyen d'un thermomètre. Le plus grossier de tous m'a paru le plus commode pour m'en instruire ; c'est celui que j'ai proposé aux gens de la campagne, une très-petite bouteille remplie en partie de beurre allié avec du suif * ; sa forme & son peu de volume permettent de la placer sans l'exposer à des risques auxquels seroient sujets des thermomètres plus parfaits, mais plus fragiles, & d'ailleurs plus incommodes à loger & à manier. Il n'importe pas ici de connoître le degré de chaleur, au moins d'une trop grande chaleur, avec autant de précision qu'il faut connoître celui qui couve les œufs : quand il fait trop chaud sous la mère, les petits savent fort bien la quitter, se répandre dans la poussinière, ou aller se rassembler à son autre bout qui est le

* Tome premier, planche VII, figure 3.

plus tempéré. Lorsque le beurre de la bou-teille ne se tient pas assez liquide, qu'il est figé en grande partie, on est averti de songer à réchauffer la poussinière, ce qu'on fait en apportant un lit de fumier chaud bien chargé de crottin ; ces sortes de réchauds n'ont rien de différent de ceux des fours, si ce n'est qu'ils demandent à être faits plus rarement & avec moins de fumier.

Au reste il n'y a point de mère naturelle qui vaille pour les petits poulets la mère artificielle ; ils ne sont pas long-temps à en connoître le prix, &, pour ainsi dire, à s'attacher à elle ; l'instinct conduit vîte, & bien, les animaux qui l'ont seul pour guide, & leur apprend ce qu'ils doivent chercher & aimer. Des poussins tirés du four douze ou vingt-quatre heures après être éclos, & mis au milieu de la poussi-nière, se portent presque sur le champ à becqueter & à avaler les petites miettes de pain ou les menues graines qu'on fait tomber devant eux ; après avoir mangé & marché pendant quelque temps, ils trou-vent ordinairement d'eux-mêmes la loge sous laquelle ils vont se réchauffer & se reposer ; ils y restent jusqu'à ce que le besoin de manger & l'envie de se prome-ner les mettent en mouvement : tous ceux

de la pouffinière ne manquent pas d'aller
fe coucher le foir fous cette mère, ils en
fortent dès que le jour paroît; quand on
le fait naître pour eux avant le lever du
foleil en approchant une lumière de la
pouffinière, ils font dans l'inftant déterminés à fortir, ils viennent becqueter les
reftes des alimens qu'ils ont laiffés; ils ont
envie de manger alors à des heures où des
poules ne l'auroient pas, & font plus aifés
à être réveillés & à être mis en action : des
poules tenues dans le même lieu où font les
pouffinières, reftent tranquilles à l'approche de la lumière qui fait mouvoir tous les
petits poulets; j'en ai fait cent fois l'expérience. Pour mieux entretenir la chaleur de
la mère, on la couvre par deffus de foin
qu'on y entaffe & qu'on fait monter jufqu'au bord fupérieur de la pouffinière.

Il eft avantageux aux petits poulets de
ne vivre qu'avec ceux d'un âge à peu près
afforti au leur, les nouveaux-nés ont à
fouffrir & courent des rifques lorfqu'ils en
ont pour compagnons de trop alertes qui
ont déjà acquis de la vigueur : ceux-ci ne
font pas arrêtés par la confidération de la
foibleffe des premiers qu'ils trouvent dans
leur chemin ; fouvent ils les culbutent,
leur paffent fur le corps, les piétinent,
fans pourtant aucune mauvaife intention,

& seulement pour arriver à leur but. Des poulets vifs qui se succèdent & qui continuent de passer sur le corps de celui qui a été renversé, dont les jambes sont en l'air, le mettent dans l'impuissance de jamais se relever ; il est quelquefois tué par de pareils piétinemens en un demi-quart d'heure. Pendant les repas les foibles n'ont que ce que les forts veulent bien leur laisser ; ces derniers s'emparent souvent des meilleures places sous la mère, les autres se trouveroient mal de les leur disputer. On pourvoit à la sûreté & à la commodité de ceux qui ont moins de force, en multipliant les poussinières : il suffit d'en avoir trois de différentes grandeurs. La première * est destinée aux poulets qui demandent à être le plus ménagés, à ceux qui ne viennent que de naître ; elle peut être la moitié plus courte que les deux autres, n'avoir qu'environ trois pieds ou trois pieds & demi de longueur, si on ne veut y loger que cinquante à soixante poulets ; elle en est plus aisée à réchauffer, & sa capacité est plus proportionnée à la taille de ses habitans. Je place d'abord chacun de ceux que je lui donne, sous la mère, afin qu'ils commencent par la connoître, & qu'ils apprennent plûtôt où ils trouveront un degré de chaleur qu'ils aiment.

* Planche I, fig. 1.

Après que les petits poulets ont passé
sept à huit jours dans la première pouffinière, qu'ils y ont pris affez de force pour
n'en pas craindre d'autres d'un âge un peu
plus avancé, de ceux qui ont quinze jours
ou trois femaines, je les loge avec ces derniers dans la feconde pouffinière*. Si l'on * Planche I,
a un four dans lequel on met journelle- fig. 3.
ment des œufs, chaque jour des poulets
éclofent, & on en donne chaque jour de
nouveaux à la première pouffinière. Il y
auroit trop d'embarras à tenir regiftre de
leur âge, & cela n'eft nullement néceffaire pour connoître ceux qui font dans
la fuite en état d'être retirés de la première pouffinière; les yeux en font juges,
& décident mieux que ne feroient les dates
de l'âge, parce que tel poulet eft plus vigoureux à fix, à fept jours, qu'un autre
ne l'eft à huit ou à neuf; & ce font toûjours les plus vigoureux qui doivent être
les premiers changés de logement.

Je laiffe les poulets dans la feconde
pouffinière jufqu'à ce qu'ils aient environ
un mois, alors je les fais paffer dans la
troifième; celle-ci eft la plus fpacieufe,
je la diftingue des autres par le nom de
fevroir *. Non feulement le fevroir a une * Planche I,
largeur double de celle des deux autres fig. 4.
pouffinières, fa hauteur ou profondeur

eſt auſſi double de la leur, afin que les poulets qui commencent à faire uſage de leurs aîles ne volent pas par deſſus ſes bords. Elle a cependant un couvercle ; chacune des pouſſinières a auſſi le ſien : ces couvercles n'empêchent ni l'air de ſe renouveller dans les boîtes, ni les poulets de jouir de la lumière ; ce ſont des clayes * peu ſerrées & d'une figure proportionnée à celle de l'ouverture qu'elles ont à boucher. Diverſes aventures m'ont montré la néceſſité d'y avoir recours ; des chats, des rats ne laiſſeroient pas perdre les occaſions qu'ils pourroient trouver de faire du ravage, bien des meurtres dans les pouſſinières & dans le ſevroir, s'ils avoient la liberté d'y entrer. Des poulets devenus poules ou coqs, retournent volontiers au lieu de leur naiſſance, il eſt difficile de les dépayſer de la couche où ils ont été élevés, ils entrent dans les boîtes ou pouſſinières s'ils les trouvent découvertes ; le plus grand mal qu'ils y font, n'eſt pas d'y manger ce qui n'y a pas été mis pour eux, ils ne prennent pas garde en ſautant dedans, s'ils ne tomberont pas ſur quelque poulet ; il leur arrive même d'en tuer à coups de bec, de ceux qui ſe préſentent pour manger avec eux. C'eſt pour parer ces accidens que les clayes ſont néceſſaires;

* Planche I, fig. 2. C.

on

on les lève toutes les fois qu'on veut donner à manger & à boire aux poulets, toutes les fois qu'on a à prendre pour eux
d'autres petits soins, comme de les nétoyer, &c. ou qu'on veut se donner le
plaisir de les voir : on ne leur fait que du
bien dans tous les temps où on peut les
laisser à découvert sans les exposer aux
risques dont nous venons de parler.

Si la quantité des poulets qu'on fait
éclorre le demande, on multipliera le nombre des poussinières de chaque espèce, &
les sevroirs ; je dis qu'on les multipliera,
car ce ne seroit pas un équivalent de les
agrandir, au moins en les élargissant :
plus ces boîtes font larges, & plus il est
difficile d'y entretenir un air chaud, car
elles ne font pas précisément dans le cas
des tonneaux qui n'en font guère plus
difficiles à échauffer pour avoir beaucoup
plus de diamètre, elles ont une plus libre
communication avec l'air extérieur, & font
enfoncées moins avant dans le fumier : on
peut néanmoins porter leur largeur un
peu au delà de celle que j'ai déterminée
pour les premières qui servent pendant
l'hiver, & plus loin encore pour celles
dont on ne feroit usage que pendant l'été.

L'éducation d'été dispense de quelques
autres précautions que demande celle d'hi-

Tome II. B

ver : dans une faifon rude on n'oferoit expofer à l'air extérieur des poulets élevés délicatement ; lorfque ces derniers font devenus affez grands pour avoir befoin de plus d'étendue qu'ils n'en ont dans les fevroirs , qu'ils font plus gros que des merles, je les fais paffer dans une fpacieufe cage, garnie de bâtons fur lefquels ils peuvent fe percher, dans laquelle ils peuvent faire ufage de leurs aîles ; c'eft une loge ou cabane *. Le terrein dont je pouvois dif-pofer m'a contraint à en fixer la longueur à huit pieds, la largeur à trois pieds & demi, & la hauteur à quatre pieds; elle eft faite en berceau femblable en petit à ceux des jar-dins, fon grillage eft de même formé par des cerceaux efpacés de manière que les mailles carrées qui réfultent de leur écarte-ment & de leur croifement, ne font pas affez grandes pour laiffer fortir les poulets. On imagine affez en quoi doit confifter la petite charpente néceffaire pour faire le corps de cette cage & en foûtenir le gril-lage, fans qu'il foit néceffaire d'en décrire les pièces & leur affemblage : on imagine auffi affez que ce grillage peut être fait d'autre bois que celui qui eft mis en cer-ceau, qu'il feroit plus agréable & n'appe-fantiroit pas tant la cage, s'il étoit de fil de fer, mais auffi il feroit plus cher. Je dois dire que son fond est fait de quelques planches posées sur le fumier de la couche qui sert à faire éclorre les poussins, & à les élever dans leur âge le plus tendre. On peut la réchauffer en l'entourant de fumier, qu'on empêche de passer au travers du grillage au moyen d'une ceinture de planches qui n'a que la hauteur d'une des planches posée de chan. A un de ses bouts la cage a une porte qui permet à un homme d'y entrer ; là les poulets sont nourris comme le font tous ceux qu'on nourrit dans les autres cages ; une mère même leur est devenue inutile, ils ont pris ou sont prêts à prendre le goût de se percher, commun à toute la grande volaille de leur espèce.

Ce en quoi l'éducation d'hiver diffère principalement de celle d'été, c'est qu'on n'est pas obligé en été de tenir les poulets dans le lieu de la couche jusqu'à ce qu'ils soient devenus aussi grands que ceux qu'on sert sur nos tables ; on peut les mettre en plein air dans les jours beaux & chauds, & il m'a paru qu'ils en croissoient plus vîte : ceux qui ont vécu dans le sevroir, & les plus forts de la seconde poussinière, en pourront être tirés quelques heures après le lever du soleil, lorsqu'il promet une belle journée ; on les mettra

les uns après les autres dans un panier
profond, tel à peu près que ceux que les
jardiniers rempliffent des légumes qu'ils
cueillent, & on les portera fous une cage
pofée fur le gazon, & dans l'expofition la
plus favorable qu'on a pû choifir pour
qu'ils y jouiffent du foleil fans être trop
expofés au vent.

La forme de la cage dans laquelle on
les loge, eft affez indifférente ; fa grandeur doit être proportionnée au nombre
des poulets qu'on veut tenir dedans : on
peut fe fervir de celles que les Vanniers
font en tous pays, & qui font fort connues par-tout des femmes de la campagne * ; leur bafe eft ronde, elles confer-
vent le même diamètre dans une grande
partie de leur hauteur, après quoi elles forment une efpèce de dôme en cone tronqué ; au bout de ce dôme eft l'ouverture par
laquelle on fait entrer les poulets, qui fe
ferme par une petite porte en grillage. On
peut fe fervir de cages d'une toute autre
figure, comme des cages carrées, ou car-
rées-longues, & grillées, foit de barreaux
de bois, foit de cerceaux, comme celle
dont nous avons parlé ci-deffus. Dans les
temps où cette dernière eft inutile fur la
couche, elle peut être commodément portée par deux hommes dans une cour. Si

* *Vignette*
du troifième
Mémoire.

on aime la propreté & l'élégance dans ce genre d'ouvrage, ſi on veut une cage qui décore encore mieux la cour, on peút en avoir une grillée de fil de fer. Une mère artificielle n'eſt pas un meuble inutile à chacune de ces cages ; pendant que les poulets ſont en repos elle les défend, tantôt contre le vent, tantôt contre le froid, tantôt contre la trop grande ardeur du ſoleil, & quelquefois contre la pluie, c'eſt-à-dire qu'il eſt bon qu'ils puiſſent trouver un abri dans la cage.

Ces cages ne doivent être des priſons pour les petits poulets que pendant les premiers jours au plus, & dans les heures où le temps devient incertain ; lorſqu'il fait beau la liberté d'en ſortir leur doit être accordée. On leur ménagera une ou pluſieurs portes en élevant un coin de la cage plus que le reſte avec une pierre de la groſſeur du corps des plus gros poulets, ou en ôtant de place un barreau, ou de quelqu'autre manière que ce ſoit ; ils profiteront de cette liberté pour courir, voltiger, manger de l'herbe, chercher des inſectes ; mais le ſouvenir d'alimens plus aiſés à trouver, & d'ailleurs à leur goût, qu'ils ont laiſſés dans la cage, les y ramenera, & les y raſſemblera : la porte étroite ne permet pas au reſte de la volaille de la cour d'aller leur y enlever ce qui n'y a été mis que pour eux.

On pourroit craindre qu'étant sans conductrice ils ne se dispersassent, car les gloussemens de la mère & ceux du chapon rappellent au gros de la troupe ceux qui s'en sont écartés, mais ils aiment à se tenir ensemble ; s'il y en a quelqu'un qui se soit trop éloigné des autres, ses criailleries montrent son embarras, il écoute s'il n'entend pas ses compagnons faire des cris qui le guident à les retrouver.

On les voit sur le soir rassemblés sous la cage, on en bouche les portes, on les reprend & on les couche, soit dans le sevroir, soit dans une poussinière, ou au moins à couvert dans un lieu clos & sous une même cage. Quand ils sont devenus forts & que les nuits ne sont pas assez froides pour qu'ils aient besoin d'être réchauffés, enfin arrive le temps où on peut les mettre coucher avec le reste de la volaille, le temps où ils aiment à se percher pendant la nuit, & où on peut les laisser sortir le matin du poulaillier sans s'en inquiéter ; mais devenus grands ils continuent à vivre ensemble, ce qui montre qu'une mère poule n'étoit pas nécessaire pour lier entr'eux une société durable.

Une mère, ou un petit toit disposé

dans la cage tenue en plein air, sert à mettre à couvert les poulets contre une grosse ondée, on a le temps de les reprendre avant qu'ils soient mouillés. Si la pluie ne doit pas être de durée, si le soleil est prêt à reparoître bien-tôt, ce n'est pas la peine de les reporter de si bonne heure dans les boîtes de la couche de fumier ; mais pour les cas des grandes pluies, il est à propos de munir chaque cage d'un couvercle qu'on puisse mettre dans l'instant, & auprès de laquelle il doit être posé : ce couvercle peut être de planches minces, ou un chassis garni de toile cirée. Je fais quelquefois soûtenir par quatre piliers de bois un petit toit sous lequel est la cage ; alors les poulets n'ont rien à craindre de la pluie, & ayant la liberté de sortir de la cage, ils jouissent du soleil quand ils veulent, il leur est permis d'aller dans les endroits exposés à ses rayons.

Ce que nous avons dit de la manière d'élever les poulets, s'étend à tous les oiseaux qu'on aura fait éclorre dans les fours, s'ils sont de ceux qui n'exigent pas que les pères & les mères leur donnent la becquée, s'ils sont de ceux qui peu après être nés se nourrissent eux-mêmes dès qu'ils ont à leur disposition des alimens convenables ; tels sont les dindonneaux, les fai-

fandeaux, les perdreaux, les cailletaux &
tant d'oifeaux de différentes efpèces qui
appartiennent à la claffe des poules. Cette
claffe n'eft pas la feule dont les petits favent chercher & prendre de la nourriture
dès qu'ils font nés, les oifeaux de la claffe
des canards & des oïës naiffent auffi-bien
inftruits, mais ces derniers ne font point
contens s'ils ne trouvent de l'eau dans laquelle ils puiffent s'aller jeter de temps en
temps, y nager & y barboter : auffi les
pouffinières où on voudra élever des cannetons & des oifeaux aquatiques, exigent
de plus que celles où l'on élève des poulets, qu'on place & affujétiffe au bout
oppofé à celui où eft la mère artificielle,
Planche I, une terrine pleine d'eau * ; ce fera le petit
fig. 2. B. baffin dans lequel les cannetons & les oifons ne manqueront pas de s'aller baigner,
fi on a eu foin de leur difpofer un chemin
en pente douce par lequel ils puiffent arriver à la petite pièce d'eau ; on la leur ren-
dra encore plus agréable en l'environnant
de quelques mottes de gazon. Au refte ils
ne demandent pas à être tenus auffi long-
temps dans les pouffinières que les poulets, ils font bien moins délicats, il ne leur
faut point de fevroir : ceux qui ont été
élevés enfemble, peuvent au bout de
douze à quinze jours être abandonnés à

eux-mêmes, ils vivront en compagnie, ils ne se quitteront point, & croîtront à vûe d'œil si on leur a ménagé des endroits où ils puissent aller barboter toutes les fois qu'ils en auront envie.

La différence est grande entre la condition des poulets qui ont une mère conductrice, & la condition de ceux qui sont élevés de la manière que nous venons d'expliquer : on verra combien il y a à gagner pour ces derniers à être privés d'une véritable mère, si l'on se rappelle qu'il est ordinaire à celles-ci, quoique très-affectionnées à leurs petits, d'en faire périr, soit par mal-adresse, soit par étourderie : le contentement d'en avoir, loin de les éclairer, semble les aveugler, sur-tout dans les premiers jours ; trop inquiètes elles veulent les tenir trop près d'elles ; il en arrive qu'elles posent assez souvent le pied sur quelqu'un, qu'elles écrasent ou blessent mortellement ; elles en écrasent même sous elles en les couvant : occupées du desir de les régaler, elles grattent la terre pour en tirer quelques vers qui soient pour eux de bons morceaux, mais pendant que la poule gratte, elle ne prend pas garde si le pied qu'elle va pousser en arrière ne rencontrera pas un de ses poulets, & ne le frappera pas assez rudement

B v

pour le jeter bien loin. Enfin les poules avec toute la bonne volonté possible, ne sauroient empêcher leurs petits de souffrir des trop grands passages du chaud au froid; elles ne peuvent & ne doivent pas les couver continuellement, il faut qu'elles les laissent manger & courir; quoiqu'elles fassent, les journées de pluie continue leur sont funestes; aussi rien n'est-il plus ordinaire, comme nous l'avons déjà dit, que de voir une poule qui de dix à douze poulets éclos sous elle, n'en fait parvenir que trois à quatre à l'âge où elle cesse d'en prendre soin. Tant d'expériences ont appris que les poules, malgré leurs attentions, ne sauroient élever dans des temps froids les poulets qu'elles ont fait naître, qu'on ne cherche point à profiter de l'envie de couver que quelques-unes montrent dans une saison avancée; dès le commencement de septembre on refuse dans la plûpart de nos provinces des œufs aux poules qui en souhaiteroient : mais les poulets tenus dans les poussinières jouissent d'un été perpétuel; aussi est-il arrivé, & je l'ai vû avec surprise, quoique j'eusse dû m'y attendre, que pendant les dix à douze jours d'un froid assez rude que nous eumes en 1748, je n'en perdis aucun de ceux qui étoient nés une semaine ou deux auparavant, ni même aucun de ceux qui éclorrent pendant la plus grande force du froid ; il n'y avoit point eu de changement fensible de température d'air pour eux.

Nous avons conduit les poulets au terme où ils peuvent être laiffés en liberté dans une baffe-cour, comme fi tous y arrivoient ; il s'en eft pourtant bien fallu que la plûpart de mes premiers effais ne m'aient donné le plaifir de voir vivre jufqu'à ce terme defiré, même la plus grande partie de ceux qui avoient été mis dans des pouffinières ; j'y en ai vû périr dans tous les âges intermédiaires, & quelquefois en fi grande quantité que le nombre des morts a furpaffé confidérablement le nombre de ceux qui avoient réchappé ; les défaftres ont quelquefois été fi grands que de trente à quarante poulets il n'en eft pas venu un ou deux à bien : il y a eu des temps où il me naiffoit journellement des poulets, fans que le nombre de ceux que j'avois vivans en fût prefqu'augmenté ; ceux qui naiffoient chaque jour ne faifoient prefque que remplacer les morts du même jour. Bien des caufes différentes m'en ont fait perdre ; les unes étoient aifées à connoître, & ordinairement il étoit facile d'y apporter remède pour l'avenir.

d'autres causes étoient plus cachées, ce n'a été qu'à la longue que j'ai pû les découvrir, c'est-à-dire, qu'après qu'elles m'ont eu enlevé beaucoup de ces petits animaux à la vie desquels je ne pouvois manquer de m'intéresser. Il ne m'est pas permis de négliger d'instruire des unes & des autres; je dois chercher à épargner des épreuves rebutantes; j'ai regret de ne le pouvoir faire sans entrer dans de petits détails qui ne sauroient qu'être ennuyeux à tous ceux qui ne songent pas à mettre la main à l'œuvre; mais ce n'est pas un ouvrage agréable, c'en est un utile que je me suis proposé.

Dans bien des occasions j'ai eu à me plaindre de ces mères artificielles que j'ai tant vantées avec raison, ou plûtôt j'ai eu à me reprocher de n'avoir pas assez vû tout ce que demandoit leur construction & leur position. La première que je fis mettre dans un sevroir coûta la vie à plusieurs poulets déjà forts, auxquels je voulois qu'elle fût salutaire : elle étoit ouverte par ses deux bouts, le plus bas fut posé contre la planche du bout le plus chaud du sevroir, mais ne fut pas appliqué exactement contre cette planche, il laissoit en quelques endroits un vuide dans lequel le poulet qui s'en trouvoit le plus proche

étoit tenté de s'introduire pour monter
deſſus la mère ; dès qu'il s'y étoit introduit
en partie, il faiſoit des efforts pour s'y
élever, il ſe pouſſoit en haut avec ſes aîles ;
les aîles tendres alors ſe tortilloient d'une
façon ſingulière, le bout de l'aîle ſe trouvoit droit en haut, ou incliné vers le derrière après avoir fait un tour entier. Le
poulet dont les tentatives pour aller en
avant avoient été inutiles, retournoit dans
le ſevroir, où j'étois ſurpris de le voir,
tantôt avec une ſeule aîle, tantôt avec les
deux aîles tortillées ; il n'étoit nullement
en ſon pouvoir de les remettre dans leur
ſituation naturelle : j'en venois à bout en
détortillant l'aîle doucement, mais ce que
je lui faiſois ſouffrir, & plus encore ce
qu'il s'étoit fait ſouffrir à lui-même, rendoit ſa ſanté chancelante, & ſouvent le
faiſoit périr.

Le moyen de prévenir de pareils accidens paroît bien ſimple, puiſqu'il ſemble
ne s'agir que d'appliquer exactement le
bout poſtérieur de la mère contre le ſe-
voir ou la pouſſinière, ou, encore mieux,
de boucher ce bout avec une peau qui y
ſoit clouée ; mais il y en a un meilleur
moyen, c'eſt de laiſſer un intervalle aſſez
conſidérable entre le bout du ſevroir ou
de la pouſſinière & la mère, car d'autres

accidens vont nous apprendre que si on
conserve aux mères la première forme que
nous leur avons donnée, il importe que
les deux bouts soient ouverts, & que les
poulets puissent sortir par le bout le moins
élevé, quoique plus difficilement qu'ils
n'entrent & ne sortent par l'autre.

Ce en quoi j'ai le plus péché dans la
construction des premières mères, c'est
par le trop peu de hauteur de leur partie
postérieure : j'avois cru qu'en les tenant
très-basses, & même si basses que le toit
ou dessus de chacune touchât presque par
un de ses bouts le plan sur lequel elle seroit posée, elle en répondroit mieux à ce
que j'en attendois, que les poulets trouveroient plus sûrement des endroits fourrés,
contre lesquels ils pourroient appliquer &
même presser leur dos. Le seul inconvénient que je voyois à tenir la partie postérieure excessivement basse, c'est que si
elle l'étoit au point que le corps d'un poulet n'y pût entrer, la capacité de leur logement en seroit diminuée; mais il y avoit
un autre inconvénient à prévoir, & dont
je ne fus instruit qu'après qu'il m'eût
fait perdre beaucoup de poulets. Je le fus
d'abord par la mort de deux très-jolis,
que leur habillement, leurs grosses &
belles hupes m'avoient fait prendre en

affection ; ils étoient nés le 1 5 janvier, ils
ne s'étoient point aperçus du froid qu'il
faifoit hors du lieu où ils étoient, en trois
femaines ils avoient crû autant que des
poulets peuvent croître pendant le même
nombre de jours dans la plus belle faifon,
ils étoient auffi vigoureux que des poulets
de leur âge le pouvoient être ; il n'y avoit
que deux heures qu'ils s'étoient montrés
tels à mes yeux, lorfque mon jardinier
tout affligé vint m'annoncer qu'il venoit
de les trouver morts fous la mère : ils s'y
étoient tués & comme écrafés eux-mêmes ;
invités par l'air chaud, ou déterminés par
quelqu'autre motif, ils avoient fait pour
parvenir jufqu'au bout de la mère, des
efforts qui les avoient conduits trop loin :
ces efforts réitérés n'avoient fervi qu'à mettre leur corps dans un état de trop vio-
lente compreffion ; ils ne s'étoient pas avi-
fés de faire ufage de leurs forces pour revenir en arrière, ou les ayant épuifées, il
ne fut plus en leur pouvoir de fe tirer de
leur fâcheufe fituation. Quand on n'auroit pas vû à quel point leur corps étoit
applati, on l'auroit connu en confidérant
la grandeur & la profondeur de l'empreinte qui en étoit reftée dans la fourrure de la mère.

On m'avoit tiré bien des fois des poulets trouvés morts sous la mère, ayant le corps tout applati, sans que j'eusse pensé qu'ils se l'étoient applati eux-mêmes ; j'avois cru qu'avant & après leur mort ils avoient été piétinés par ceux avec qui ils avoient vécu ; je faisois produire souvent au piétinement des autres un effet funeste, dont ils avoient été eux-mêmes la seule cause.

Depuis que j'eus appris que des poulets pouvoient se tuer eux-mêmes sous une mère trop basse, la cause du mauvais état où j'en avois vû un grand nombre, cessa de m'être cachée. Je n'avois sû à quoi attribuer le tremblement de jambes que quelques-uns avoient ; il étoit si considérable que les leurs ne sembloient pas les pouvoir soûtenir ; en sortant de dessous la mère pour entrer dans la poussinière, ils faisoient une petite course au bout de laquelle ils tomboient sur le nez ou sur le côté, & étoient du temps avant que de se relever ; il n'étoit pas en leur pouvoir de prendre une allûre réglée & continue : cette difficulté de se soûtenir sur leurs jambes étoit une annonce presque sûre d'une mort prochaine. Eux-mêmes s'étoient mis dans ce fâcheux état par les violens efforts qu'ils avoient faits pour s'enfoncer trop avant sous la mère & ensuite pour s'en tirer.

La règle que ces obſervations nous preſ-
crivent par rapport à la conſtruction des
mères, eſt de donner toûjours à leur partie
poſtérieure une élévation telle que le poulet qui fait des tentatives pour aller juſqu'au bout de celle ſous laquelle il eſt, n'y
trouve nulle-part un obſtacle invincible,
qu'il puiſſe marcher ou ſe traîner au moins
dans les endroits les plus bas ayant les jambes pliées ; il y eſt alors ſans riſque, & il n'y
manque pas d'endroits où il peut appliquer
ſon dos contre la fourrure du deſſous du
toit, il lui ſuffiroit de l'appliquer contre
celle des côtés. On en conclurra qu'à meſure que les poulets croiſſent, il leur faut
donner des mères plus élevées, & on pourra
craindre d'être obligé à trop multiplier
celles-ci. La multiplication ne va pas auſſi
loin qu'on ſe l'imagineroit ; des mères de
quatre hauteurs différentes peuvent ſuffire
à toute l'éducation des poulets : il y a un
peu moins de douceur pour eux, mais il
n'y a aucun danger à les tenir ſous des
mères un peu hautes pour leur taille, leur
dos rencontre même dans celles-ci des
poils pendans de la fourrure du toit, &
les côtés leur fourniſſent des endroits à
choiſir pour y appliquer leur dos en ſe
contournant un peu, comme ils ſavent
très-bien le faire. Ce qui diſpenſe encore

de multiplier le nombre des mères, c'est que celle dont la hauteur est le mieux proportionnée aux poulets naissans , peut être rendue propre aux poulets d'un âge avancé ; on n'a qu'à lui donner une hausse qui l'élève autant que le demande l'accroissement des poulets à qui on veut la faire servir *. La hausse est composée de deux tringles de bois *, dont chacune a une longueur égale à celle d'un des côtés de la mère , & est recouverte sur une de ses larges faces , de la même fourrure dont la mère est tapissée. On place l'une de ces tringles sous une des traverses inférieures de la mère, & l'autre sous l'autre traverse ; on les y assujétit invariablement & dans l'instant, deux chevilles de bois ou de fer engagées fixement dans l'étroite face de la tringle , qui doit être la supérieure , rencontrent deux trous percés & prêts à les recevoir en dessous de la traverse inférieure, en voilà assez pour faire un assemblage solide. On ôte cette hausse avec autant de facilité qu'on la met, & on lui en substitue, quand on veut, une plus large qui élève davantage le toit de la mère.

Mais pourquoi ai-je dit ci-dessus que le bout le plus bas de la mère devoit rester ouvert ! l'ouverture antérieure sembleroit suffire aux poulets qui ont à entrer & à sortir ;

*Planche II, fig. 2. * K, L.

elle leur offre une très-vaste porte, ils n'en auroient que plus chaud sous la mère & trouveroient un appui large & mollet de plus, si ce bout étoit fermé par une peau qui fût clouée sur ses bords. Je le bouche aussi avec une peau, mais qui n'est attachée que par en haut, qui ne fait que l'office d'une portière *; le poulet qui veut sortir la soûlève aisément. La nécessité de leur laisser cette fausse porte m'a été apprise, comme tout le reste, par la perte d'un grand nombre de poulets : entre les aventures qui leur ont été tragiques, il n'y en a eu guère qui l'aient été autant pour eux, que celles qui sont arrivées dans des mères qui n'avoient que l'ouverture antérieure.

* Pl. II, fig. 2, T,

Ceux qui se sont les premiers rassasiés dans la poussinière, & qui se sont lassés de s'y promener, rentrent les premiers sous la mère pour s'y reposer dans un lieu plus chaud ; ils y vont toûjours en avant jusqu'à ce qu'ils soient rendus au fond ; c'est-là aussi que tendent à arriver ceux qui viennent à leur tour sous la mère, & tous y pénètrent le plus loin qu'ils peuvent : les poulets se trouvent donc amoncelés vers le bout, ils tendent réellement à s'y entasser, les plus forts montent sur les plus foibles qui se sont accroupis : j'en ai vû de ceux-ci écraſés ou étouffés à toutes les heures du jour. Les plus près du bout poſtérieur y ſont dans le lieu le plus chaud; lorſque ce bout eſt fermé, c'eſt inutilement qu'ils font des tentatives pour aller jouir d'un air plus tempéré, ils ne ſauroient percer la foule qui ſe préſente dans leur chemin, pour arriver à la porte de la mère ; la chaleur qui devient exceſſive pour eux ne leur laiſſe qu'un ſouffle de vie, qui leur eſt ôté par la preſſion & les piétinemens des forts qui ſont montés ſur eux.

L'habitation devient d'autant plus dangereuſe que le nombre des habitans eſt plus grand, & que des circonſtances différentes concourent à y faire trop monter la chaleur : leur nombre eſt une de celles qui y contribuent; la chaleur de l'air extérieur en eſt ſouvent une autre. La ſœur Marie de la communauté de l'Enfant Jeſus, qui a ſi bien profité des inſtructions qui lui ont été données, que les œufs ont été couvés & que les petits poulets ont été élevés dans cette communauté avec plus de ſuccès que chez moi; la ſœur Marie, dis-je, un jour où il avoit fait chaud, ayant été le ſoir ſur les dix à onze heures viſiter ſes pouſſinières, eut la douleur de trouver ſous une mère environ quarante poulets

expirés ou expirans : d'autres en plus grand
nombre, avec lesquels ils étoient, avoient
encore quelque force : elle les sauva en
les mettant à découvert dans la poussinière même, où elle leur laissa passer
le reste de la nuit après leur avoir ôté la
mère qui avoit été funeste aux premiers.

Lorsqu'il n'y aura sous une mère qu'autant de poulets qu'une poule en couve
ordinairement, il sera rare que ces aventures fâcheuses leur arrivent ; mais quoiqu'ils y soient en grande quantité, les poulets les plus proches du fond de la mère
ne sont plus exposés à de tels risques, lorsqu'il n'est fermé que par une peau flot-
tante ; ceux qui ont besoin de sortir, la
soûlevent. De ce que cette peau est flot-
tante il en arrive encore un autre bien,
c'est que les poulets ne se trouvent jamais
si pressés les uns contre les autres : l'appui
qui favorise la pression, manque : ceux qui
montent sur les autres en ont aussi moins
de facilité à s'y soûtenir ; on leur ôte même
celle d'y monter, si on ne laisse pas assez
de hauteur à la partie postérieure pour
que deux poulets puissent y tenir l'un sur
l'autre.

On peut pourtant avoir des mères à
une seule ouverture, & sous lesquelles les
poulets sont encore moins en risque d'être

étouffés ou écrafés, que fous celles qui en ont deux : ces nouvelles mères fuppofent des pouſſinières un peu moins fimples que celles dont j'ai parlé jufqu'ici, mais fur lefquelles elles ont divers avantages. Ce qui les rend plus compofées, c'eſt qu'outre la longue boîte, elles ont un tonneau enduit de plâtre comme ceux qui ſervent de four * : ce tonneau, un peu au deſſus de la hauteur du bondon, a une ouverture quarrée * dont nous donnerons les dimenſions en indiquant fon ufage; elle eſt faite pour recevoir un des bouts de la longue boîte* auquel on a ôté le petit morceau de planche qui le fermoit. On voit d'avance pourquoi ce bout de la boîte eſt ouvert, on imagine affez qu'on s'eſt propofé d'agrandir l'appartement des poulets d'un tonneau *, & qu'il faut à celui-ci un plancher à la hauteur du fond de la boîte. Cette pièce ajoûtée a divers avantages ; le tonneau demande à être plus chaud que le reſte, & il eſt plus aifé à réchauffer que les boîtes; comme fa profondeur permet de l'environner d'une couche plus épaiſſe, & qui par conféquent conferve plus long-temps fa chaleur que celle dans laquelle font les boîtes, il n'eſt pas néceſſaire de le réchauffer fi fouvent; il n'importe pas même alors de réchauffer

*Planche II, fig. 5.

* K.

* l m n o p.

* a b d e.

ſi ſouvent la boîte, & le mieux ſera peut-être, comme nous le dirons bien-tôt, de ne point la réchauffer du tout, excepté dans des jours extrêmement froids.

On voit aſſez que le tonneau eſt le lieu où la mère doit être placée*, & la forme de celui-ci fait juger qu'on doit donner à cette mère une forme différente de la quar-rée-longue qu'ont les autres, ſi on veut mettre à profit la chaleur du tonneau pour l'échauffer : ſa baſe eſt à peu près le ſeg-ment d'un cercle dont le diamètre eſt égal à celui du tonneau ; dans toute la hauteur de ſa partie poſtérieure ſa courbure eſt la même que celle de ſa baſe, ainſi cette par-tie poſtérieure s'applique aſſez exacte-ment contre les parois du tonneau qui lui font bien-tôt prendre un degré de cha-leur à peu près égal à celui qu'elles ont elles-mêmes. L'idée que nous venons de donner de la figure de la nouvelle mère, ſuffira pour faire entendre qu'il y a dif-férentes manières de conſtruire le bâtis de bois qui en fait la petite charpente*, qu'il pourroit n'être compoſé que de cer-ceaux & de quelques montans deſtinés à les ſoûtenir, qu'on le peut faire faire de me-nuiſerie, comme j'en ai fait faire. Ce bâtis n'eſt deſtiné qu'à porter les pièces de four-rure dont la mère doit être tapiſſée ; plus

* Pl. II, fig. 5, k i, f g.

* Fig. 4

il fera à jour, plus les appuis des poulets feront mollets. Ce que nous avons dit de l'inclinaiſon du toit des autres mères, fert de règle pour l'inclinaiſon du toit de cel-le-ci. Tout le devant en doit être ouvert *, ou au plus fermé par un rideau de peau qui ne defcende pas juſqu'en bas : cette porte a preſque pour largeur la corde de l'arc qui fait la circonférence de la mère.

* Planche II, fig. 3.

Ce qui eſt à remarquer par rapport à cette mère, c'eſt qu'il eſt indifférent aux poulets en quel endroit de ſa circonfé-rence intérieure ils ſe placent, & que cette circonférence eſt l'endroit le plus large ; les poulets ont, pour ainſi dire, de quoi s'étaler, ils ne font pas autant obligés de doubler, ou tripler les rangs : afin même d'en pouvoir mettre un plus grand nom-bre dans la même pouſſinière, je place deux mères dans chaque tonneau vis-à-vis l'une de l'autre *, elles ne font ſéparées que par une eſpèce de rue ; les uns vont dans l'une & les autres dans l'autre, elles font pour l'ordinaire aſſez également ha-bitées.

* Fig. 5, k i, fg.

Comme je cherche à ne rien paſſer fous ſilence de ce dont on peut faire un uſage utile en quelques circonſtances, je dois dire que je me ſuis ſervi de mères entiére-ment rondes, car on peut donner ce nom

à

à des paniers ronds, à bord un peu plus
élevé que le bord de ceux où l'on met
les œufs pour les faire couver : tout leur
contour intérieur étoit garni de fourrure
& leur fond couvert de paille. Lorſque
les pouſſinières me paroiſſoient trop re-
froidies, je faiſois mettre des poulets en
grand nombre dans un de ces paniers,
qu'on portoit enſuite dans un four à fumier pour les y laiſſer paſſer la nuit, & où
ils la paſſoient ſans qu'il leur arrivât aucune mauvaiſe aventure. Il en arriva pourtant une fatale à près de quarante des premiers poulets qui m'étoient nés au commencement de l'hiver.: le conducteur des
fours n'avoit pas été aſſez attentif à régler
la chaleur de celui où ils avoient reſté pendant la nuit ; quand il fut les viſiter le matin, il vit qu'elle étoit montée à 38 degrés ; auſſi trouva - t- il une douzaine de
poulets morts, preſque autant d'expirans,
& les autres qui montroient par leurs bâil-
lemens leur beſoin preſſant de reſpirer un
air plus tempéré ; mais ce fut-là une leçon
qui ſervit dans la ſuite à faire tenir ſur
ſes gardes celui qui avoit eu à ſe reprocher trop de négligence.

On peut même pendant le jour ſe ſervir
utilement de ces mères rondes ou de ces
paniers fourrés, pour des poulets nés

nouvellement, & pour ceux qui ſont encore très-jeunes : après qu'ils ont pris leur repas, & bien rempli leur petit jabot dans la pouſſinière, ils s'accommodent fort d'être mis dans le panier fourré & d'être tenus pendant deux ou trois heures de ſuite dans le four, d'où on ne les tire que pour les faire manger ; on les reporte enſuite dans le four. Cette manœuvre répétée pluſieurs fois dans la journée, & pendant pluſieurs jours de ſuite, les met à l'abri de bien des accidens, & leur fait prendre des forces plus vîte.

La ſœur Marie de la communauté de l'Enfant Jeſus, toute occupée du ſoin de ſes poulets, les tranſportoit ainſi volontiers, pendant qu'ils étoient très-jeunes, de la pouſſinière dans le tonneau, & du tonneau dans la pouſſinière, ce qui lui a très-bien réuſſi. Elle commença à élever des poulets dans les pouſſinières avec les mères de forme rectangle, avant que d'en avoir eu d'éclos dans les fours où elle faiſoit couver des œufs ; elle ôta à une poule les petits qui venoient de naître ſous elle, pour faire une épreuve de la nouvelle manière de les élever, qui lui permettoit de profiter de la bonne volonté que témoignoit ſa poule pour couver de nouveau ; elle fut ſi contente de ſon premier eſſai, qu'elle continua d'ôter aux poules les poulets qu'elles avoient fait éclorre. Ses expériences réitérées la convainquirent qu'outre les œufs qu'on avoit de plus par cette méthode, il y avoit à gagner à élever les poulets dans les pouffinières, parce qu'il y en périffoit moins qu'il n'en périt de ceux que les poules foignent.

Une partie des fuccès de cette fille entendue, étoient dûs à fon attention ; mais mon jardinier à qui l'éducation des miens étoit confiée, ne péchoit ni par défaut d'attention, ni par défaut d'intelligence ; une poule n'aime pas plus fes poulets, qu'il aimoit ceux qu'il avoit fait éclorre ; lorsqu'il les voyoit périr ce n'étoit pas avec cette indifférence avec laquelle la poule paroît voir périr les fiens : cependant il vint un temps, & ce temps a duré plufieurs mois, où tous les accidens qui peuvent venir des pouffinières, & du froid & du chaud, étoient parés, & où néanmoins chaque jour lui enlevoit des poulets, tantôt plus & tantôt moins. La mortalité fe mettoit fur ceux d'une nombreufe troupe, & quand elle s'y étoit mife, cette troupe fe trouvoit réduite prefque à rien en huit à quinze jours : elle fe mettoit tantôt dans une troupe dont les poulets n'avoient qu'environ trois femaines, & tantôt dans une autre dont les

C ij

poulets étoient parvenus à en avoir cinq à six. Leur mort étoit ordinairement annoncée quelques jours avant qu'elle arrivât, par l'état de langueur dans lequel ils paroissoient ; leurs aîles devenoient pendantes, ils n'aimoient plus à sauter, & ils marchoient peu ou lentement ; plusieurs de ceux-ci ne laissoient pas de manger, & mouroient le jabot plein : on auguroit mal de ceux qui à leur lever l'avoient encore rempli de grain qu'ils y avoient fait entrer le soir. Comme rien ne sembloit leur manquer de ce qui pouvoit contribuer à les faire bien porter, il me parut enfin que la cause de leur mort ne pouvoit être attribuée qu'à l'air du lieu dans lequel je les tenois. Il n'importe pas moins aux animaux qu'à nous de respirer un air sain ; celui dans lequel ils vivoient, étoit chargé de ces mêmes vapeurs qui avoient été mortelles à tant de poulets encore renfermés dans l'œuf : je n'avois pas autant redouté un pareil air pour ceux qui étoient nés, que je l'aurois dû, parce que nous voyons journellement les poules & les poulets se tenir sur les fumiers & s'en trouver bien ; mais de ce que ces oiseaux ne sont pas incommodés de respirer pendant quelques heures du jour un air qui n'a qu'une certaine dose de vapeurs de fumier,

je ne devois pas croire qu'ils pûſſent reſpirer de l'air qui en ſeroit ſurchargé, &
le reſpirer continuellement, ſans que leur
ſanté en ſouffrît. Les poulets élevés à l'Enfant Jeſus l'avoient été à la vérité au moyen
de la couche qui ſervoit à couver les œufs,
mais les vapeurs ne ſéjournoient pas ſur
cette couche comme ſur la mienne, où
elles étoient retenues en ſi grande quantité par la diſpoſition du lieu, que je me
vis contraint d'en ôter les fours.

Eclairé par des expériences déſagréa-
bles, je vis pourquoi la mortalité s'étoit
miſe plus tard dans quelques troupes de
poulets que dans d'autres ; il me fut aiſé
de remarquer que ceux dont les pouſſinières étoient placées plus près de la fenêtre, c'eſt-à-dire, dans un air moins chargé
de vapeurs, avoient tenu plus long-temps
& qu'il en avoit moins péri.

Quoiqu'on doive conclurre de tout ce
que nous venons de dire, qu'il eſt eſſentiel que l'air du four où ſont les pouſſinières ſoit ſouvent renouvellé, ce renou-
vellement n'aura pas beſoin d'être ſi continu, ni ſi conſidérable, lorſque les vapeurs lui ſeront fournies avec moins d'a-
bondance par le fumier, c'eſt-à-dire, ſi
pour faire les réchauds on évite de ſe ſervir
d'un fumier trop humide, preſque mouillé,

C iij

& ſi on ne tient dans le lieu où ſont les pouſſinières, que préciſément la quantité de fumier néceſſaire pour les échauffer. L'endroit où étoient mes pouſſinières lorſque les poulets y reſpiroient un air qui leur étoit ſi contraire, avoit ſon ſol entiérement couvert d'un épais lit de fumier, qui permettoit à peine à la porte de s'ouvrir : cette quantité de fumier fut bien diminuée dans la ſuite, lorſque les fours eurent été retirés de cet endroit ; on n'y en laiſſa que ce qu'il en falloit pour échauffer la partie de la pouſſinière qui demandoit le plus à l'être, c'eſt-à-dire, celle où étoit la mère, & alors les poulets qui ſe trouvèrent dans un meilleur air, ne devinrent plus languiſſans, & ne périrent plus comme ils faiſoient auparavant.

Lorſque les fours à fumier ne ſeront pas placés dans un lieu à plancher exhauſſé & bien aëré, comme ils le ſont à l'Enfant Jeſus, on ne doit donc pas ſonger à profiter de la couche qui y entretient la chaleur propre à couver les œufs, pour échauffer l'air des pouſſinières ; celles - ci doivent être établies ailleurs : en quelque lieu qu'on les mette, on prendra encore quelques précautions à l'importance deſquelles j'ai fait attention trop tard. Le fond de mes premières pouſſinières étoit immédiatement posé sur du fumier souvent humide ; ce fond n'étoit fait que d'une planche que l'humidité pénétroit peu à peu : quand les poulets se tenoient accroupis, leur ventre recevoit les impressions de cette humidité, quelquefois il en étoit mouillé : ils seront plus séchement si le fond de la poussinière se trouve séparé de la surface du fumier, par une épaisse planche sur laquelle il sera posé sans y être cloué ; il peut de même être mis sur un lit de briques ou de pierres. Je ne sais d'ailleurs pourquoi je n'ai pas fait enduire de plâtre les parois de mes premières poussinières, comme j'ai fait enduire les parois des fours ; car je devois craindre que l'humidité nuisible aux œufs, ne le fût aussi aux poulets : je ne manque pas de faire recouvrir d'un pareil enduit l'intérieur de celles dont je me sers aujourd'hui.

Mais on peut élever les poulets dans de spacieuses poussinières où un air chaud sera continuellement entretenu par le fumier, sans être jamais altéré par l'humidité ou par les vapeurs de ce même fumier. Ces fours rectangles dont nous avons donné la description à la fin du cinquième mémoire du premier tome, peuvent être employés aussi utilement à faire croître des poulets, qu'à les faire éclorre : on fera maître de donner à ces fours la grandeur qu'on voudra, c'eft-à-dire, une proportionnée à la quantité de poulets qu'on prévoit avoir à loger. Le même four peut tenir lieu de deux très-grandes pouffi- * Pl. III & IV. nières * : fa hauteur fera divifée en deux parties inégales par un mince plancher, qui aura pour fupport deux tringles fur lefquelles il pourra glifler; la hauteur qui reftera entre ce plancher & les parois inférieures du deffus du four, ne fera qu'environ le tiers de la diftance de ce même plancher au bas du four : on y aura, pour ainfi dire, deux pièces, l'une au rez de * Pl. IV, u. * a a. chaufféc * , & l'autre au premier étage * ; celle-ci fera pour les poulets nouvellement nés, il convient qu'ils foient logés dans le lieu le plus chaud; on ne les fera defcendre dans le bas que quand ils feront devenus forts, que lorfqu'ils auront quatre à cinq femaines : le bas fe peuplera des poulets qu'on retirera du haut.

Nous n'avons pourtant pas affez expliqué ce qu'il faut ajoûter, tant à l'extérieur qu'à l'intérieur d'un four rectangle, lorfqu'au lieu de le faire fervir à couver des œufs, on veut l'employer à élever des poulets. Ils y feront à l'abri de tous les dangers auxquels ils font expofés dans les pouffinières dont il a été tant parlé, & les perſonnes les plus délicates pourront jouir du plaiſir de les voir, ſans avoir la vûe ni l'odorat bleſſés par le fumier auquel les poulets devront le bon état dans lequel ils ſe montreront. Pour mettre ceux-ci plus à leur aiſe, on eſt obligé de faire un prolongement au four du côté de ſon ou-verture*, qui par ſon extérieur a quelqu'air de ces curioſités qui attirent ſouvent ſur le Pont-neuf, & quelquefois dans les rues de Paris, des ſpectateurs qui ne ſont pas à la vérité d'un rang bien élevé. Le pro-longement dont nous parlons, eſt appli-qué contre la gueule du four *, à laquelle il n'eſt, ſi l'on veut, attaché que par des crochets ; c'eſt une eſpèce de grande caiſſe de menuiſerie qui mérite d'être propre, parce qu'elle eſt ſous les yeux, & qu'elle ne court aucun riſque de ſe pourrir, ni d'être défigurée. Cette caiſſe a en hauteur & en largeur exactement les mêmes dimenſions que la gueule du four contre laquelle elle eſt aſſujétie. La longueur qu'on peut lui donner eſt aſſez arbitraire ; j'en ai donné une de vingt-trois pouces à celle que j'ai fait conſtruire, & je ne lui en ai deſiré dans la ſuite, ni une plus grande, ni une plus pe-tite : outre qu'elle eſt attachée contre la gueule du four, elle eſt portée par deux pieds *, qui ſont des portions des mon-

C v

* Pl. III,
A B C D E
H G Q.

* A B C.

*C N, O Q.

tans avec leſquels le corps du bâtis eſt aſſemblé.

L'uſage auquel cette boîte eſt deſtinée, fera connoître la néceſſité de ce qui lui donne un air de propreté & même de gentilleſſe. Pour élever les poulets il faut les mettre en lieu chaud , mais il ne convient pas de les tenir dans les ténèbres, ils doivent être libres de jouir de la lumière au moins à diverſes heures du jour ; il ne leur eſt pas même indifférent de pouvoir être vûs par ceux qui veillent à leur état & à leurs beſoins. Ce prolongement du four eſt fait pour les éclairer : la plus grande partie du deſſus de la caiſſe eſt remplie par deux car-

* Pl. III, L, K.

reaux de verre * , dont chacun eſt monté dans un chaſſis de bois, qui peut être mû librement vers un côté ou vers l'autre , & toûjours horizontalement, dans les cou-liſſes qui le reçoivent : les carreaux mon-tés dans leurs chaſſis ſont pour les pou-lets de la pouſſinière ſupérieure , des fe-nêtres horizontales ; non ſeulement elles ſervent à laiſſer venir la lumière , elles ſer-vent encore quand on les ouvre entiére-ment ou en partie, à modérer la chaleur lorſqu'elle eſt trop grande, & enfin à re-nouveller l'air qui pourroit avoir été reſ-piré trop de fois par ces petits animaux, & être trop chargé de la matière de leur tranſ-piration.

Les poulets de la pouſſinière inférieure
ont auſſi leurs fenêtres *, mais verticales,
comme les fenêtres ont coûtume de l'être,
& dont les uſages ſont les mêmes que ceux
des fenêtres horizontales. Les verticales
conſiſtent auſſi chacune en un carreau
monté dans un chaſſis de bois, mobile
dans des couliſſes ; il n'y a qu'un de ces
chaſſis à chaque côté de la caiſſe : enſemble ils donnent tout le jour néceſſaire aux
poulets de la pouſſinière inférieure.

La caiſſe a en devant une porte ; celle
que je lui ai fait mettre eſt briſée *, comme
l'eſt celle d'un four horizontal dont nous
avons eu occaſion de parler ; c'eſt contre
le bord inférieur du devant de la boîte
qu'elle eſt arrêtée par des couplets * au
deſſous de l'endroit où elle eſt briſée ; elle
eſt garnie de chaque côté d'un crochet
qui, engagé dans l'anneau d'un piton fixé
à même hauteur ſur le côté de la boîte,
tient verticale la partie inférieure de la
porte. Au moyen de deux autres crochets
& de deux pitons, la partie ſupérieure
de cette porte eſt aſſujétie & ferme l'ouverture qu'elle doit boucher. On ouvre
cette porte en entier quand on veut viſiter
les poulets de l'une & de l'autre pouſſinière, & on n'en ouvre que la partie ſupérieure quand on n'en veut qu'aux pou-

C vj

lets de la pouffinière du premier étage.

Nous n'avons pas encore cherché à donner une idée affez compléte de ces deux pouffinières ; nous avons laiffé imaginer que la fupérieure confiftoit en un fimple plancher, foûtenu horizontalement par deux tringles auffi longues chacune que le four, & attachées contre fes parois intérieures, l'une d'un côté & l'autre de l'autre. Ce que nous nous fommes contentés d'appeller un plancher, eft une véritable boîte * qu'on a befoin de tirer de temps en temps hors du four, en partie ou en entier, & qui par cette raifon demandoit à être garnie en deffous de roulettes * ; elle en a de chaque côté quatre dans fa longueur, une à chaque bout de chaque côté, & les autres affez près de fon milieu : la pofition précife de ces dernières roulettes fera mieux déterminée, quand nous aurons ajoûté que notre boîte eft divifée tranfverfalement en deux parties égales * qui ne tiennent enfemble que par deux crochets attachés contre une des moitiés de la boîte, & qui entrent dans les anneaux de deux pitons à vis, engagés dans l'autre moitié; ce font deux boîtes mifes bout à bout, & qui n'en font qu'une, parce que la planche qui eût été néceffaire à chacune d'elles pour achever de la rendre compléte, man-

* Pl. IV, h g l f m e c b.

* a a.

* c, c 3, c 2,

que au bout postérieur de l'une & au bout
antérieur de l'autre.

On juge bien qu'il y a des temps où
on doit nétoyer la poussinière ; l'air que
respirent les petits poulets auroit une mauvaise odeur, & deviendroit mal-sain, si on
laissoit leurs excrémens s'accumuler dans
cette longue boîte : or il est commode,
quand pour la nétoyer tout du long, l'on
est obligé de la tirer entiérement hors du
four, de la diviser en deux parties ; une
boîte de sept pieds & demi seroit trop difficile à manier. Avant que de séparer la moitié antérieure de la postérieure, on fait passer tous les poulets dans l'une ou dans l'autre, dans celle qu'on laissera, ou dans celle
qu'on remettra sur le champ dans le four :
on rend cette moitié une boîte compléte
en faisant entrer une petite planche dans
deux coulisses verticales*, taillées pour
la recevoir, vis-à-vis l'une de l'autre dans
les planches des côtés & près de leur bout.
Une petite ratissoire qui fait un angle
droit avec sa douille, & à qui cette douille
peut tenir lieu de manche, est un instru-
ment avec lequel on emporte aisément
tout ce qui s'est attaché au fond de la moitié de la poussinière qu'on veut rendre
propre. Au reste on n'est pas souvent dans
l'obligation de ratisser la poussinière, si

* Pl. IV,
a b, g.

on a ſoin de recouvrir ſon fond, comme on recouvre celui des cages à petits oiſeaux, d'un lit de gros ſable ; les excrémens ſe mêlent avec ce ſable, & y ſont bien-tôt en conſiſtance ſèche : d'ailleurs c'eſt auprès de ſon bout antérieur que les poulets en font tomber davantage, c'eſt là qu'ils ſe tiennent pendant la plus grande partie de la journée, c'eſt là qu'ils trouvent à boire & à manger ; les alimens & l'eau qu'on met à leur diſpoſition, devant être dans le lieu le plus éclairé, ſont par conſéquent dans la partie vitrée.

Si l'on veut œconomiſer les graines qu'on leur donne, empêcher les poulets de les éparpiller & de ſe les rendre dégoûtantes en les mêlant avec leurs ordures, on tiendra ces graines dans un auget de plomb ou de bois, n'importe, où les poulets ne pourront les prendre qu'en paſſant leur tête entre des barreaux. L'auget ſera renfermé entre deux rangs de barreaux* piqués dans une étroite planche, mais aſſez large pour recevoir l'auget malgré le rang de barreaux ou le ratelier qu'elle a de chaque côté : le bout ſupérieur des petits barreaux eſt engagé dans une planche ſemblable & égale à celle de la baſe : c'eſt par l'un ou l'autre des bouts de ce double ratelier qu'on fait entrer & ſortir l'auget.

* Pl. IV, 1 m, n o.

Celui-ci est sur-tout nécessaire lorsqu'on donne aux poulets une pâtée liquide, qui par les piétinemens peut être rendue plûtôt dégoûtante que le grain sec, qui salit leurs pattes & leurs plumes, en un mot, qui les rend mal-propres, ce qui est nuisible à leur santé : par la même raison il est à propos que les augets à boire soient entre deux grilles de barreaux de bois. Le nombre des poulets qui pourront manger à la fois, & sans s'incommoder les uns les autres, sera d'autant plus grand que les augets auront plus de longueur ; il est permis de leur donner toute celle de la partie vitrée.

La poussinière supérieure peut être changée en deux poussinières différentes, de largeur égale ou inégale, à volonté, & également longues ; & cela en divisant sa largeur d'un bout à l'autre en deux parties par une cloison * parallèle à ses côtés, & qui, à la longueur du double ratelier près, aura celle d'un des côtés. La division est commencée par ce ratelier, & achevée par la cloison : celle-ci est posée sur une étroite planche, qui n'a au plus que la largeur de la base du ratelier ; c'est le pied qui la soûtient, qui donne la facilité de changer cette cloison de place, selon qu'on veut qu'une des poussinières soit plus ou moins étroite que l'autre. Une

* Pl. IV.
q p.

des pouſſinières, formée par cette diviſion, eſt deſtinée à recevoir les poulets nouvellement nés, & on ne fait paſſer dans l'autre que ceux qui pourroient nuire aux foibles de la première pouſſinière, & qui n'ont rien à craindre des poulets les plus forts de l'autre.

Nous n'avons rien à dire ſur la pouſſinière inférieure, qui ne doit différer de la ſupérieure qu'en ce qu'étant deſtinée à recevoir de plus grands poulets, elle ne demande pas à être diviſée longitudinalement en deux parties; au reſte, on n'y doit faire entrer que ceux qui ſont déjà aſſez grands pour n'avoir pas beſoin d'être tenus auſſi chaudement que le ſont ceux qu'une poule couve.

Entre les pouſſinières il n'en eſt point où les poulets puiſſent moins s'apercevoir du changement des ſaiſons, que dans les pouſſinières ſupérieures de nos fours rectangles; ils y ont la température de l'air du printemps, .& un air plus chaud que celui de nos plus chauds jours d'été: dans les ſept à huit pieds qu'ils ont à parcourir, ils trouvent toutes les nuances de chaleur qu'ils peuvent deſirer, & ſont libres de s'arrêter dans le lieu où règne le degré qui les accommode le mieux; auſſi les mères artificielles leur deviennent elles inutiles dans ces poussinières, vers le fond desquelles ils trouvent autant & plus de chaleur qu'une veritable mère ne leur en pourroit communiquer. La peau des mères artificielles, contre laquelle nous les avons vûs ailleurs chercher à appliquer leur dos, ne leur est aucunement nécessaire ici, parce que dans les nouvelles poussinières l'air supérieur est le plus chaud; ce qui ne se trouve pas dans les poussinières enterrées dans une couche de fumier, & découvertes par-dessus. Dans les nouvelles poussinières, l'entassement des poulets n'est nullement à craindre, ils ne cherchent point à s'y empiler les uns sur les autres: lorsque les poulets prennent ce parti, c'est pour se procurer un degré de chaleur qu'ils desirent, & que l'air ne leur donne pas; ce degré de chaleur ils le trouvent dans la poussinière sans appliquer leur corps contre celui des autres.

Cette dernière remarque est extrêmement importante, elle apprend que le moyen sûr d'empêcher les poulets de s'étouffer les uns les autres dans les poussinières & sous les mères, c'est d'y entretenir un degré de chaleur aussi grand qu'ils le peuvent demander, alors on ne les verra jamais s'entasser; c'est ce qui sera encore confirmé par une pouſſinière ou mère d'une autre eſpèce dont l'uſage n'eſt pas moins ſûr que celui des précédentes, & dont il me reſte à parler.

Il n'y a point à balancer ſur le choix du lieu le plus propre à élever des poulets, lorſqu'on les a fait éclorre au moyen d'une étuve haute de quatre à cinq pieds, chauffée par un four à pain; ils ne ſauroient trouver nulle part un air moins ſujet à des viciſſitudes fâcheuſes, que dans le lieu même où ils ſont nés, que dans une portion de cette étuve, retranchée du reſte pour les loger à meſure qu'ils ſortent de la coquille : là ils ſe porteront bien, & croîtront pendant les plus rudes froids de l'hiver, ſans en ſentir aucune incommodité. On a fait, comme je l'ai aſſez dit, à l'Enfant Jeſus, des épreuves de diverſes eſpèces de four à faire éclorre les poulets, & on y en a fait auſſi des différentes manières de les élever : on a cru s'y devoir conformer au conſeil que je donnai d'en tenir dans l'étuve depuis le moment de leur naiſſance, juſqu'à ce qu'ils fuſſent arrivés à l'âge où ils peuvent ſoutenir les changemens qui arrivent à l'air extérieur. La portion de l'étuve qui leur fut deſtinée, fut ſéparée du reſte par un grillage fait de clayes qui alloient du bas de l'étuve jusqu'à son plafond * : cette portion fut ensuite divisée en plusieurs autres par des cloisons aussi hautes que celle dont nous venons de parler, & faites aussi de clayes ; on avoit ainsi différentes loges, dont chacune devoit être occupée par des poulets à peu près de même âge, & d'âge différent de ceux des autres loges.

* Tome I.
pl. III &IV.

Quoiqu'on fasse éclorre des poulets par le moyen du fumier, on peut, à peu de frais, se procurer, pour les élever, une étuve équivalente à celle d'un four à pain : j'ai cru devoir faire l'épreuve de ce qu'il en coûteroit en bois pour y entretenir une chaleur convenable. Ma maison m'a offert une petite pièce * propre à cet essai, située au rez de chaussée, qui avoit servi de cabinet de bains ; elle est à peu près quarrée, deux de ses côtés ont chacun huit pieds six pouces, chacun des autres n'a que trois pouces de moins, & sa hauteur est de cinq pieds neuf pouces. Si je l'eusse fait faire exprès, j'eusse retranché peut-être sur toutes ses dimensions, & sûrement sur sa hauteur ; celle d'une pièce qui ne permettroit à un homme d'y entrer que très-courbé, seroit assez grande, la pièce en seroit plus aisée à échauffer, & auroit son air le plus chaud moins éloigné du plancher

* Pl. V.

d'en bas. Je fis mettre au milieu de la pièce dont je viens de parler, un petit poële * que je me trouvai avoir chez moi: sa figure, qui étoit ronde, me le fit préférer à un quarré à peu près de même grandeur, dont je pouvois également disposer; la rondeur lui faisoit répandre la chaleur de tous côtés avec une sorte d'égalité; il étoit de ceux dans lesquels on fait entrer le bois par en haut, qui, comme les marmites, ont un couvercle *. A quelque distance du poële, je fis placer quatre poussinières *, dirigées vers les quatre angles de la pièce; elles étoient des plus simples de leur genre, ce n'étoit que des boîtes toutes à peu près de même longueur, & de celle que le lieu permettoit de leur donner, dont les unes avoient plus de profondeur que les autres : toutes les quatre étoient portées de la même manière, savoir, par deux supports, dont chacun étoit fait de quatre à cinq briques mises les unes sur les autres.

Aucune des poussinières dont il s'agit n'avoit sa mère particulière, mais elles en avoient une qui leur étoit commune. Nous n'avons point encore parlé de mère qui eût une forme semblable à celle que je crus le mieux convenir à ces dernières *; la sienne étoit annulaire. Cette mère étoit une efpèce d'anneau un peu excentrique au poële : les parois exté-rieures de celui-ci, qui n'étoient éloignées de l'anneau que de huit à neuf pouces d'un côté, du côté oppofé en étoient dif-tantes de plus de onze à douze pouces. Cet anneau, pour tenir lieu de mère, devoit être une boîte ; il en étoit une affez étroite : j'avois cru qu'il ne falloit lui don-ner qu'une largeur fuffifante pour conte-nir deux ou trois petits poulets de front, qu'une largeur d'environ cinq pouces, & cela afin qu'ils ne pûffent pas s'y mettre en trop grand nombre les uns à côté des autres ; & pour empêcher qu'ils ne s'y em-pilaffent les uns fur les autres, j'avois borné fa hauteur à quatre pouces. Il y avoit même à déduire fur la largeur que je viens de déterminer, ce qui en pouvoit être pris par l'épaiffeur de deux bandes de peau de mouton bien fournies de poil, chacune des deux furfaces intérieures des côtés de l'enceinte étant tapiffée d'une de ces ban-des. Le bois dont les boiffeliers fe fervent pour faire les boiffeaux, les feaux & di-vers autres ouvrages dont le contour eft circulaire, fut d'abord employé pour faire le plus grand & le plus petit contour de cette mère, mais dans la fuite on jugea néceffaire de les faire de bois plus épais ;

ſon fond étoit plat, & avoit été taillé dans des planches ordinaires : c'eſt contre les bords de ce fond que les lames de bois, courbées en cercle, avoient été aſſujéties.

Nous avons conſidéré l'un & l'autre contour de cette mère comme pleins; l'extérieur, celui du plus grand diamètre, avoit cependant quatre ouvertures : on jugera aſſez exactement de leur grandeur & de leur poſition, ſi l'on ſe rappelle que nous avons dit que la mère annulaire devoit être commune à quatre pouſſinières. Chaque pouſſinière avoit auſſi un trou quarré * percé dans le bout le plus proche de la mère ; de ce trou ſortoit un très-court tuyau quarré qui s'appliquoit contre l'ouverture faite à la mère, ou qui entroit un peu dedans : ce court tuyau étoit la porte par laquelle les poulets avoient la liberté de paſſer d'une pouſſinière dans la mère, & de repaſſer enſuite de la mère dans la pouſſinière.

La proximité du poële pourroit être dangereuſe à une telle mère, qui bientôt devient aſſez sèche pour être très-facile à enflammer ; il faut donc ſonger à la mettre à l'abri de la braiſe, qui après être tombée du poële peut rouler trop près d'un bois très - diſpoſé à prendre

* Pl. V, fig. 1. P.

feu. Je n'aurois pas dû avoir befoin pour me convaincre de la néceffité de la mettre hors de ce rifque, d'avoir vû une de ces mères embrafée, dont il y eut plus du tiers de brûlé, & qui l'eût été en entier fi on fe fût aperçu un peu plus tard de ce petit incendie. Une enceinte de feuil-les, foit de fer blanc, foit de fer noir, foit de tôle *, placée entre le poële & la mère, qui s'élève de quelques pouces au deffus du bord de celle - ci, & qui porte fur le plancher, la met hors de danger d'être brûlée ; le feu n'y a pas pris une feule fois depuis qu'elle a été défendue par les feuilles de fer. J'avois d'abord atta-ché ces feuilles contre la furface exté-rieure & concave de la mère, mais j'ai reconnu dans la fuite qu'il étoit plus à propos de les en tenir éloignées au moins de trois à quatre pouces; auffi ai-je fait donner plus de diamètre à une feconde mère que je fis conftruire, que je n'en avois fait donner à la première. La fur-face extérieure & concave de la feconde étoit éloignée en quelques endroits des parois du poële, de plus de dix - huit pouces.

Les poulets eux - mêmes demandent qu'on les empêche de fe griller, ou d'être tués par un violent degré de chaleur;

* Pl. V
fig. 1. D E.

lorsqu'ils sont en gaieté, ils pourroient voler inconsidérément par-dessus les feuilles de fer jusque sur le poële, & tomber ensuite dans l'espace compris entre celui-ci & les feuilles de métal : le moins qu'il pût leur en arriver, seroit d'avoir trop chaud, & d'être étouffés, s'ils restoient trop long-temps dans une cavité d'où il ne leur est pas aussi aisé de sortir qu'il leur a été facile d'y descendre. On les met hors d'état d'aller dans cet endroit dangereux, au moyen d'un grillage de fil de fer fait en forme de cône ou d'entonnoir tronqué * : cette espèce d'entonnoir embrasse le poële immédiatement au dessous du couvercle par celui de ses bouts où il a le moins de diamètre ; l'autre bout le plus évasé porte sur l'enceinte de feuilles de fer. Les poulets qui volent sur ce grillage, ne sont pas exposés à y avoir trop chaud ; & s'il arrive à quelqu'un de voler même sur le dessus du poële, il est bien-tôt averti par la chaleur qu'il sent à ses pattes, de s'en retirer, ce qui lui est aisé ; aussi ai-je trouvé inutile de faire monter le grillage au dessus du couvercle.

L'enceinte de feuilles de fer, & la mère, que nous avons laissé imaginer chacune comme des pièces continues, peuvent l'une & l'autre être divisées en deux parties,

* Pl. V, fig 1. B C.

parties égales si l'on veut, ou, ce qui suffit, en deux parties dont l'une n'a que le quart de la circonférence, & dont l'autre en a les trois quarts : des crochets retiennent l'une contre l'autre les deux parties, qui ensemble remplissent la circonférence d'un cercle. On les sépare aisément, on en retire aisément une de sa place dans des temps où le poële demande que cela soit fait, lorsque la quantité de cendres qui est tombée dessous, & qui s'est répandue aux environs, est devenue trop grande. En parlant de la cendre qui tombe sous ce poële, j'ai assez fait entendre qu'il est de ceux dont le fond est percé : le service du poële n'exige pas néanmoins nécessairement cette division de la mère.

Nous avons jusqu'ici laissé notre mère annulaire entiérement ouverte par-dessus, & elle peut rester ainsi à découvert pendant la plus grande partie du jour, mais il y a des temps où il est à propos de la couvrir ; il y en a où il convient de la couvrir en entier, & d'autres où il suffit de la couvrir en partie ; il y en a où il convient de se servir d'un couvercle très-à jour, & d'autres qui demandent un couvercle presque plein : le premier * est fait de morceaux de bois disposés comme ceux des treillages, qui laissent entr'eux

*Planche V, fig. F G.

des mailles si petites qu'elles ne permettent pas au plus petit poulet de sortir de
la mère ; le second * est fait de planches
assez minces, & percé d'un très – grand
nombre de trous d'une ligne ou deux de
diamètre. L'usage auquel sont destinés
l'un & l'autre de ces couvercles, apprend
assez quelle doit être leur largeur & leur
contour, tout ce qui nous reste à en dire,
c'est que l'un & l'autre doivent être divisés en plusieurs parties, au moins en
quatre ; au moyen de quoi on est maître
de ne couvrir la mère qu'en partie, quand
on ne croit pas devoir la couvrir en entier,
d'en couvrir une portion avec le couvercle en grillage, & le reste avec le couvercle plein.

Dans la plûpart des heures de la journée cette mère est habitée par les poulets les plus jeunes & par ceux qui, quoique plus âgés, sont foibles, par tous ceux
en un mot qui ont plus de besoin que
les autres d'être réchauffés ; ils savent la
chercher & la trouver : tant qu'elle n'est
pas couverte, il n'y a pas à craindre qu'ils
s'y entassent à un point qui puisse leur
être funeste. Entre les autres poulets il
y en a qui marchent ou qui se tiennent
en repos dans les poussinières, & il y en
a en beaucoup plus grand nombre de

disperſés ſur le plancher de la chambre ;
ils profitent du grand terrein pour courir,
gambader, pour eſſayer & exercer leurs
aîles par de petits vols. Un gazon, dont
j'ai ſoin de faire couvrir une partie du
plancher, & qu'on renouvelle quand il
s'eſt trop deſſéché, les invite à ſe tenir
hors des pouſſinières ; ils reſtent ſur le
gazon tant qu'ils y trouvent un air aſſez
chaud à leur gré, mais lorſque ſa chaleur
diminue juſqu'à un certain point, ils ga-
gnent les uns après les autres les pouſſinières, d'où ils ſe rendent dans la mère.
Tant qu'elle eſt découverte, il eſt rare
qu'ils s'y arrangent aſſez mal & en pile
aſſez haute pour qu'il y en ait d'étouffés :
les plus petits & les plus foibles ſont les
ſeuls qui courent alors quelque riſque ;
mais ſi on veille aſſez à l'étuve pour y
entretenir par-tout une chaleur appro-
chante de celle qu'ils vont chercher dans
la mère, le nombre de ceux qui s'y ren-
dront ſera toûjours petit par rapport à
ſa capacité. Ils ont à choiſir dans la même
mère entre des endroits plus ou moins
chauds ; elle n'eſt pas par-tout également
échauffée par le poële, ce qui eſt une
ſuite néceſſaire de ſa poſition, de ce
qu'elle lui eſt excentrique.

Il y a des poulets qu'il faut forcer de

rester dans la mère, malgré l'envie qu'ils pourroient montrer de la quitter, ceux qui n'ont encore au plus que deux ou trois jours, & ceux qui sont infirmes; si on leur laissoit la liberté d'aller courir avec les autres, ils seroient exposés à être renversés par terre par ceux qui les trouveroient dans leur chemin, à être piétinés par ceux qui viendroient après, & à être mis ainsi hors d'état de se jamais relever. Un aussi grand emplacement que celui de la mère n'est pas nécessaire pour un petit nombre de poulets, c'en est assez de leur en consacrer une partie, le reste demeure à la disposition des autres; sur le champ on en sépare une portion qu'on destine à devenir une petite infirmerie, & cela en mettant une cloison à l'un & à l'autre des endroits où l'on veut qu'elle se termine. Ces cloisons consistent en deux petits & minces morceaux de planche *, dont la largeur est à peu près égale à celle de la mère, & la hauteur à la profondeur de celle-ci. Les cloisons sont assez retenues en place par le frottement des deux bandes de peau entre lesquelles elles sont gênées.

*Planche V, fig. 1. G, M.

On prend ainsi sur l'étendue de la mère plusieurs logemens, selon que les circonstances l'exigent, & on y en fait quelquefois de bien plus petits que celui dont nous venons de parler ; on y en fait quelquefois un qui n'est capable de contenir qu'un ou deux poulets très-petits. La façon de multiplier de pareils logemens se réduit toûjours à mettre debout deux petites cloisons qu'on a toutes faites, car on en doit avoir provision.

C'est pour ces logemens particuliers faits dans la mère que le couvercle en grillage * est nécessaire, & qu'il est à propos qu'il ait été divisé en plusieurs parties ; on en met une au dessus de la portion de la mère qui a été séparée du reste par des retranchemens. Cette partie du couvercle en grillage doit avoir une circonférence au moins égale à celle du retranchement qu'elle est destinée à couvrir. Sans ce couvercle, les poulets foibles ne seroient pas à l'abri , comme on a voulu qu'ils le fussent, d'être piétinés par les forts ; ceux-ci descendroient souvent, & même en sautant, dans l'habitation des foibles, si le dessus en étoit à découvert.

* Planche V, fig. F.

C'est sur-tout le soir qu'il convient de diviser l'intérieur de la mère en plusieurs pièces qui n'aient entr'elles aucune communication : quand la nuit approche, on doit prendre les précautions nécessaires

pour la faire paſſer aux poulets chaudement & en ſûreté contre divers dangers;
ils n'en auroient pas toûjours une bonne
ſi on les laiſſoit ſe coucher eux-mêmes,
c'eſt un ſoin dont il eſt eſſentiel de ſe
charger, afin de ne tenir enſemble pendant la nuit, que ceux d'un âge aſſorti.
On peut diviſer la pouſſinière en trois ou
quatre parties, dont chacune ſera deſtinée
à des poulets d'une certaine grandeur : on
accordera une habitation plus ſpacieuſe à
ceux à qui leur nombre & leur taille exigent qu'on la donne.

Le couvercle plein eſt bien néceſſaire
pour faire paſſer la nuit en ſûreté aux
poulets très-petits; lorſque les rats & les
ſouris peuvent pénétrer dans l'étuve où
ils ſont attirés par le grain qui y eſt répandu, ils n'épargnent pas des poulets peu
capables en tout temps de ſe défendre, &
qui le ſont encore moins pendant qu'ils
ſont endormis. Le matin j'ai quelquefois
eu le déplaiſir d'en trouver cinq ou ſix qui
avoient été tués pendant une nuit que je
leur avois laiſſé paſſer ſans avoir eu la précaution de mettre un couvercle au deſſus
d'eux, ou pendant laquelle ils en avoient
eu un grillé à trop grandes mailles. La nuit
n'a pas été moins cruelle à d'autres poulets,
qui s'étant placés ſous des pouſſinières, ou

ailleurs, avoient échappé aux recherches de celui qui auroit voulu les coucher en lieu sûr. Au reste si les souris n'épargnent pas plus les poulets que nous ne les épargnons, ce n'est pas pour en tirer un aussi bon parti que nous; j'ai vû qu'elles s'étoient contentées de ronger quelques doigts de la patte & un peu de la jambe de cinq à six poulets qu'elles avoient tués, c'est-là leur morceau friand : j'ai pourtant trouvé d'autres poulets, mais en plus petit nombre, dont une partie du crâne avoit été enlevée, & une partie de la cervelle mangée.

Les poulets d'un certain âge, ceux qui ont les plumes des aîles & de la queue, & qui en ont sur le corps, peuvent passer la nuit dans des endroits moins chauds que ceux qui sont nécessaires aux poulets couverts encore en grande partie de duvet : on peut faire coucher les premiers dans les poussinières, & pour qu'ils y soient mieux, on leur donnera une de nos anciennes mères ; mais on ne manquera pas de couvrir la poussinière d'une claye serrée, ou même d'une planche qui servira à conserver la chaleur. Les souris n'oseroient peut-être y attaquer des poulets déjà capables de se défendre contr'elles, mais ces poulets pourroient n'avoir rien à craindre des souris, & n'être pas en sûreté contre les rats, à qui plus de force donne plus de hardiesse.

Notre guide fidèle, le thermomètre, qui nous sert si bien pour nous mettre en état de régler la chaleur des fours & des poussinières de toutes espèces, ne nous est pas moins nécessaire pour nous mettre en état de juger si le poële donne à l'air de l'étuve la chaleur que les poulets demandent. On doit faire en sorte que son degré à la hauteur de deux ou trois pieds & assez près des murs, ne soit jamais au dessous du 24ᵉ & du 25ᵉ, & on se proposera de la tenir de près de 30 ou de 32 degrés : il n'y a guère à craindre qu'elle ne monte trop haut ; peu au dessus du niveau du plancher sur lequel les poulets marchent, elle est toûjours bien plus foible qu'elle ne l'est à une hauteur de quelques pieds de plus ; j'ai vû que pendant qu'elle étoit de 32 à 33 degrés à trois à quatre pieds du plancher, à un pouce de ce même plancher elle n'étoit que de 18 à 19 degrés. Les thermomètres les plus simples, & ceux dont on peut multiplier le nombre sans qu'une raison d'œconomie s'y oppose, nous suffisent ici : on aura dans différens endroits de l'étuve de petites bouteilles pleines de beurre seul, ou de beurre allié avec du ſuif, pendues chacune à une petite corde attachée au plafond * ; ce beurre doit toûjours être fondu , mis en liqueur par la chaleur de l'étuve, on n'attendra pas qu'il ſoit figé à remettre du bois dans le poële.

* Planche V, fig. 3. b.

Mais pour mettre plus à profit la chaleur du poële , & pour faire jouir les plus petits poulets pendant la nuit, d'une chaleur qui leur eſt plus néceſſaire qu'aux autres , on placera dans l'étuve une ſeconde mère annulaire , élevée de 20 ou 30 pouces plus que la première ; elle ſera portée par un nombre de pieds ſuffiſant pour rendre ſon aſſiette ſolide : cette mère n'aura aucune communication avec les pouſſinières ; comme elle ne ſera deſtinée qu'à de très-petits poulets, ils auront aſſez d'eſpace pour exercer leurs jambes , quoiqu'ils y ſoient en grand nombre.

La conſommation du bois ſera plus grande dans ce poële en hiver qu'au printemps, au printemps qu'en été ; dans cette dernière ſaiſon elle ſe réduira à bien peu , & en quelque temps que ce ſoit, elle ne ſera jamais aſſez conſidérable pour enchérir trop les poulets dont on lui devra la conſervation & l'accroiſſement. Dans des jours médiocrement froids,

D v

dans ceux où il ne gèle point le matin, on ne ſera obligé de mettre du bois que quatre fois le jour ; on commencera à y en mettre dès qu'on ſera levé, vers les cinq à ſix heures, & plûtôt ſi on le peut ; on y en remettra pour la ſeconde fois ſur les dix à onze heures, pour la troiſième fois ſur les trois à quatre heures après midi, & pour la dernière fois ſur les neuf à dix heures du ſoir. La quantité miſe à chaque fois conſiſtera en deux morceaux de bois, venus d'un qui a été fendu, & qui n'eſt que le quart d'une bûche. Je donnerai aſſez d'idée de la groſſeur & de la longueur des bûches, lorſque j'aurai dit que j'ai compté le nombre de celles qui entroient dans une voie de bois flotté qui me les fourniſſoit ; j'y en ai trouve cent ſoixante-deux, la voie entière ne ſera donc conſommée que dans le même nombre de jours, puiſqu'on ne brûlera qu'une bûche par jour. Suppoſons cette voye de bois achetée à Paris, & que le bois ſoit toûjours au prix où les beſoins de la guerre ont forcé à le porter, que rendue au poële elle coûte vingt livres, le poële ne dépenſera cependant par jour que pour deux ſols ſix deniers de bois. Des poulets avant que d'être devenus aſſez gros pour être rôtis, doivent avoir vécu environ deux mois dans le poële, c'eſt-à-dire , avoir obligé à y conſommer ſoixante fois deux ſols ſix deniers en bois , ou ſept livres dix ſols : ſi l'on n'élevoit à la fois dans l'étuve que douze à quinze pou-lets , ce ne ſeroient pas des poulets à bon marché , mais ſi on y en tient à la fois plu-ſieurs centaines , même un millier , comme on le peut , la dépenſe du bois ne les ren-chérira pas aſſez pour éloigner les acheteurs.

Il ſeroit inutile de faire remarquer com-bien cette dépenſe en bois ſera petite dans les campagnes où il eſt commun ; mais à Paris même elle pourra être ré-duite bien au deſſous de ce que nous venons de la trouver ; on aura un tiers & plus de diminution , ſi on met le pla-fond de l'étuve plus d'un tiers plus bas que n'eſt celui de la nôtre , ce que nous avons déjà propoſé ailleurs de faire : ce retranchement ne prendra rien ſur la capa-cité de l'étuve par rapport aux poulets , il n'empêchera pas qu'elle ne ſoit propre à en contenir le même nombre.

Le poële dont nous nous ſommes ſer-vis , eſt un poële ordinaire , on nous en fait eſpérer un qui avec la moitié moins de bois entretiendra le même degré de chaleur dans une chambre que ceux qui ſont en uſage y entretiennent ; c'eſt le témoignage que rend à cette invention digne d'une

D vj

récompense considérable, un très-grand inventeur qui a été chargé de l’examiner. Mais sans rien changer dans la forme ordinaire de nos poëles, on peut tirer un meilleur parti qu’on ne fait, & que je ne l’ai fait d’abord, de celui qui est destiné à échauffer une étuve. On ne s’embarrasse pas que dans un lieu qui n’est pas fait pour avoir un air de propreté & d’arrangement, des briques ou des pierres de grès, ou des cailloux entassés se présentent à nos yeux : j’ai fait remplir de ces briques & de ces pierres, le vuide qui étoit entre le poële rond de mon étuve & l’enceinte de feuilles de fer, persuadé que ces corps solides, qui ne laisseroient pas perdre aussi promptement que le fait l’air, la chaleur qu’ils auroient acquise, serviroient comme le poële même à empêcher l’air de l’étuve de se refroidir. Lorsque j’ai employé cet expédient simple, il a suffi de mettre trois fois par jour du bois dans le poële. La consommation du bois sera encore diminuée, si, comme je l’ai pratiqué, on met une soupape dans le tuyau du poële, à peu de distance de l’endroit où il sort de l’étuve ; lorsque le bois sera bien embrasé, & même réduit en braise, on fermera la soupape, & par-là on empêchera la chaleur de se dissiper.

Quand on aura donné une foupape au
tuyau du poële, on prendra garde à ne
la pas fermer que le bois ne foit bien
réduit en braife. Le domeftique que j'a-
vois chargé de veiller à l'étuve, pour
ménager le bois, fermoit fouvent la foupape trop tôt, alors l'étuve fe rempliffoit
de fumée : une mauvaife difpofition des
tuyaux du poële concouroit encore à faire
rentrer la fumée dans cette étuve, & cela
dura pendant les quinze jours qui fuivi-
rent celui où ce poële y fut établi. Les
poulets, qui ne font pas moins fenfibles
que nous à la fumée, & qui peut-être le
font davantage, y devinrent languiffans,
mal affurés fur leurs jambes, & y périrent : ce fut-là le fort de quinze à vingt
poulets qui furent mis les premiers dans
l'étuve, ce qui m'eût mal prévenu pour
elle fi je n'euffe cru voir clairement que la
fumée qui y avoit régné, leur avoit été
fatale : il ne fut pas difficile d'empêcher
ceux que j'y mis dans la fuite d'en être
incommodés ; les tuyaux furent mieux
ajuftés, & on n'y ferma plus la foupape
que lorfqu'on le pouvoit faire fans obli-
ger la fumée à rentrer, que lorfqu'il n'y
avoit dans le poële que de la braife incapable d'en fournir.

Au refte la fumée dont je viens de parler

eſt la ſeule contrariété que les poulets aient eue à éprouver dans l'étuve ; ils s'y ſont trouvés bien, au delà de ce que je l'avois eſpéré ; des ſemaines ſe paſſoient ſans que de deux cens poulets il en mourût un , auſſi cette manière de les élever eſt-elle la plus ſûre , & celle que je conſeille de préférer à toutes les autres.

Enfin la petite dépenſe à laquelle l'étuve engage , ſans ſervir à élever moins de poulets , peut nous valoir un autre produit, elle peut ſervir à en faire naître. J'ai déjà dit dans le premier Mémoire du tome premier , qu'on en pouvoit faire éclorre à très-peu de frais dans des étuves : ſans en faire aucun de plus que ceux qui étoient néceſſaires pour tenir les poulets chaudement; j'ai trouvé dans mon étuve le degré de chaleur propre à couver des œufs, j'ai ſuſpendu au plafond un panier capable d'en contenir plus de deux cens : celui qui fut chargé de régler le feu ne fut pas d'abord aſſez ſur ſes gardes, il laiſſa monter la chaleur ſi haut qu'elle cuiſît les premiers œufs ; mais inſtruit par cette aventure, il entretint ceux qui furent mis dans le panier en la place des autres , dans le degré de chaleur propre à les couver avec ſuccès; les poulets y éclorrent comme ils euſſent fait dans un four établi ſur un

four à pain, ce qui m'a excité à multiplier ensuite dans cette étuve le nombre
des paniers remplis d'œufs.

La manière dont je suspends le panier,
mérite d'être expliquée, parce qu'elle
apprend comment l'on peut modérer ou
augmenter la chaleur des œufs. Une tringle de fer * , telle que celles des rideaux
de fenêtre, ou tout simplement une barre
de ce fer appellé du quarillon, est soûte-
nue par deux pitons à un demi-pouce de
distance du plafond : un anneau de fer
est passé dans cette tringle ; cet anneau
est percé par un trou assez grand pour
recevoir & laisser tourner sur elle-même
la tige d'un crochet de fer rivée en dedans de l'anneau : c'est à ce crochet qu'est
attachée une corde à laquelle se réunissent
quatre autres qui tiennent aux quatre
anses du panier. Les différentes vûes auxquelles cette espèce de suspension peut
satisfaire, se présentent d'elles-mêmes :
le panier se trouve dans un air d'autant
plus chaud qu'il est plus proche du tuyau
du poële ; on l'éloigne ou on l'approche
de ce tuyau selon le côté vers lequel on
fait glisser l'anneau dans lequel la tringle
de fer est passée. Enfin le côté du panier
qui est le plus proche du tuyau, est celui
sur lequel agit un air plus chaud ; succes-

* Planche V,
fig. 4. 2 d.

ſivement on fait occuper la place où il
règne plus de chaleur, à toutes les portions de la circonférence du panier; l'on
n'a qu'à faire tourner le panier ſur lui-
même, ce qui eſt rendu facile, parce que
le crochet auquel eſt arrêtée la corde qui
ſuſpend le panier, tourne librement dans
l'anneau.

On a encore un autre moyen de faire
paſſer le panier d'œufs dans un air plus ou
moins chaud que celui où il eſt, & cela
en le faiſant monter ou deſcendre, en le
tenant dans un lieu plus élevé ou dans
un lieu plus bas que celui où il étoit; car
depuis le plancher de l'étuve ſur lequel
on marche, juſqu'à ſon plafond, il y a
à choiſir entre des couches d'air de bien
des températures différentes. Nous avons
déjà fait remarquer que près du plancher
dont nous venons de parler, la liqueur
du thermomètre reſtoit à 18 ou 19 degrés
dans des temps où ſi ce même thermomètre eût été placé trois ou quatre pieds
plus haut, ſa liqueur auroit monté à 32
ou 33 degrés, & même par-delà : or
rien n'eſt plus ſimple que de ſe procurer
la facilité de faire deſcendre & de faire
monter le panier rempli d'œufs, ſelon que
la chaleur de l'air où il eſt, eſt jugée trop
forte ou trop foible. Au lieu de ſuſpendre

le panier au crochet, on n'a qu'à attacher
à ce crochet une poulie * sur laquelle on
fait paſſer la corde qui porte le panier.
Si ce panier eſt percé au centre, on ne fera
pas même embarraſſé dans l'étuve du bout
de la corde, par le moyen de laquelle on
fait mouvoir le panier ; on ramenera ce
bout verticalement au centre du panier, au
travers duquel on le fera paſſer pour le
conduire ſous le panier, où il ſera arrêté
par un bâton poſé horizontalement.

 Je ne m'en ſuis pas tenu à un ſeul panier,
j'en ai diſpoſé trois dans l'étuve : on pourroit très-commodément y en placer quatre,
dont chacun contiendroit plus de deux
cens cinquante œufs ; ſi on le vouloit bien,
on y pourroit même doubler & tripler le
nombre des paniers.

 Au reſte plus l'on multipliera les poulets dans l'étuve, & plus on devra redou-
bler de ſoins pour les y tenir proprement.
Si on y laiſſoit leurs ordures s'accumuler,
elles y rendroient l'air très-mal-ſain pour
eux, & plus capable que la vapeur du
fumier d'empêcher les œufs d'être couvés
avec ſuccès. La dépenſe du feu qu'exige
une pareille étuve, étant auſſi petite qu'elle
l'eſt, je voudrois qu'on en eût deux, dont
l'une ſeroit deſtinée à faire éclorre les poulets, & l'autre à les élever. C'eſt le parti le
plus ſûr.

Malgré les détails dans lesquels je ſuis entré par rapport aux différentes méthodes au moyen desquelles on peut réuſſir à élever des poulets ſans le ſecours des véritables mères, je n'en ai preſque donné que l'eſprit, on perfectionnera ce que je n'ai qu'ébauché. C'eſt ici une matière où l'on peut ſe retourner de bien des façons, par rapport à laquelle on peut imaginer beaucoup de procédés différens ; mais ſi entre ceux que j'ai indiqués, on en choiſit un & qu'on le ſuive avec attention, on verra mourir proportionnellement bien moins de poulets qu'il n'en meurt de ceux que les poules conduiſent. Qu'on ne ſe promette pourtant pas de les ſauver tous : nous ne ſavons pas faire parvenir tous les enfans à âge d'homme ; combien en meurt-il dans les premières années ! Les poulets ont comme nous leurs maladies, & nous ne ſommes pas meilleurs médecins pour eux que pour nous - mêmes ; ils ont des maladies dont nous ne ſavons pas deviner les cauſes. Il y en a pour eux d'épidémiques, qui dans certaines années, cauſent de grandes mortalités, & qui dépendent de cauſes qu'il n'eſt pas toûjours auſſi aiſé de reconnoître que celle que je ne découvris pourtant qu'après qu'elle meût fait périr pendant quinze jours ou trois semaines un grand nombre de poulets : ils mangeoient bien, & cependant ils maigrissoient à vûe d'œil, & mouroient ensuite. Tout leur mal venoit d'une espèce de vermine qui s'étoit prodigieusement multipliée sur eux, & qui se tenoit cachée sous leurs plumes par plaques; c'étoient des poux fort différens par leur figure, de ceux qui sont assez ordinaires aux poules : ceux-ci en ont une assez semblable à la figure des insectes qui se tiennent sur les hommes mal-propres; les autres, plus courts, plus écrasés & plus petits, ressembloient davantage à des ricins, à des insectes qu'on trouve aux lapins & aux chiens qui chassent dans les bois & les broussailles, ou à de grosses mittes rougeâtres. Je négligeai de faire dessiner un de ceux de mes poulets, croyant qu'ils ne me manqueroient jamais, & je les fis si bien périr que je n'en trouvai plus lorsque je me proposai de les observer au microscope; mais j'ai lieu de croire que c'est l'insecte que Redi a fait représenter sous le nom de poux de la poule dans la seconde des planches où il a donné les figures des insectes qui vivent sur de grands animaux.

Je soupçonnai que ces insectes étoient venus à mes poulets des fourrures des mères, ſur ce qu'en examinant ces fourrures, en écartant leurs poils, j'en trouvois ſur la peau des plaques plus grandes qu'une pièce de douze ſols ; là ils étoient ſi près les uns des autres qu'ils ne laiſſoient pas voir de vuide. Je fis périr tous ceux des mères, en leur faiſant ſouffrir dans un four dont le pain avoit été tiré, & où toutes les mères furent miſes, un degré de chaleur auquel ils ne pûrent réſiſter. Cette façon eſt la plus ſûre de toutes pour faire périr les inſectes. Je le dirai en paſſant, qu'il n'y a rien de plus efficace pour exterminer les punaiſes qui ſe ſont établies dans un bois de lit & dans ſes rideaux, que de mettre ce bois & les rideaux dans un four qui n'eſt pas aſſez chaud pour brûler le bois, ni pour griller ni pour rouſſir la laine, mais qui l'eſt aſſez pour que ſa chaleur ne ſoit pas ſupportable à des inſectes. On n'auroit qu'à le vouloir pour faire un uſage bien utile de cette idée, qui ſeroit de conſerver nos grains contre les inſectes qui les mangent dans nos greniers : ceci ſeroit encore plus important que d'élever des poulets.

Quand tous les inſectes des mères eurent été détruits, le nombre de ceux des poulets diminua ſi vîte, qu'au bout de peu de jours je ne leur en pûs trouver un ſeul.

EXPLICATION DES FIGURES
du premier Mémoire.

VIGNETTE.

LA vignette de ce Mémoire fait voir l'intérieur de la partie d'une grange, qui a été destinée à élever des poulets au moyen des pouſſinières enterrées dans une couche de fumier. On a auſſi bien réuſſi à la Communauté de l'Enfant Jeſus à élever des poulets dans un lieu pareil à celui-ci, qu'à les y faire éclorre, parce que ce lieu avoit de l'élévation, & que l'air y circuloit librement. Mais on ne doit pas ſonger à les élever de la manière qui eſt repréſentée ici, ſi l'on ne peut pas ſe promettre que l'air du deſſus de la couche ne ſera pas trop chargé d'humidité ; elle eſt preſque auſſi funeſte aux poulets éclos qu'à ceux qui ſont dans la coque.

La figure première fait tomber du grain dans une pouſſinière peu longue, & en cela proportionnée à la grandeur des poulets naiſſans qui ſont dedans.

La figure ſeconde eſt occupée à examiner les poulets logés dans une pouſſinière plus longue que la précédente, & à voir ſi rien ne leur manque.

La figure troiſième apporte dans un panier des poulets nouvellement éclos pour les mettre dans une pouſſinière.

La figure quatrième couvre d'une claye une longue boîte qui, avec le tonneau auquel elle eſt jointe, compoſe une de ces pouſſinières moins ſimples que les communes. Deux mères artificielles demi-rondes font placées dans le tonneau. Il n'y a point de mère dans la boîte.

La figure cinquième obferve comment les poulets s'arrangent dans deux mères demi-rondes d'un tonneau. Il y a une communication de ce tonneau avec la boîte S, qui porte un berceau de treillage : cette boîte & le tonneau font un fevroir deftiné aux poulets qui commencent à être en état de voler.

p q, eft une pouffinière à cannetons, dont le devant a été emporté pour qu'on y pût voir le petit baffin b, & la mère artificielle.

VIGNETTE DU SECOND MÉMOIRE.

LA vignette du fecond Mémoire eft encore deftinée à faire entendre une manière d'élever des poulets, décrite dans le premier Mémoire ; elle repréfente deux de ces pouffinières, dont la plus longue partie eft un four horizontal femblable à ceux qui font employés utilement à couver des œufs, & qui eft couverte de fumier. Cette longue partie de la pouffinière eft fa partie poftérieure, elle eft logée dans une pièce différente de celle où eft la partie la plus courte & antérieure ; celle-ci eft vitrée en deffus, & de l'un & de l'autre côté. On ne voit dans cette vignette que la partie antérieure des deux pouffinières qui y font repréfentées.

La figure première, qui a fait entrer un de fes bras dans une pouffinière vitrée, donne à manger aux poulets, ou fait dans l'intérieur de cette pouffinière quelqu'accommodement qui peut leur être utile.

Les figures 2 & 3 font occupées autour d'une autre pouſſinière vitrée. La figure 2 en a fait fortir en partie la boîte dans laquelle les poulets font logés. La figure 3 aide à la figure 2 à foûtenir & à tirer la boîte.

PLANCHE PREMIÉRE.

Les figures 1, 2, & 3 repréſentent des pouſſinières enterrées dans le fumier. Celles des figures 1 & 2, plus courtes de moitié que celle de la figure 3, ſervent à loger les poulets nouvellement éclos : on les met dans celle de la figure 3 lorſque devenus plus grands ils ont befoin d'occuper un logement plus long, où il leur ſoit permis de faire de plus grandes courſes. On eſt maître de donner à ces dernières autant de longueur que le lieu où elles font le permet, mais on ne l'eſt pas de même de les élargir ; plus elles font larges, & plus il eſt difficile de faire prendre à l'air qui y eſt contenu le degré de chaleur néceſſaire aux poulets.

Un des bouts P P de la pouſſinière eſt ici, & doit être enfoncé plus avant dans le fumier que l'autre.

M, la mère artificielle qui demande à être placée dans l'endroit le plus chaud de la pouſſinière. R, rideau qui la ferme par devant ; il doit reſter un eſpace capable de contenir pluſieurs poulets, entre le bout poſtérieur de cette mère & le bout de la pouſſinière dont il eſt le plus proche.

Q Q, le bout de la pouſſinière qui s'élève le plus au deſſus du fumier, & près duquel il fait le moins chaud.

A, auget dans lequel on met la mangeaille des poulets.

C, figure 1 & 2, claye avec laquelle on recouvre quand on le juge à propos, la poussinière : les bâtons dont elle est composée doivent être plus proches les uns des autres qu'ils ne le font ici, assez proches pour ne pas permettre de sortir aux plus petits poulets. La poussinière de la figure 3 doit aussi avoir sa claye.

La poussinière de la figure 2 est faite pour les cannetons naissans, en D est une cloison qui a une porte ou un trou par lequel les cannetons passent pour aller dans la partie de la poussinière séparée du reste par la cloison, & pour retourner de là dans la partie la plus spacieuse. Dans la partie formée par la cloison, B marque une jatte ou un petit plat plein d'eau, qui tient lieu d'un bassin aux cannetons.

La figure quatrième est celle d'un sevroir, ou d'une poussinière proportionnée à la grandeur des poulets qui commencent à faire usage de leurs aîles. Ceux-ci, plus forts, ne se trouvent pas mal dans un air qui ne seroit pas assez chaud pour les autres.

R S T V, caisse qui forme le corps du sevroir, son bout T V est ouvert ; on ne le ferme qu'avec la porte de grillage X ; elle tient au berceau de treillage Y Y, sous lequel les poulets peuvent prendre l'essor.

CC, DD, FF, trois pièces qui, lorsqu'elles font posées sur la poussinière & appliquées les unes contre les autres, composent un couvercle complet à la partie du sevroir qui est hors du berceau. Ce couvercle est nécessaire toutes les fois qu'on veut faire monter la chaleur dans le

sevroir :

fevroir: on voit à ce couvercle des trous dont quelques-uns ont été marqués O, qu'on tient ouverts
quand on veut modérer la chaleur, & qu'on
bouche avec des bouchons de bois lorsqu'on
veut la faire augmenter.

E E, marquent sur une des portions du couvercle, une ouverture par laquelle on peut passer
la main dans le fevroir pour y mettre de la mangeaille, ou pour d'autres raisons, sans être obligé de donner trop d'air au fevroir, ou, ce qui
est la même chose, sans refroidir trop celui de
sa capacité : quand on n'a pas à faire usage de
cette ouverture, on la ferme avec une petite
porte, qui n'est qu'une planche coupée quarrément.

M, la mère artificielle.

A, un des augets où l'on met, soit du grain,
soit de la pâtée.

PLANCHE SECONDE.

La figure première représente une mère artificielle vûe par-dessus, par-devant & de côté.

A B C D, chassis de bois qui fait la partie
solide du dessus, & contre lequel est attachée
une peau de mouton P, dont la laine se trouve
dans l'intérieur de la mère.

B C E F, est un des côtés de la mère qui
peut être fait d'une planche mince, dont la surface intérieure est tapissée de peau de mouton :
ce côté peut aussi être fait, comme le dessus,
d'un simple chassis de bois.

A G F B, le devant de la mère, ou son bout
antérieur, celui par lequel les poulets entrent
dedans.

R S, rideau flottant qui tombe presque jus-

Tome II. .E

qu'au bas de la mère , & qui en bouche le bout antérieur , de manière néanmoins qu'il n'ôte pas la liberté aux poulets d'entrer ſous la mère; ils l'écartent & le ſoûlèvent aiſément lorſqu'ils veulent entrer & lorſqu'ils veulent ſortir. Le bout poſtérieur, un peu plus bas que l'antérieur, eſt de même fermé par un rideau.

A G I H C F B, mère qui a été renverſée ſans deſſus deſſous pour mettre l'intérieur en vûe.

P, peau de mouton qui tapiſſe le deſſus de la mère, & qui offre une bonne fourrure au dos des poulets. A G I H, un des côtés de la mère, vû par ſa ſurface extérieure. C F, côté de la mère, vû par ſa ſurface tapiſſée de peau de mouton. R S, rideau qui ferme le bout anté-rieur de la mère. T, rideau plus court que le précédent, qui eſt attaché au bord ſupérieur du bout poſtérieur.

K, L, deux pièces ſemblables & égales, dont l'une eſt vûe par la face tapiſſée de peau, & l'autre par la face extérieure, par celle contre laquelle la peau n'eſt pas attachée. Ces deux pièces ſont deux hauſſes, au moyen deſquelles on rend une mère plus haute qu'elle ne l'étoit, quand les poulets qui la doivent habiter de-mandent qu'elle le devienne. On voit à la pièce L deux chevilles placées de manière qu'elles entrent quand on veut dans deux trous percés dans le bord de la pièce F C. La pièce K a de même deux chevilles diſpoſées pour entrer dans deux trous percés dans le bord de la pièce G H.

La figure 3 & la figure 4 ſont deux mères demi-rondes. La figure 3 montre que l'ouver-ture par laquelle les poulets peuvent entrer ſous la mère eſt auſſi longue que le côté de celle-ci, qui eſt en ligne droite. Dans la figure 4 une ſemblable mère eſt vûe par ſa circonférence.

Q O P, figures 3 & 4, portion du cerceau de bois qui forme le bâtis de la partie ſupérieure de la mère.

M, bande de peau de mouton vûe par le côté ras, attachée contre le cerceau Q O P.

Dans la figure 4 on voit les montans V X Y, & quelques autres à qui on n'a point mis de lettres, qui ſoûtiennent l'arc de bois Q O P. Une bande de peau de mouton, qui ſe préſente ici par ſon côté ras, eſt aſſujétie ſur ces montans : la hauteur de ceux-ci eſt celle de la mère.

La figure 5 montre une pouſſinière plus compoſée que celles de la planche précédente, & ſur leſquelles auſſi elle a des avantages.

l m n o p q, boîte qui fait partie de la pouſſinière : elle a été briſée entre q y, & p, pour mettre à découvert ſon intérieur, où ſe trouvent de petits poulets, & les augets x x où ils ont de quoi manger. Cette boîte eſt portée par deux tréteaux z z.

K, endroit où un bout de la boîte précédente a un tuyau quarré qui s'emboîte dans une ouverture faite à un tonneau pour le recevoir : ce bout étant ouvert eſt pour les poulets la porte de communication de la boîte avec le tonneau.

a b c d e, tonneau qui a été briſé dans l'endroit marqué par ces lettres, afin que ce qui eſt dans ſon intérieur fût viſible. Ce tonneau achève de rendre la pouſſinière compléte.

h i, f g, deux mères ſemblables à celles des figures 3 & 4 ; c'eſt ſous l'une & l'autre de ces mères que les poulets vont chercher un air plus

chaud que celui qu'ils trouvent dans la pouſſinière. La figure apprend que le tonneau eſt enterré dans le fumier ; il en ſeroit recouvert à
une plus grande hauteur, ſi les ouvertures qu'on
a faites pour mettre les mères en vûe n'euſſent
empêché qu'on pût faire monter le fumier juſqu'à la hauteur des mères & par delà, comme
on doit le faire. Les poulets tenus dans de pareilles pouſſinières ne ſont pas auſſi expoſés à
vivre dans un air humide, que ceux qui habitent
des pouſſinières qui ne ſont que des boîtes enterrées en partie dans une plus maſſive couche : une moindre quantité de fumier ſuffit pour
échauffer le tonneau, & ce tonneau conſerve
ſa chaleur, parce qu'il eſt toûjours couvert par
un couvercle ſemblable à celui des tonneaux
dont on a fait des fours à couver des œufs.

PLANCHE TROISIÉME.

Cette planche repréſente l'extérieur de la
partie qui, étant ajoûtée à un four horizontal
chauffé par le fumier, renferme avec ce four un
lieu très-propre à élever les poulets nouvellement éclos, un lieu où ſe trouvent pluſieurs
pouſſinières qui ont les degrés de chaleur que les
poulets exigent.

A B, B C, un des côtés & le deſſus de l'entrée
du four à fumier.

D E F G H I, eſpèce de caiſſe aſſujétie en
D E F contre l'entrée A B D du four : la face
de la caiſſe, qui s'applique contre cette entrée,
eſt toute ouverte.

K, L deux chaſſis vitrés, mobiles horizontalement, qui occupent la plus grande partie du
deſſus de la caiſſe ; ils ſervent à éclairer l'intérieur

de cette caisse, à donner du jour aux poulets.

Le chassis L, est ici tiré un peu par delà H E, il auroit pû l'avoir été de même par delà D I.

M, autre chassis vitré qui sert à éclairer le bas de la boîte.

N G H, O Q I, montans qui servent de pied à la boîte.

Q Q P P T R, porte de la caisse : quand on veut ouvrir cette porte, on l'abaisse; on peut ne l'ouvrir qu'à moitié, parce qu'elle est brisée en P P.

Q Q, pentures, sur lesquelles la porte est mobile.

P P, couplets ou charnières qui permettent de n'ouvrir qu'une partie de la porte.

T, R, deux tringles qui ont des coulisses dans lesquelles le volet V est mobile.

S, crochet qui arrête le haut de la porte.

X Y Y Y Y, mur qui a été abattu pour mettre en vûe le corps du four. Z, le dessus du four. a a, un de ses côtés. On a enlevé le fumier dont ce côté & le dessus étoient couverts.

f, fumier sur lequel le four est posé.

PLANCHE QUATRIÉME.

On s'est proposé de faire voir dans cette planche le dedans de la grande poussinière vitrée, dont on ne voit que le dehors dans la planche précédente; de faire voir que cette grande poussinière se divise en trois plus petites, & comment tout y est disposé pour que les poulets y soient tenus chaudement, proprement & sainement. Ce qui sert à clorre la caisse vitrée, comme les panneaux, les chassis vitrés, &c. a été emporté, on n'en a laissé

E iij

que des fragmens , mais on a réfervé dans leur entier les montans & les traverfes qui font la principale charpente de tout le bâtis.

A B, B C, un des côtés & le deffus du four chauffé par le fumier.

D, refte du deffus de la partie fupérieure de la caiffe , qui étoit arrêtée contre le bord fupérieur du four.

K, L, portions qui font reftées des deux chaffis vitrés du deffus.

I O, H N, les deux montans du devant de la caiffe vitrée , qui lui fervent de pieds.

I H, traverfe fupérieure affemblée avec les montans I O & H N ; lorfque la porte eft fermée, elle bat, & elle eft arrêtée contre cette traverfe.

Q, une des deux pentures par lefquelles le bas de la porte eft foûtenu.

P P, moitié fupérieure de la porte, qui ici a été pofée horizontalement comme elle l'eft lorfqu'on lui veut faire tenir lieu d'une table.

V, un des carreaux de verre qui eft encadré dans cette partie de la porte.

X, bâton qui retient la moitié fupérieure de la porte dans une pofition horizontale.

a a, plancher qui ne confifte que dans une forte tringle : le côté oppofé en a une égale en tout à celle-ci, & placée à même hauteur. Ces deux tringles font le plancher qui porte une longue boîte, qui fait la pouffinière fupérieure, & qui équivaut même à deux pouffinières lorfqu'elle eft divifée en deux fuivant toute fa longueur, comme elle l'eft dans cette figure.

b c d e f g, partie de la longue boîte qui fournit les deux pouffinières fupérieures.

En b c d, jusqu'en e, les planches d'un des côtés & de partie du bout ont été brisées pour mettre en vûe ce qui est dedans la boîte.

c, crochet qui attache la partie c à la partie b. La boîte que nous considérons, a sept pieds & demi de long, ou environ; elle va jusqu'au fond du four : pour qu'elle soit plus maniable lorsqu'on veut la tirer entiérement hors du four, elle est divisée en deux parties qui sont tenues jointes l'une à l'autre par les crochets c, c 2, & c 3.

En g & en b sont deux rainures qui servent à arrêter une petite planche lorsqu'on veut diviser la boîte transversalement pour retenir les poulets, soit dans sa partie antérieure, soit dans sa partie postérieure.

Au dessus de a a, qui marquent le plancher qui soûtient la poussinière supérieure, sont deux des roulettes qui la rendent mobile lorsqu'on veut la tirer hors du four. Dans cette figure elle en est sortie en partie, son devant est posé sur l'espèce de table P P, qui est la portion supérieure de la porte.

k k k, &c. mur qui a été abattu pour faire paroître la partie du four qui doit être recouverte de fumier.

h est la surface intérieure d'un côté de la boîte qui forme la poussinière supérieure.

i i i, restes des planches qui couvroient le dessus du four.

l m, n o, deux rateliers entre lesquels & tout du long desquels sont des augets qui contiennent la mangeaille des poulets, & leur boisson, qui n'est que de l'eau.

p, c 2, q, cloison mince qui étant contigue par un bout à celui des rateliers, & prolongée jusqu'au fond de la boîte, la divise en deux poussinières égales ou inégales en largeur, selon qu'on le juge à propos.

r s t, un des côtés de la boîte en laquelle consiste la poussinière inférieure ; quelques poulets qui y sont logés montrent leur tête.

u u, roulettes qui facilitent le mouvement de la poussinière inférieure.

PLANCHE CINQUIÉME.

Cette planche fait voir l'intérieur d'une étuve destinée à élever des poulets, & qui peut être aussi utilement employée à les faire éclorre ; elle a cinq pieds neuf pouces de haut, & huit pieds six pouces de longueur, & en largeur trois pouces de moins.

A, marque le couvercle d'un poële dont le corps est cylindrique. C'est après avoir levé ce couvercle qu'on remet du bois dans le poële toutes les fois qu'il y en faut remettre.

B C, grillage qui entoure la partie du poële qui est au dessous du couvercle, jusqu'à la hauteur de l'enceinte D E. Ce grillage est divisé en deux parties qui peuvent être séparées, & qu'on sépare lorsqu'on veut ôter la cendre fournie par le poële.

D E, enceinte faite de tôle ou de feuilles de fer, qui doit être distante du poële au moins de la largeur d'une brique ordinaire, & qui le pourroit être de la longueur de cette même brique. Cet assemblage de feuilles de tôle est le garde-feu qui arrête la braise & la cendre, & qui empêche les poulets imprudens de s'aller griller. Si l'espace qui est entre ce garde-feu & le poële est rempli de briques simplement po-

fées les unes fur les autres, la confommation
du bois néceffaire pour entretenir dans l'étuve un
certain degré de chaleur, en fera bien diminuée.

F G H I, pouffinière annulaire; elle eft ici
immédiatement appliquée contre le garde-feu
D E. La première que j'ai fait conftruire l'é-
toit de même, mais des inconvéniens que j'ai
trouvés dans cette pofition, me l'ont fait changer : je fais donner actuellement à l'anneau qui
forme la mère, un diamètre affez grand pour
que fa circonférence la plus proche du poële
foit éloignée du garde-feu de quatre à cinq
pouces, alors la mère n'eft pas expofée à prendre feu, ni même à fe griller, lorfque le garde-
feu s'échauffe à un certain point. Si le garde-
feu & la mère, trop proches l'un de l'autre,
fe tourmentent, des cavités fe forment entr'eux,
dans lefquelles les poulets ne fauroient tomber
fans courir rifque de fe brûler, parce qu'ils ne
peuvent s'en tirer ; lorfque le vuide eft plus
grand & eft égal par-tout entre la mère & le
garde-feu, les poulets fautent à terre fans danger.
Si le garde-feu touche la pouffinière, il ne doit
pas alors être échauffé par des briques.

K K K, pieds ou fupports de la mère.

I, partie de la pouffinière qui eft couverte
par une planche qui n'eft percée que d'affez
petits trous.

L, partie de la mère couverte d'un grillage.

M, partie de la mère féparée du refte par
deux petites cloifons.

N, O, Q, trois pouffinières qui ont une
communication avec la mère annulaire, & qui
font affujéties contre elle. Une quatrième pouffinière, qui eft mife en fymmétrie avec la pouf-

ſinière O, eſt cachée par le poële.

P, la porte par laquelle les poulets peuvent entrer de la pouſſinière O, dans la mère, & revenir de celle-ci dans la pouſſinière. Chacune des autres pouſſinières a une pareille porte.

R, claye qui couvre la pouſſinière N.

La figure ſeconde montre l'eſpèce de boîte grillée dans laquelle ſont les augets qui contiennent le grain ſec, ou la pâtée qu'on donne aux poulets.

La figure troiſième eſt celle d'un thermomètre à beurre pendu au plancher; on en doit pendre de pareils en divers endroits de l'étuve.

Dans la figure 4. a d eſt une tringle de fer à laquelle eſt ſuſpendu le panier rempli d'œufs qui ſont couvés par la chaleur de l'air de l'étuve. Le poids du panier & du reſte de la ſuſpenſion, eſt porté par un anneau qui peut gliſſer le long de la tringle, au moyen de quoi on peut approcher ou éloigner le panier du tuyau du poële, ſelon qu'on veut qu'il ſe trouve dans un air plus ou moins chaud.

La figure 5 repréſente plus en grand que la figure 4 les pièces de fer employées à la ſuſpenſion du panier.

h, l'anneau qui gliſſe dans la tringle.

I, queue d'un ſecond anneau qui paſſe au travers du premier, dans lequel ſon bout eſt rivé : cette queue peut tourner librement dans le trou qui la reçoit. K, crochet dont un bout eſt engagé dans l'anneau i.

I, poulie arrêtée dans l'anneau. Sur cette poulie paſſe la corde à laquelle aboutiſſent celles qui tiennent aux quatre anſes du panier.

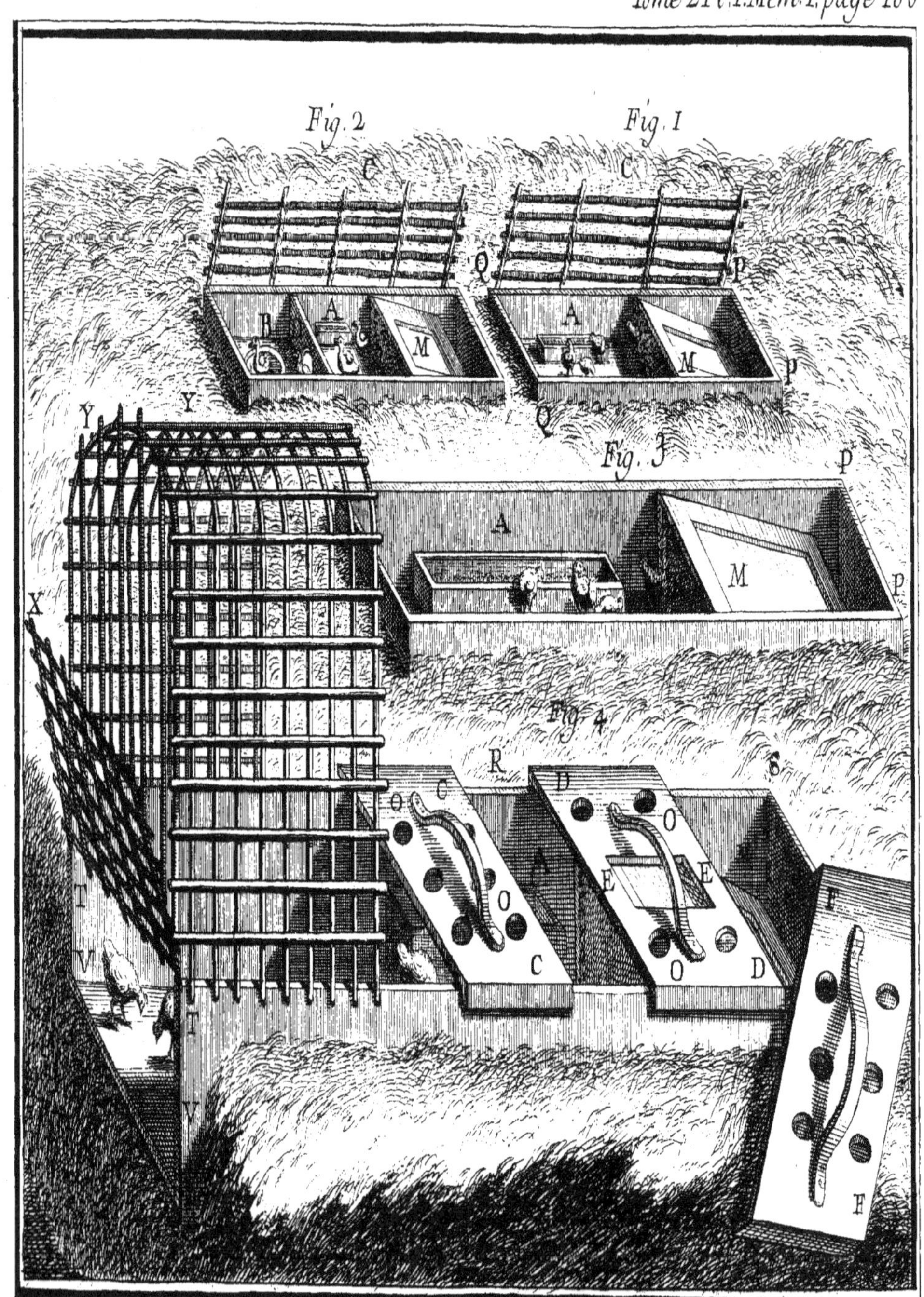
Fig. 2
Fig. 1
Fig. 3
Fig. 4

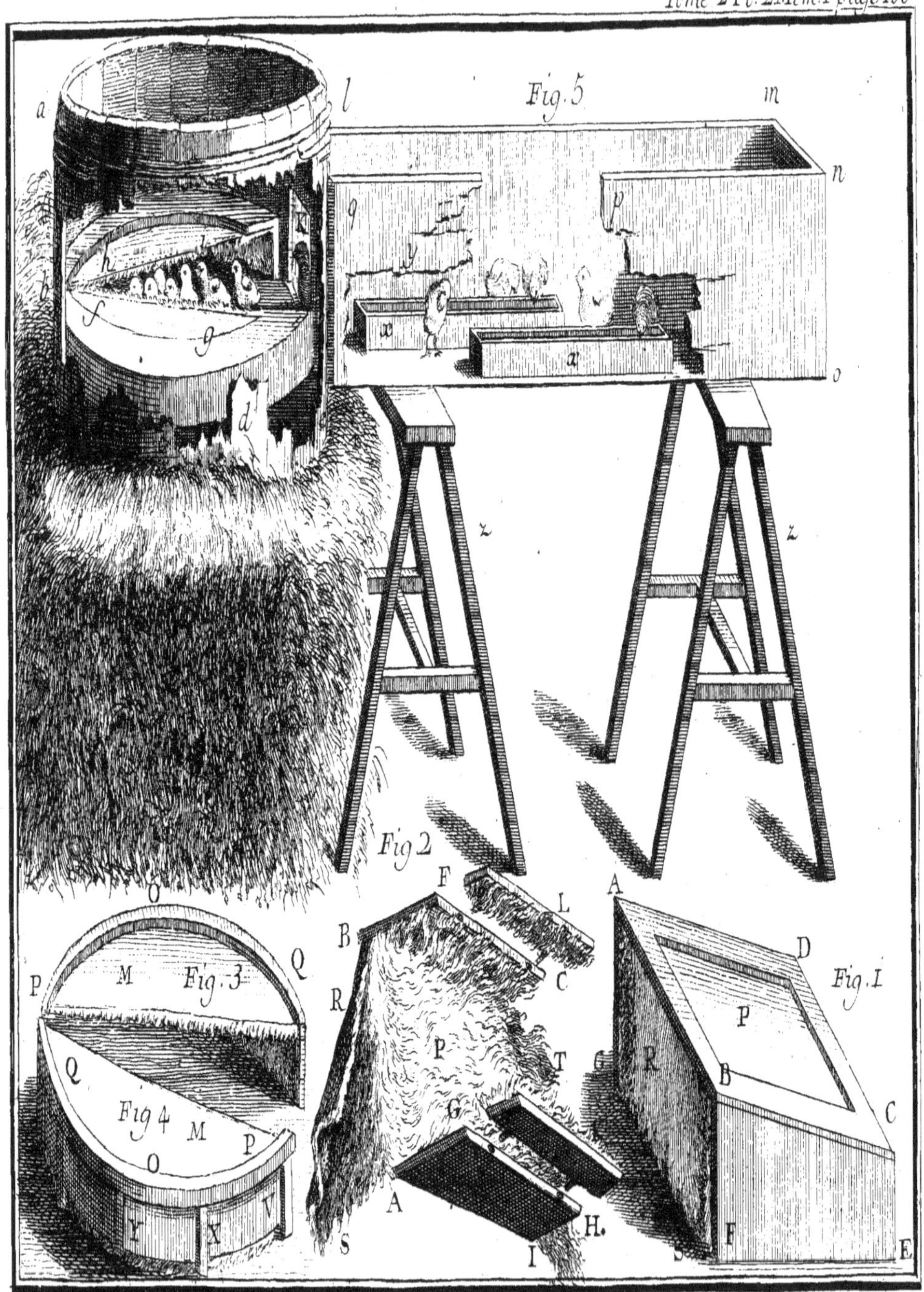
a
l
Fig. 5
m
n
q
p
h
f
g
d
z
z
Fig 2
F
L
A
B
C
D
R
P
Fig. I
Q
O
M
Fig. 3
Q
P
T
G
R
B
Q
Fig 4
M
P
C
O
G
Y
X
V
A
H
S
F
I
S
E

C D
I
X
K
L
R S
e
B
V
Z
E
H
T P
O
P
Q
M
e
F
A
G
Q
Y
Y
Y
N
O
Y

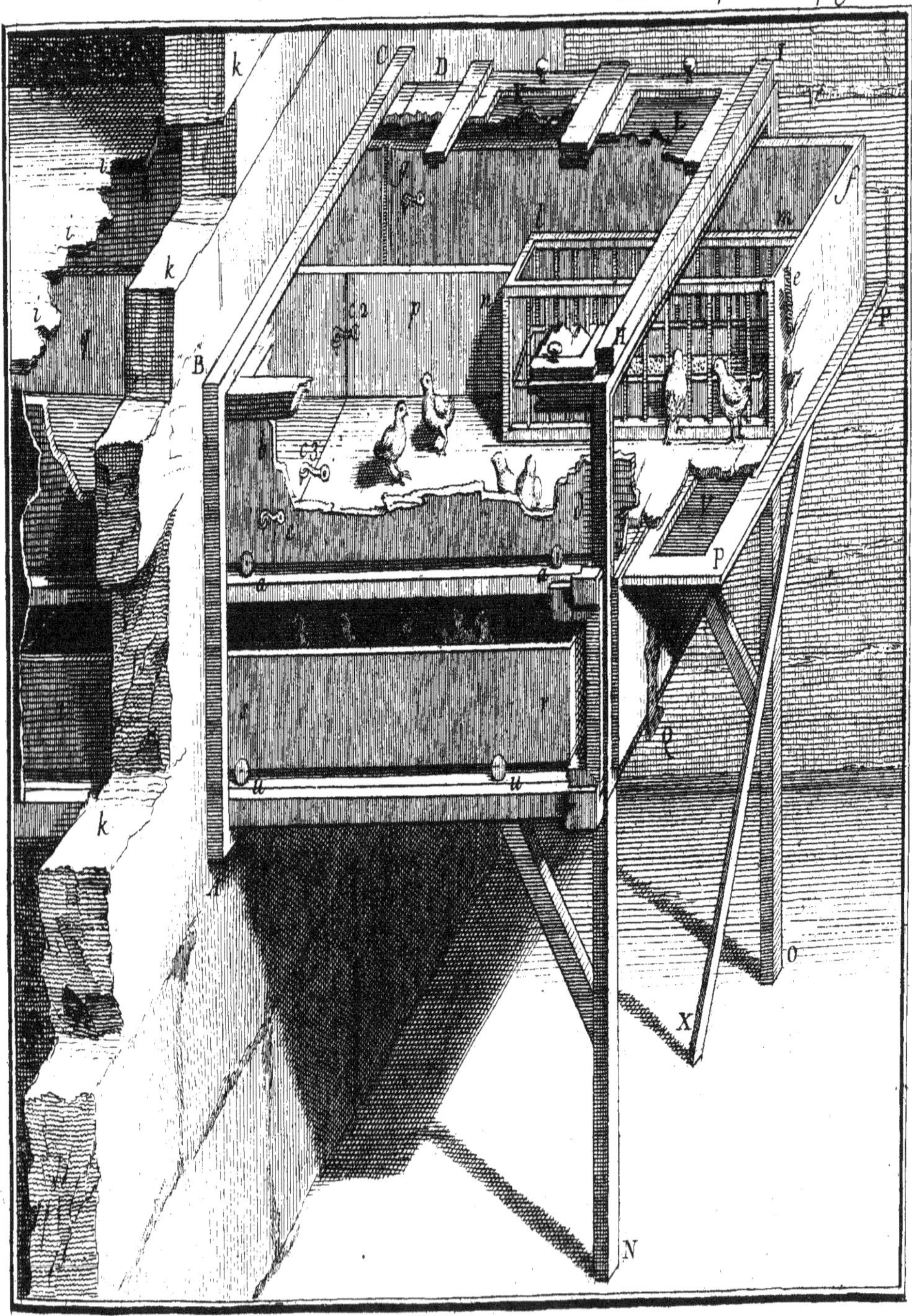
k
C
D
A
f
l
m
B
i
i
f
k
H
e
p
n
G
a
u
u
P
e
x
N
O

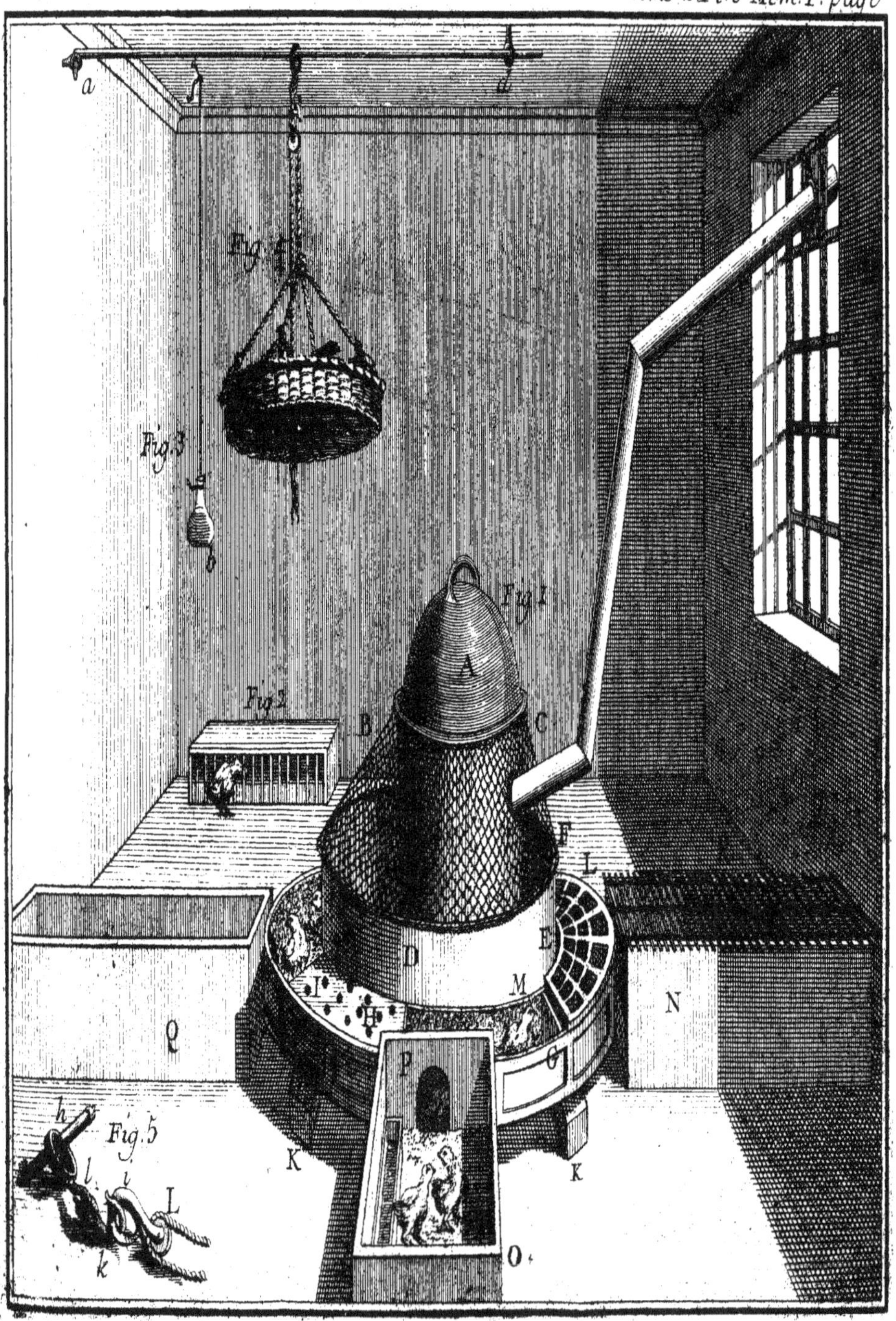
Fig. 4
Fig. 3
Fig. 1
Fig. 2
Fig. 5
a
d
b
A
B
C
D
E
F
G
H
I
K
L
M
N
O
P
Q
h
i
k
l
L

SECOND MÉMOIRE.

Suite de la manière d'élever les poulets. Des différentes nourritures qu'on peut leur donner.

ON n'aura pas manqué de juger que si nous n'avons rien dit dans le Mémoire précédent des nourritures les plus convenables aux poulets, c'est pour en parler plus au long dans celui-ci. On n'en éleveroit point si on ne leur donnoit des alimens sains, ou, ce qui pour les animaux est rarement différent, des alimens à leur goût. Les gens de la campagne ne seroient pas néanmoins embarrassés sur la qualité de ceux qui doivent être fournis aux poulets nés dans les fours, quand nous ne nous arrêterions pas à en parler; ils n'en demandent pas qui soient différens

E vj

de ceux que prennent les poulets éclos sous des poules : mais ce qui regarde la manière de nourrir les uns & les autres, soit par rapport à la façon de leur rendre la nourriture plus profitable, soit par rapport à l'œconomie qu'on peut faire de ce qu'ils consomment jusqu'à ce qu'ils soient parvenus à âge de poules & de grands coqs, & après y être arrivés, mérite un examen qu'on n'a pas dû attendre de ceux qui soignent les basse - cours, & dont nous ne sommes même en état de donner ici qu'une ébauche, qui pourra être perfectionnée par les expériences & les observations qu'elle invitera à faire.

Les oiseaux auxquels a été donnée l'inclination de couver un plus grand nombre d'œufs à la fois, demandoient à être déchargés, comme ils le font, du soin de porter la becquée aux petits qu'ils font éclorre : comment une poule, une perdrix, une dinde, &c. suffiroit - elle à remplir grain à grain le jabot de douze à quinze petits ? Les pères & mères qui sont dans la nécessité de donner la becquée aux leurs, comme les pigeons, les grives, les geais, les pies, les corbeaux, les moineaux, n'en ont que peu à nourrir, quelquefois que deux, & pour l'ordinaire cinq à six au plus. Les exceptions à cette règle font rares ; les méfanges de la plus petite efpèce en offrent une : on eft inquiet pour la petite mère qu'on a trouvée avec douze à quinze enfans qu'elle a à nourrir ; elle paroît dans ce cas qui feroit fi embarraffant pour les poules, les perdrix, les dindes, &c. jufqu'à ce qu'on ait fait réflexion que la méfange les fait vivre de chenilles & de vers, dont un feul peut raffafier un de fes petits : ce qu'elle fait pour lui en une feule becquée, une poule ne le pourroit faire pour un des fiens que par des becquées répétées trop de fois, fi elles ne confiftoient chacune que dans un grain de bled ou de millet. La diftribution des efpèces d'oifeaux en celles qui font exemptes & en celles qui font chargées du foin de nourrir leurs petits, c'eft-à-dire, en efpèces très-fécondes & en celles qui le font peu, a été bien faite à notre avantage : il y auroit beaucoup à perdre pour nous fi les oifeaux de proie, les corneilles, les pies, avoient la fécondité des poules & des perdrix, & que celles-ci n'euffent que la fécondité actuelle de ces oifeaux qui nous font nuifibles, ou dont nous ne favons au moins faire aucun ufage ; ce font-là de ces arrangemens que nous ne voyons pas avec affez de reconnoiffance pour celui à qui nous les devons.

Le petit oiseau qui a trouvé dans l'œuf de quoi fournir à son développement & à l'accroissement qui le met en état d'en briser la coquille, sort encore de cette coquille avec une provision de nourriture qui peut le faire vivre pendant un certain temps, jusqu'à ce qu'il ait acquis la force d'en chercher & d'en prendre. Quelques auteurs rapportent, mais je doute que ce soit sur des observations assez sûres, que les corbeaux restent sept jours après leur naissance sans recevoir de nourriture de leurs père & mère : ce qui est plus certain, c'est que le poulet n'a aucun besoin de faire rien entrer dans son jabot qu'au bout de vingt-quatre heures, & même plus tard : on le tente & on le détermine à becqueter plûtôt, si on lui présente du grain au bout de dix à douze heures, mais on prévient alors sa faim. Une partie considérable du jaune de l'œuf n'a pas été consommée par le petit oiseau logé dans la coquille; elle entre dans son corps peu de temps avant qu'il paroisse au jour; elle y est digérée, & par conséquent elle le nourrit; qu'on ne s'étonne donc point de voir le petit animal devenir plus fort, malgré un jeûne de plus d'un jour.

Les premières démarches du poulet mis sous une mère artificielle sont plus aisées à suivre que celles des poulets dont une

véritable mère prend foin. S'il y a trouvé
des compagnons plus âgés que lui, il y
refte à peine quelques heures fans être
déterminé par leur exemple à aller à petits
pas dans la pouffinière ; il y rencontre toûjours quelque chofe à becqueter, auffi
donne-t-il des coups de bec contre le
fond de la boîte, entre lefquels il laiffe
d'affez longs intervalles ; il femble que
ce foit plus pour commencer à s'exercer
que pour contenter le defir de manger ;
quand ce defir lui eft véritablement venu,
fes coups de bec fe fuccèdent tout autrement vîte.

Nous venons de voir que la dernière
nourriture que les poulets ont reçûe de
la Nature, eft du jaune d'œuf ; on a cru
que du jaune d'œuf étoit auffi ce qu'on
pouvoit leur offrir de mieux pour premier aliment ; on eft en ufage de leur
donner celui d'un œuf qu'on a fait dur-
cir, on le leur préfente après l'avoir réduit en miettes fous les doigts ; d'autres
mêlent le jaune durci & émietté avec du
pain. Je l'ai donné de l'une & de l'autre
façon aux poulets nouvellement nés,
tant que le nombre de ceux que j'ai eus,
a été petit ; cet aliment pouvant devenir
cher lorfqu'on auroit à en fournir une
grande quantité de poulets, j'ai cherché

à m'assurer par des expériences, s'ils ne s'accommoderoient pas aussi-bien de la simple mie de pain : je la leur ai vû manger avec autant d'appétit que le jaune d'œuf, & ceux qui en ont vécu se sont aussi-bien portés que les autres. On les excite à la manger lorsqu'en la brisant entre les doigts on en fait pleuvoir les miettes devant leurs yeux.

On ne doit pas même tarder à faire tomber avec les miettes de pain des grains de millet ; dès les premiers jours qu'ils commencent à manger, ils les prennent volontiers avec leur bec & les avalent ; leur estomac a déjà la force de les digérer. Ne les invitât-on pas néanmoins par cette pluie de miettes & de grains, ils sauroient ramasser ce qu'il y en auroit de répandu sur le fond de la poussinière, pour s'en remplir le jabot ; ils sauroient même bien-tôt aller chercher ces alimens dans l'auget ou dans le petit vase où on les aura mis, afin qu'ils ne soient pas exposés à être mêlés avec trop d'ordures. On peut remplir le même vase de mie de pain mêlée avec du millet, ou en avoir deux, dans un desquels il n'y ait que de la mie de pain, comme il n'y aura que du millet dans l'autre.

Le besoin de boire leur vient presque

auſſi-tôt que celui de manger ; on n'ou-
bliera donc pas de les pourvoir de bonne
heure d'un petit pot ou vaſe plein d'eau ,
qu'on aſſujétira de maniére qu'ils ne puiſſent le renverſer. Il ne le faut ni large ni
profond ; ce n'eſt pas aſſez que ſa grandeur n'expoſe pas ceux qui entreroient dedans à s'y noyer , il doit être ſi peu profond qu'ils ne puiſſent que s'y mouiller
les pattes : mais ordinairement ils ſe tien-
dront hors du vaſe lorſqu'ils y prendront
avec le bec des gouttes d'eau , qu'on leur
verra faire paſſer dans leur goſier en levant
le col & la tête.

La nourriture que je leur ai offerte les
premiers jours, peut leur être continuée
tant qu'ils reſtent dans la première pouſſi-
niére ; on peut la leur donner lorſqu'ils
ont paſſé dans la ſeconde, & même dans
le ſevroir : avec du pain & du millet, ce
qui ne fait pas une nourriture fort chère,
on peut les conduire à devenir de grands
poulets.

Ce n'eſt pas aſſez pourtant de ſonger
à les faire manger, il faut ſonger auſſi à
les faire digérer. Les grains de gravier,
les petites pierres dont on trouve rempli
en partie le géſier des poules & de tant
d'autres oiſeaux de leur claſſe, comme les
dindons, &c. ont donné lieu de croire que

ces corps durs, dont aucun suc nourricier ne sauroit être extrait, n'étoient pas cependant cherchés & avalés inutilement par l'oiseau ; qu'ils étoient les instrumens au moyen desquels cet estomac épais & d'une consistance solide, appellé gésier, parvient à broyer les graines & les autres matières qui sont arrivées dans sa capacité; qu'ils sont pour lui des meules très-petites, mais aussi très-multipliées. Ce n'est pas ici le lieu de rapporter les expériences que j'ai faites pour me convaincre que cette idée étoit exactement vraie, mais je dois faire remarquer que l'estomac des plus jeunes poulets, pour digérer plus facilement, a besoin, comme celui des poules, de faire agir des grains de gravier ; qu'il est par conséquent essentiel de répandre sur le fond des poussinières du gravier fin, du sable ou du sablon, qu'ils becqueteront quand il leur plaira. Il m'a semblé que depuis que j'ai eu pris cette précaution, mes petits poulets se sont mieux portés qu'ils ne faisoient avant que j'eusse fait attention qu'elle ne devoit pas être négligée.

Les poulets qui ont la liberté de courir dans les cours, y trouvent de l'herbe, ils en mangent de temps en temps, ils arrachent de terre de petits vers, ils y attrapent

quelquefois des mouches ou des moucherons, qui font pour eux de friands
morceaux. J'ai fait en forte que ceux qui
font retenus dans les pouſſinières, ne fuſ-
fent pas privés de toutes ces douceurs;
qu'ils pûſſent auſſi, comme ceux dont la
vie eſt plus libre, avoir de ces différens
petits mets ; qu'ils ne fuſſent pas réduits
à des alimens trop uniformes qui leur en
deviendroient moins appétiſſans, & peut-
être moins fains. Pour cela je fais mettre
au bout de chaque pouſſinière une motte
de gazon bien vert : les petits poulets y
viennent becqueter l'herbe, gratter la
terre, de laquelle ils parviennent auſſi
quelquefois à tirer quelque ver.

Mais ce que je n'aurois pas eſpéré, &
à quoi mes attentions pour eux n'ont eu
aucune part, c'eſt que les pouſſinières découvertes & échauffées par le fumier, leur
fourniſſent plus d'inſectes que les cours
& les vergers n'en ſauroient offrir aux
poulets à qui il eſt permis de les parcourir, & de plus faciles à attraper. L'étude
que j'ai faite des inſectes m'avoit pourtant appris que le fumier eſt le lieu natal de ceux d'un très-grand nombre d'eſpèces, que des vers de différentes eſpèces
s'y nourriſſent, y croiſſent & s'y méta-
morphoſent en mouches. Beaucoup de

moucherons d'une petitesse qui les fait souvent échapper à nos yeux , viennent des plus petits de ces vers ; d'autres moucherons un peu plus grands , qui approchent de la forme & de la grandeur des cousins ordinaires , & que j'ai désignés ailleurs par le nom de Tipules , ont été aussi des vers du fumier : toutes ces petites mouches entrent volontiers dans les poussinières ouvertes , & s'attachent à leurs parois. Les poulets qui les voient mieux que nous ne les y verrions, qui sont attentifs à les chercher , ne manquent pas d'attraper avec leur bec celles qui se sont posées à leur portée ; ils se dressent sur leurs jambes, ils font un saut, & même un petit vol , pour s'élever jusqu'aux petites mouches qui se sont placées plus haut.

Le produit de leur chasse en mouches & en moucherons est pourtant petit en comparaison de celui de la chasse d'une autre espèce d'insectes qui ne sont point aîlés. Les cloportes aiment les lieux humides & dont la température d'air est douce ; on va ordinairement en chercher dans les caves pour en faire une poudre regardée comme un remède efficace contre diverses maladies. Il y en a qui n'aiment pas moins les tas de fumier ; ceux-ci se sont multipliés au delà de ce que je

l'eusse imaginé, dans ma couche à poulets : quand on venoit à défaire la couche
en quelqu'endroit près du mur, on y en
mettoit à découvert une quantité innom-
brable. C'est-là aussi que les cloportes se
tiennent plus volontiers pendant le jour ;
sur le soir ils sortent de leur retraite pour
se répandre de tous côtés dans le lieu
même où est la couche. Après que la
nuit est venue, si l'on va visiter les poussinières une lumière à la main, sur-tout en
été, on en voit leur fond & leurs côtés
couverts ; il n'y a guère de place de la
grandeur d'un pouce ou deux qui n'ait son
cloporte, & dans une pareille étendue il y
en a quelquefois plus de sept à huit ; il
y en a de tout âge & de toute grandeur
à choisir pour les poulets. J'ai dit ailleurs
que la lumière détermine ceux-ci à sortir
de dessous la mère artificielle, & qu'ils
sont disposés à manger en pleine nuit,
comme ils le font en plein jour ; si l'on
veut donc leur faire faire un grand repas
de cloportes, il n'y a qu'à les venir éclairer
le soir, ils les becquetent & avec plus de
goût qu'ils ne feroient les grains de millet, ils leur donnent la préférence sur ces
derniers. Les cloportes ne se rendent pas
en si grand nombre pendant le jour dans
les poussinières, mais il n'est point d'heure

où il ne s'y en trouve quelques-uns, &
où les poulets n'en faſſent de bonnes cap-
tures : ces inſectes ſe retirent dans les
mères artificielles plus volontiers qu'ailleurs.

Puiſque les poulets trouvent dans les
pouſſinières de l'herbe & plus d'inſectes
qu'ils n'en trouveroient dans la campagne, les frais pour les y élever ne doivent
pas être ſenſiblement plus grands que
ceux qu'exigent les poulets qu'on laiſſe
vivre dans les cours, & auxquels on donne
pourtant du grain. Mais à quoi vont-ils ces
frais! C'eſt une queſtion qui doit être faite
par tous ceux qui aiment à ſavoir le rapport du produit avec la dépenſe, qui n'aiment pas à riſquer de ſemer plus qu'ils ne
peuvent recueillir. Il eſt aſſez difficile de
faire ici une évaluation qui les ſatisfaſſe,
mais il eſt clair que l'on n'auroit pas con-
tinué pendant une ſi longue ſuite d'années non interrompue, à faire couver une
partie des œufs ſous des poules, ſi des
expériences répétées tant de fois n'euſſent
montré qu'il y avoit quelque choſe à gagner, ou au moins qu'il n'y avoit rien
à perdre à vendre des poulets au lieu de
vendre les œufs dont ils ſont éclos. Tant
qu'ils ſont très-petits, dans l'âge où leur
jabot n'a que la groſſeur d'un pois, &

jufqu'à l'âge où il n'a qu'environ celle d'une cerife, c'eft-à-dire, depuis qu'un poulet eft né jufqu'à ce qu'il ait environ un mois, ce qu'il coûte chaque jour en pain & en millet pour le nourrir eft bien peu de chofe; nous rapporterons dans la fuite quelques expériences fur lefquelles on le pourra apprécier à peu près : d'autres expériences feront voir qu'on nourrit encore à bon marché un poulet pendant le cours de fon fecond mois, temps après lequel on peut ceffer de le tenir renfermé.

Mais que coûtent à nourrir les poulets en liberté jufqu'à ce qu'ils foient devenus auffi grands qu'ils le peuvent devenir ? Que coûtent à nourrir les poules, les chapons & les coqs ! C'eft fur quoi je ne fache pas qu'on ait fait les expériences propres à nous faire voir clair ; c'eft cependant une matière fur laquelle il nous importe d'être inftruits, elle eft la bafe de l'œconomie d'une baffe-cour : celles que j'ai commencées & qui méritent d'être pouffées plus loin, nous mettront déjà en état de juger de la plus grande dépenfe à laquelle peut aller la nourriture de la volaille la mieux traitée, & nous apprendront à quoi eft réduite la dépenfe faite pour la volaille un peu négligée, ou pour celle qu'on cherche à faire vivre au meilleur marché qu'il est possible.

Les grains de différentes espèces sont la nourriture qu'on donne à la volaille ; elle aime l'avoine, le bled noir ou sarrasin, l'orge, le bled de Turquie, le seigle & le froment : selon le pays & selon les années on lui donne une sorte de ces grains par préférence. On ne jette qu'une ou deux fois par jour à celle d'une basse-cour une quantité de ce grain, ordinairement au dessous de celle qu'elle consommeroit si on en mettoit davantage à sa disposition. La volaille n'est pourtant pas aussi insatiable qu'on le pourroit juger sur l'avidité avec laquelle elle enlève ce qu'on lui en abandonne. Il ne m'a pas paru seulement curieux, il m'a même paru utile de savoir ce qu'une poule mangeroit de grains de chaque espèce dans une journée où elle en auroit à discrétion du matin au soir : ces expériences sont non seulement propres à apprendre à quoi peut aller la plus grande dépense faite pour une poule dans une année, connoissance au moins nécessaire à ceux qui en veulent nourrir dans les villes de tenues dans des cages ; elles le sont encore pour faire connoître quel est le grain qu'on leur doit donner pour les nourrir à moins de frais.

Parmi

Parmi les poules, comme parmi les autres animaux, il y en a de plus grandes mangeuſes que les autres. Le préjugé veut que celles d'une plus grande taille mangent le plus, & ce préjugé ne nous trompe point : j'ai trouvé que la quantité de grain conſommée dans un jour par une poule de Caux, étoit à celle du même grain conſommée dans le même jour par une poule commune, comme quatre à trois, & qu'elle étoit à celle qui étoit mangée par une de ces poules de la plus petite eſpèce, qui portent à bon titre le nom de naines, comme deux à un. Entre les poules de même taille & de même eſpèce, il y en a auſſi à qui il faut plus de nourriture qu'aux autres : il y a eu des temps où quatre poules communes ont autant mangé que huit autres parmi leſquelles il y en avoit trois de la plus grande eſpèce, & dont trois des cinq reſtantes cédoient peu en groſſeur aux plus fortes ; mais ces cas rares n'empêchent pas les règles générales de ſubſiſter.

Pour parvenir à établir de ces règles générales, j'ai tenu des poules ſous pluſieurs cages à poulets ; chaque poule étoit ſeule dans la ſienne. J'en ai mis d'autres dans des loges ou grandes cabannes grillées où elles étoient beaucoup plus à l'aiſe

& assez commodément pour y pondre comme elles eussent fait si elles eussent été en pleine liberté : afin que rien ne leur manquât, j'ai même donné un coq aux poules de chaque loge ; dans les unes il y avoit jusqu'à sept poules, & il n'y en avoit que deux dans celles qui en contenoient le moins. Pendant plusieurs jours de suite j'ai fourni, soit aux poules qui étoient seules dans une cage, soit à celles qui étoient en compagnie dans les loges, d'une même sorte de grain, dont la quantité avoit été mesurée, & étoit plus que suffisante pour les rassasier : il restoit à toutes les heures du jour de ce grain dans la petite auge de bois destinée à le contenir. Cette auge étoit une boîte plus longue que large ; contre son fond & près de chaque bout étoit attaché un morceau de planche large de deux ou trois pouces, & assez long pour déborder la boîte de chaque côté de quelques pouces : ces deux pièces rendoient son appui solide & la mettoient hors de risque d'être renversée par les poules lorsqu'il leur plaisoit d'entrer dedans. Enfin les bords de l'auge étoient assez hauts pour que les poules ne pûssent en grattant faire sauter le grain hors de la boîte. Ces petites précautions étoient nécessaires pour empêcher qu'il n'y eût un déchet de grain dont il eût été difficile de tenir compte. Je n'avois pas oublié de faire répandre du gravier sur le fond de chaque loge & de la cage, & d'en faire mettre dans un vase, parce que je le croyois propre à accélérer la digestion.

La mesure de grain à laquelle une poule s'est bornée chaque jour, a été la même à peu près, soit que ce grain ait été de l'avoine, soit qu'il ait été de l'orge, soit qu'il ait été du sarrasin : celui de ces trois grains qui sera à meilleur marché dans une année & dans un pays, est donc celui qu'on doit donner aux poules sans avoir aucun regret de ce que les autres sont plus chers. La saison pourroit apporter dans l'appétit des poules des différences dont je ne suis pas encore instruit ; elles peuvent demander plus de nourriture dans certains temps que dans d'autres : ce que je sais, c'est que dans le mois de janvier & dans celui de février une poule commune qui a à discrétion devant elle du matin au soir du grain d'une de ces trois espèces, n'en mange par jour qu'un quart de litron mesure de Paris. Je fais même la dose trop forte pour une poule commune, car il est presque toûjours resté quelque chose des deux litrons mis à la diſpoſition d'un très-fort coq, de deux poules de Caux, de deux autres d'une grandeur moyenne entre celle des derniè-res & celle des communes, & de trois pou-les de grandeur ordinaire. J'ai cependant vû des poules de Caux manger chacune par jour leur tiers de litron, ſoit d'orge, ſoit de ſarraſin, ſoit d'avoine.

Le froment nous paroîtroit devoir être le grain le plus exquis pour les poules; leur voracité nous diſpoſeroit à penſer qu'elles en mangeroient bien plus que d'orge ou que d'avoine, comme nos pay-ſans à qui on ne ſerviroit que du pain très-blanc, en mangeroient plus que du pain très-bis ou noir dont ils vivent. Les poules fournies de froment n'en mangent pour-tant dans un jour qu'une meſure plus pe-tite d'environ un quart que celle qu'elles mangent des autres grains dont nous ve-nons de parler. Une poule n'a jamais mangé plus de $\frac{3}{16}$ d'un litron du plus beau froment : il eſt vrai que cette différence de volume eſt plus que compenſée par la différence du poids; les $\frac{3}{16}$ de froment pèſent plus que les $\frac{4}{16}$ d'avoine.

Ce n'eſt pas néanmoins une compen-ſation de la nature de celle que nous ve-nons de remarquer, qui eſt cauſe, ou au moins qui eſt toûjours cauſe qu'une poule ſe contente dans ſa journée d'une plus petite meſure d'un certain grain que d'un autre grain : le ſeigle ne pèſe pas plus que le froment, & pèſe même un peu moins ; cependant la meſure de ſeigle qui ſatisfait la faim d'une poule du matin au ſoir eſt plus petite que la meſure de froment néceſſaire pour produire le même effet, & elle eſt plus petite à un point dont j'ai été ſurpris, & qui eſt ſingulier, elle n'eſt que la moitié de l'autre. Les ſept poules & le coq dont j'ai parlé ci-deſſus, qui enſemble ont mangé dans leur journée un litron & demi de froment, n'ont mangé dans leur journée que les trois quarts d'un litron de ſeigle, la conſommation moyenne de ſeigle faite par chacune de ces poules n'a donc été que de $\frac{3}{32}$ de litron, pendant que celle de froment a été de $\frac{6}{32}$.

La meſure du bled de Turquie qu'une poule a mangée chez moi par jour eſt bien plus grande que celle qu'elle a mangée de ſeigle, quoiqu'un peu plus petite que celle de froment. Les plus grandes mangeuſes ont été ſuffiſamment raſſaſiées dans la première journée par $\frac{1}{8}$ de litron, mais elles y ont pris plus de goût dans la ſuite, & alors le coq & les ſept poules citées déjà plus d'une fois, que

F iij

je regarde enfemble comme un peu au deffus des mangeufes médiocres , ont confommé par jour un litron & $\frac{1}{4}$ de ce grain ; $\frac{5}{4}$ de litron de bled de Turquie leur ont donc tenu lieu de $\frac{6}{4}$ de litron de froment, & n'ont été pour elles équivalens qu'à $\frac{3}{4}$ de litron de feigle.

Nous évaluons un peu trop haut la confommation de chaque grain que fait par jour une poule commune, en la prenant fur celle qui a été faite par le coq & les fept poules , parmi lefquelles il y en avoit de la plus grande taille ; mais on aime mieux s'être trompé par excès que par défaut dans ces évaluations qui regardent les dépenfes qui doivent être fouvent répétées ; ce qu'il en coûte de moins que ce que l'on vouloit bien dépenfer, devient un bénéfice. On peut donc compter qu'une poule commune qui aura pendant toute la journée du grain à difcrétion , ne coûtera chaque jour pour être nourrie,

En Orge, en Bled noir & en Avoine, que $\frac{1}{4}$ de litron, ou . . . . . $\frac{8}{32}$ de litron.

En Froment. . . . . $\frac{6}{32}$.

En Bled de Turquie. . . . $\frac{5}{32}$.

En Seigle. . . . . $\frac{3}{32}$.

La remarque faite ci-deffus fur le rapport de la pesanteur spécifique du froment à celle du seigle, nous avoit déjà prouvé que si une poule mange une plus grande mesure d'un grain que d'un autre, ce n'est pas parce qu'il est plus léger : c'est ce qui est encore confirmé par les petites tables suivantes, où se trouvent exprimés les rapports des pesanteurs spécifiques des différens grains dont on nourrit les poules. La première table donne le poids d'un litron de chacun de ces six grains, tel qu'il fut trouvé lorsqu'on me les apporta de chez le Grenetier.

La quantité de chacun de ces grains qui avoit été pesée, fut mise dans un sac de papier ; on le laissa ensuite dans une chambre basse très-humide pendant près de deux mois, au bout desquels elle fut repesée. La mesure de quelques-uns qui avoit été rase dans la première pesée, étoit devenue comble dans la seconde. La deuxième table donne le poids qu'avoit alors le litron de chaque grain.

Enfin ces mêmes grains furent pesés une troisième fois après être restés pendant près de trois mois dans une étuve, où une chaleur propre à faire couver des œufs avoit régné assez constamment : alors la quantité de chaque grain pesée

F iiij

& repeſée auparavant, ne fut plus ſuffiſante pour remplir le litron : celle de
quelques-uns y laiſſa un vuide de quatre
lignes & demie de hauteur. La troiſième
table apprend le poids qu'avoient alors
chacune de ces quantités des différens
grains.

Une de ces trois Tables ſeroit plus que
ſuffiſante pour l'uſage que nous en voulons faire actuellement, mais enſemble
elles montrent combien de précautions il
faudroit prendre ſi on vouloit ſavoir avec
une préciſion qui auroit ſes utilités, la
peſanteur ſpécifique de chaque grain.

*Première peſée des ſix grains dans l'état où
ils étoient lorſqu'on les apporta de chez le
Grenetier. On trouva le poids du litron de*

	onces.	gros.	grains.
Froment.	19.	1.	52.
Seigle.	18.	4.	12.
Bled de Turquie. . .	17.	5.	48.
Sarraſin.	16.	7.	12.
Orge.	14.	0.	48.
Avoine.	10.	3.	12.

*Seconde peſée des mêmes grains tenus dans
un lieu humide pendant près de deux mois.*

	onces.	gros.	grains.
Froment.	19.	3.	48.
Seigle.	19.	3.	36.

	onces.	gros.	grains.
Bled de Turquie. . .	17.	6.	12.
Sarrafin.	17.	0.	48.
Orge.	13.	7.	12.
Avoine.	10.	3.	12.

Troifième pefée des mêmes grains après être reftés pendant trois mois dans une étuve.

	onces.	gros.	grains.
Froment.	18.	1.	54.
Seigle.	18.	1.	18.
Bled de Turquie. . .	16.	3.	18.
Sarrafin.	15.	7.	36.
Orge.	12.	6.	6.
Avoine.	9.	5.	12.

Il eft bien prouvé par ces dernières tables que le farrafin ou bled noir eft plus pefant que l'orge & que l'avoine, cependant une poule ne fe trouve affez nourrie dans fa journée que par une mefure de ce premier grain égale à celle qu'elle mangeroit d'un des autres. Seroit-ce leur goût qui les engageroit à manger plus d'un grain que d'un autre ? La gourmandife qui ne nous permet pas de nous en tenir à une quantité de mets exquis égale à celle dont nous nous contentons lorfqu'on ne nous fert que des mets ordinaires, feroit-elle auffi un vice des poules ? Si elles mangent une quantité de froment double de celle qu'elles mangent de seigle , est-ce que le froment flatte plus leur goût ! Pour savoir si c'en étoit la raison, j'ai fait mettre une cloison à la boîte dans laquelle on donnoit journellement la nourriture aux poules d'une loge, la boîte a été divisée en deux cases égales par cette cloison : on a mis une mesure de froment dans une des cases, & une mesure de seigle dans l'autre. Trois poules & un coq à qui ces deux plats, pour ainsi dire, ont été servis à la fois, n'ont pas marqué plus de prédilection pour l'un que pour l'autre ; après leur premier repas du matin , il est resté à peu près autant de seigle que de froment : elles ont achevé dans la journée de manger ce qu'elles en avoient laissé , & ont vuidé entiérement la case du seigle & celle du froment à peu près en même temps : elles ne m'ont rien fait voir qui prouvât qu'elles aimoient moins que l'autre le grain dont une plus petite quantité est capable de les rassasier.

L'expérience précédente est de celles qui peuvent être aisément répétées , & demandoit à l'être : il n'est pas indifférent de connoître les grains pour lesquels les poules ont le plus de goût, toutes choses d'ailleurs égales, ce sont ceux qu'on

leur devroit donner par préférence. J'ai
donc cru devoir tâter le goût des poules
pour les différens grains, & je l'ai fait
non feulement en leur en offrant, comme
ci-deffus, de mis en différentes cafes, mais
encore en rempliffant une même boîte de
deux grains d'efpèces différentes mêlés
enfemble ; une mefure de froment, par
exemple, a été mêlée avec une mefure
d'avoine. Une poule & un coq à qui ce
mélange a été abandonné , ont montré un
peu plus de goût pour le froment que
pour l'avoine : le foir il reftoit dans la
boîte une portion de l'avoine, qui à la vérité n'en étoit pas le quart ou la fixième
partie, parmi laquelle il ne fe trouvoit
aucun grain de froment ; la poule & le
coq avoient mangé plus volontiers le froment que l'avoine. Mais une autre expérience ne m'a pas permis de décider
que ce goût fût général aux poules ,
peut-être même n'avoit-il été pour celles
dont il s'agit, que leur goût du jour. On
donna ce même jour à une poule ren-
fermée feule fous une cage une mefure de
froment & une d'avoine ; l'une fut mife
dans une cafe, & l'autre dans une autre
cafe de la même boîte : la poule mangea
dans fa journée la mefure d'avoine en entier, & laiffa près de la moitié de celle

de froment. Une mesure de seigle lui fut redonnée la journée suivante, elle aima mieux la manger que ce qui lui étoit resté de son froment de la journée précédente.

Une mesure de froment & une mesure d'avoine mêlées ensemble ont été données à cette même poule ; elle a pris avec le bec des grains d'avoine & des grains de froment, mais plus de grains d'avoine : à mesure qu'elle a becqueté, le froment a paru dominer dans le mélange ; enfin toute l'avoine en a été ôtée, & il est resté du froment sans grains d'avoine ; ce reste étoit à peu près la sixième partie de la mesure donnée.

Une autre expérience m'a encore fait voir que toutes les poules n'ont pas le même goût de préférence. A une poule & à un coq tenus seuls dans une même loge, je fis servir à la fois trois mets différens, dont chacun étoit mis séparément dans une case de la même boîte, du bled noir, de l'avoine & du bled de Turquie. Le coq s'approcha d'abord du bled de Turquie, & après avoir jetté quelques regards dessus, le dédaigna. Il ne fit pas de même du bled noir & de l'avoine, il commença par becqueter le sarrasin, & vint ensuite à l'avoine ; il continua ainsi à prendre alternativement pendant plusieurs secondes de suite des grains d'avoine & ensuite des grains de sarrasin : la poule au contraire, dès qu'elle eût vû le bled de Turquie, donna dessus sans songer à l'abandonner. Je fis retourner les cases pour inviter la poule à manger du bled noir ou de l'avoine, en les mettant plus à sa portée que le bled de Turquie, & pour voir si le goût du coq ne le détermineroit pas pour ce dernier grain qui se trouveroit presque sous son bec ; le coq ne voulut pas y toucher, & se rapprocha des deux grains pour lesquels il avoit déjà montré plus de goût, & la poule en revint au bled de Turquie qu'elle se remit à manger avec avidité.

Le lendemain la même poule & le même coq furent servis des mêmes grains, ni l'une ni l'autre ne parurent se soucier du bled de Turquie ; la poule se fixa au sarrasin, le coq parut aussi l'aimer mieux que l'avoine dont il alloit tâter de temps en temps, & qu'il quittoit sur le champ. Tout le bled noir fut bien-tôt mangé, & une grande partie de l'avoine ; le reste de celle-ci & le bled de Turquie furent becquetés dans la même journée.

Par rapport au bled de Turquie, je ne dois pas oublier une remarque qui fait connoître celui qui doit être acheté par préférence : les grains du plus commun font jaunes, & il y en a dont les grains font rouges ou rougeâtres, ou d'un brun un peu rouge. Les poules ne m'ont point laiſſé dans l'incertitude par rapport à celui des deux qu'elles aiment le mieux : quand on leur donne du bled de Turquie où il y a des grains de ces deux couleurs, elles ne ſe déterminent à prendre les grains rougeâtres qu'après avoir mangé les grains jaunes.

Les ſix ſortes de grains qu'on eſt le plus en uſage de donner aux poules, & dont nous avons parlé juſqu'ici, ont été préſentées à la fois & à meſure égale dans une boîte à ſix caſes, dont chacune n'avoit qu'une ſorte de grain, à un coq & à une poule : la quantité étoit telle qu'elle a ſuffi pour les nourrir pendant plus de deux jours. Le bled noir fut tout mangé dans le premier jour, à la fin de la ſeconde matinée il ne reſta plus d'orge, le bled de Turquie & le froment furent entiérement conſommés & à peu près en même temps dans le ſecond après-midi, un peu de ſeigle & d'avoine furent laiſſés pour le troiſième jour.

Inutilement rapporterois-je ici un plus grand nombre d'expériences du genre des précédentes ; je les ai retournées de bien des façons, & répétées bien des fois ; ce qu'elles m'ont appris, c'est qu'il n'est pas aussi aisé qu'on l'auroit pû croire de décider quels sont les grains que les poules aiment le mieux : il m'a paru qu'il y en avoit qui mangeoient plus volontiers le grain qu'elles étoient accoûtumées de manger, que le nouveau grain qu'on leur offroit ; il m'a paru au contraire que l'appétit de quelques autres étoit réveillé par une nouvelle espèce de grain ; on trouve parmi elles des exemples de ces bizarreries si communes parmi les hommes. Il est certain au moins que ce n'est précisément ni parce qu'un grain est plus léger qu'un autre, ni parce qu'il est plus à leur goût, qu'elles en mangent en plus grande quantité : il y a apparence que celui dont une plus petite quantité leur suffit, est celui qui leur fournit plus de cet extrait laiteux qui doit se mêler avec le sang, & servir à réparer les pertes continuelles qui se font chez elles comme dans toute machine animale. D'autres expériences que nous ne devions pas omettre, nous fourniront des preuves que les alimens les plus faciles à digérer sont ceux qu'elles prennent en plus grand volume : il m'a pourtant paru prouvé que le seigle est des six grains dont il s'est agi, celui dont elles se dégoûtent le plus aifément, & que c'eft celui qu'elles aiment le moins.

On ne donne pas toûjours les différens grains à la volaille fous leur forme fèche, ordinairement on fait cuire celui avec lequel on veut l'engraiffer ; on le fait bouillir dans l'eau jufqu'à ce qu'il s'y foit affez ramolli pour fe laiffer écrafer fous le doigt ; l'eau le fait renfler & à un tel point que la farine en fe dilatant oblige l'écorce qui la renfermoit à s'ouvrir, à fe fendre : faire bouillir le grain jufqu'à ce point, eft ce qu'on appelle le faire crever. Quoiqu'on regarde le grain crevé comme plus propre à engraiffer la volaille que le grain fec, j'ignore fi ce fentiment a été établi fur des expériences de comparaifon, faites avec affez de foin : elles mériteroient de l'être, & je me promets bien de les faire dans la fuite, mais elles n'entrent pas dans mon objet actuel ; ce qui le regarde, c'eft de favoir s'il en coûte plus pour nourrir la volaille avec le grain crevé qu'avec celui qu'on n'a pas fait bouillir, fi une poule mange une plus grande ou une moindre quantité du même grain crevé, que quand il ne l'eft pas : pour m'en inftruire, j'ai fait crever quatre litrons de chacune des fix fortes de grain dont il s'eft agi jufqu'ici.

La Table ſuivante donne les réſultats de l'augmentation de volume qui a été produite dans chaque grain, par l'ébullition qui a fait fendre leur écorce & qui les a ramollis de manière qu'ils ſe laiſſoient écraſer ſous le doigt.

Grain ſec.   **Grain crevé.**

4 litrons d'Avoine, après avoir été crevés, ont rempli . . . .   7 litrons.

4 litrons d'Orge, après avoir été crevés, ont rempli près de . . .   10 litrons.

4 litrons de Bled noir, après avoir été crevés, ont rempli près de . . .   14 litrons.

4 litrons de Bled de Turquie, après avoir été crevés, ont rempli plus de   13 litrons.

4 litr.ˢ de Froment, après avoir été crevés, ont rempli un peu plus de   10 litrons.

4 litrons de Seigle, après avoir été crevés, ont rempli près de . . .   15 litrons.

Quoique le riz ne ſoit pas aſſez commun en France pour qu'on ſe ſoit aviſé de le donner à la volaille, j'ai pourtant cru devoir m'aſſurer de combien on augmente ſon volume en le faiſant crever : je ſavois qu'il acquéroit bien autrement de volume par la cuiſſon que nos grains ordinaires, le quatre litrons de riz crud m'en ont donné vingt-quatre de riz crevé.

On juge ſans doute que j'ai dû tâter le goût des poules par rapport aux différens grains bouillis, comme je l'avois fait par rapport aux grains cruds, que j'ai dû tâcher de reconnoître par des expériences semblables à celles qui ont été rapportées ci-dessus, si la cuisson leur rendroit chaque espèce de grain plus ou moins appétissante, & quels seroient entre les grains cuits de différentes espèces, ceux qu'elles aimeroient le mieux. Les expériences ont été variées & répétées au delà de ce qu'elles demandoient à l'être ; des poules ont été servies à deux, trois, quatre, cinq & six plats : tantôt toutes les cases de la boîte qui tenoit lieu d'auget, ont été remplies de grain crevé, mais chacune d'un grain d'espèce différente de celui des autres ; tantôt chaque espèce de grain occupoit deux cases, il n'y en avoit que de bouilli dans l'une & que de crud dans l'autre. Tout ce que j'ai pû conclurre de ces essais tant répétés, c'est que le nombre des poules qui préfèrent un grain bouilli au grain crud, est le plus grand, mais qu'il y en a beaucoup qui dans certains jours mangent plus volontiers le grain crud. Je n'ai encore pû rien trouver de constant dans leur goût de préférence pour une espèce de grain crevé ; celles qui un jour ont mieux aimé le froment cuit, ont mieux aimé un autre jour le sarrasin, ou le bled de Turquie, ou l'avoine, ou l'orge, & quelquefois le seigle : il m'a pourtant paru que cuit comme crud, le seigle est celui qui leur plaît le moins. Ces expériences servent au moins à nous mettre à l'aise sur le choix du grain dont elles doivent être nourries ; elles laissent la liberté de prendre celui qui est à meilleur marché.

Mais d'autres expériences du même genre étoient nécessaires pour nous apprendre s'il y a de l'épargne à nourrir les poules avec du grain crevé, ou s'il n'y a rien à gagner à lui donner cette préparation, si même il n'y auroit pas à perdre. Dès qu'on savoit la quantité d'un grain sec qu'une poule pouvoit consommer dans une journée, tout se réduisoit à voir si après le renflement opéré par l'ébullition dans une pareille quantité de ce grain, la poule la mangeroit ou ne la mangeroit pas dans une journée : voici les résultats que m'ont donnés des expériences répétées.

Malgré le renflement considérable que l'ébullition opère dans le seig'e, loin que la consommation en fût diminuée, en le donnant crevé aux poules, elle en seroit un peu augmentée. Les sept poules

& le coq qui dans leur journée n'ont mangé que $\frac{3}{4}$ de litron de seigle sec , ont mangé trois litrons de seigle crevé : or consommer trois litrons de seigle crevé, c'est consommer $\frac{4}{5}$ de litron de seigle non crevé, quantité plus grande que $\frac{3}{4}$ de litron , de $\frac{1}{20}$; ainsi il en coûteroit $\frac{1}{20}$ de plus à nourrir des poules de seigle crevé, qu'à les nourrir de seigle non crevé.

Les poules qui dans deux jours eussent mangé quatre litrons d'avoine ordinaire, ont mangé aussi dans deux jours cette même quantité d'avoine, quoique l'ébullition qui l'avoit fait crever, lui eût fait prendre un volume capable de remplir sept litrons: il en coûte donc autant pour rassasier des poules d'avoine crevée, que pour les rassasier d'avoine non crevée.

Le bled noir se renfle en crevant une fois plus que l'avoine , les quatre litrons de ce grain qui ont souffert une assez longue ébullition, en deviennent quatorze; cependant il n'y a encore rien ou très-peu à gagner en le faisant crever : les poules viennent à bout de manger les quatorze litrons de ce bled renflé à peu près dans le tems où elles mangent les quatre litrons de ce bled tel que la Nature nous le donne.

Mais il y auroit de l'épargne à nourrir plûtôt des poules de bled de Turquie crevé, que de bled de Turquie en son état naturel ; celles qui eussent mangé dans leur journée un litron & $\frac{1}{4}$ de ce dernier, n'ont mangé que trois litrons par jour du même bled crevé, qui n'équivalent pas un litron de celui qui n'a pas été renflé par la cuisson : ce n'a même été que pendant deux jours qu'elles en ont mangé trois litrons par jour : dans chacun des deux jours suivans elles ont eu assez de deux litrons de ce grain crevé, soit que la nourriture prise dans les deux premiers jours les eût mises en état de n'avoir pas besoin d'en prendre une aussi grande quantité dans les suivans, soit que leur goût pour ce grain préparé n'eût pas été le même. Il y auroit cependant plus de $\frac{1}{3}$ à gagner quand elles mangeroient par jour trois litrons de bled de Turquie crevé, & le profit seroit bien plus considérable, si elles continuoient de se contenter chaque jour de deux litrons, qui ne seroient pas équivalans à $\frac{2}{3}$ de litron de bled de Turquie sec : on gagneroit $\frac{1}{3}$ & $\frac{1}{5}$ sur la quantité qu'il leur faut de celui-ci par jour, ou $\frac{8}{15}$, c'est-à-dire que l'épargne seroit de plus de moitié.

Il y a encore beaucoup à gagner en donnant aux poules de l'orge crevé par

préférence à l'orge ordinaire. Des poules qui dans leur journée auroient mangé
deux litrons de celui-ci, n'ont mangé
que trois litrons d'orge crevé : or dix litrons d'orge crevé étant venus de quatre
litrons d'orge non crevé, trois litrons
d'orge crevé ne tiennent lieu que de $\frac{6}{5}$ de
litron d'orge non crevé ; la dépense en
orge non crevé est donc à la dépense en
orge crevé comme $\frac{10}{5}$ à $\frac{6}{5}$, comme 10
à 6, comme 5 à 3 ; ainsi en donnant
de l'orge crevé au lieu de l'orge non crevé, on épargne $\frac{2}{5}$ de la quantité de ce
grain.

La table ci-dessus nous montre que
le renflement du froment crevé est à peu
près le même que celui de l'orge crevé,
mais mes poules m'ont appris qu'il n'y a
pas autant d'épargne à faire crever le froment, qu'à faire crever l'orge ; cette épargne ne va qu'à $\frac{1}{5}$, qu'à une moitié de
l'autre : les mêmes qui ont mangé dans
leur journée trois litrons d'orge crevé, ont
aussi mangé trois litrons de froment crevé.
Ces trois derniers litrons ne tiennent pas
lieu d'une aussi grande quantité de ce dernier grain sec, que les trois litrons d'orge
crevé tiennent lieu d'orge sec, puisque les
poules dont il s'agit ne pouvoient manger
dans leur journée qu'un litron & demi de

froment, au lieu qu'elles en mangeoient deux d'orge ; le litron de froment crevé n'est encore équivalent qu'à $\frac{2}{5}$ de grain sec, & les trois litrons du premier grain ne tiennent lieu que de $\frac{6}{5}$ de l'autre. Pendant que les poules n'ont mangé en froment crevé que la valeur de $\frac{6}{5}$ de froment sec, elles eussent mangé 1 litron & $\frac{1}{2}$ ou $\frac{15}{10}$ de litron de froment en ce dernier état; ainsi le rapport de ce qu'elles mangent de froment sous sa forme sèche est à ce qu'elles en mangent sous sa forme molle, comme $\frac{15}{10}$ à $\frac{6}{5}$ ou à $\frac{12}{10}$, comme 15 à 10, comme 5 à 4; il y a donc $\frac{1}{5}$ à gagner en donnant aux poules du froment crevé.

Au moyen des expériences que nous venons de rapporter, on est en état de juger dans chaque pays quelle est la nourriture que l'œconomie veut qu'on y donne à la volaille. Ces expériences apprennent que si on la fait vivre de froment, d'orge, de bled de Turquie, il y a beaucoup à gagner en ne les leur offrant qu'après les avoir bien fait crever, car la dépense du feu nécessaire pour faire bouillir ces grains assez long-temps pour les ramollir & les renfler, est petite en comparaison de ce qu'on épargne sur la quantité du grain : en toute maison où l'on

tient journellement un pot au feu , les
trais de la cuiſſon ſont preſque faits , une
très-petite addition de bois ſuffira pour
faire bouillir l'eau du chaudron dans lequel eſt le grain qu'on veut faire crever.
Mais ces mêmes expériences nous ont fait
voir qu'il n'y a pas d'épargne à faire crever de l'avoine & du ſarraſin , & qu'il y
auroit une augmentation de dépenſe, mais
peu conſidérable à la vérité, à nourrir la
volaille de ſeigle crevé.

Enfin on eſt en état de décider dans
les différens lieux ſi la dépenſe de nourrir la volaille en mettant à ſa diſpoſition
autant de grain qu'elle eſt capable d'en
conſommer , n'excède point le produit
qu'on en peut eſpérer , ſi les poules qu'on
tient dans des cages ou dans d'autres endroits qui ne fourniſſent point ou peu de
ſupplément à la nourriture qu'on leur
donne , peuvent payer en œufs ce qu'il
en coûte pour les faire vivre. Pourquoi
ne ſeroit-on pas curieux de ſavoir ce que
coûte par an une poule dans la poſition
la plus défavorable , une poule nourrie
avec une abondance même ſuperflue d'une
ſorte de grain ? Suppoſons que ce grain
ſoit de l'orge ; nous avons vû que ſi on
lui en donne par jour $\frac{1}{4}$ de litron , elle en
aura de reſte ; elle mangera donc dans ſon

année

année 365 quarts de litron, ou 91 litrons $\frac{1}{4}$, qui étant divisés par 16, font
réduits en boiſſeaux, meſure de Paris :
le quotient de cette diviſion eſt 5 boiſſeaux 11 litrons $\frac{1}{4}$, qui font une ample
proviſion de nourriture pour une poule
commune pendant une année entière.
Mettons cette proviſion à ſix boiſſeaux
pour avoir un nombre rond qui n'augmente pas beaucoup la dépenſe, & qui
facilite le calcul ; ces ſix boiſſeaux font un
demi-ſeptier, meſure de Paris. Lorſqu'on
achette dans cette ville le ſeptier d'orge
que 7 liv. 10 ſ. prix auquel je l'achetois
l'année dernière, la poule dépenſe dans
ſon année 3 l. 15 ſ. elle en rembourſera
avec profit, lorſque le nombre d'œufs
qu'elle aura pondus dans cette année ſera
de plus de 75, car il n'y a point de ſaiſon où un œuf frais ne vaille à Paris au
moins un ſol, & il y en a où il vaut deux,
trois & quatre fois davantage.

Si au lieu d'orge ſec que nous avons
donné à la poule, on ne le lui en offre
que de crevé, il y aura $\frac{2}{5}$ à déduire de la
dépenſe annuelle, qui ſera réduite à 45 ſ.

La dépenſe que nous venons d'évaluer,
eſt celle d'une poule non ſeulement pri-
vée de la liberté d'aller paître ſur quelque
gazon, mais même de celle d'aller gratter

Tome II. .G

un fumier : cette dernière liberté toute feule peut produire plus d'épargne qu'on ne s'y attendroit, une épargne de moitié ou environ. Vingt & une poules ou poulettes fi grandes que quelques-unes de celles-ci pondoient, n'aimoient pas à s'écarter des couches de fumier qui les avoient fait naître, & où elles avoient été élevées ; elles fe tenoient tous les jours aux environs ; il y avoit une affection mutuelle entr'elles. Mon jardinier qui les avoit foignées depuis leur naiffance, & qui les traitoit en homme qui les aimoit, avoit reconnu par des expériences réitérées que trois litrons d'avoine ou trois litrons d'orge fec, qui reviennent au même, étoient plus qu'elles n'en pouvoient confommer dans une journée ; ils auroient fuffi à vingt-quatre poules pareilles. Chaque poule n'auroit coûté par jour que $\frac{1}{8}$ de litron d'orge fec, c'est-à-dire, la moitié de l'orge que nous avons vû manger à notre poule en cage ; la dépenfe de celle-ci feroit donc diminuée de moitié fi elle avoit la liberté de gratter dans un fumier, cette dépenfe ne feroit plus que de vingt-deux fols fix deniers.

Si outre la liberté d'aller fur des fumiers, les poules ont des gazons où elles puiffent paître du matin au foir, à quoi

elles font naturellement portées, & à quoi
elles fe porteront par une efpèce de néceffité fi on leur ménage le grain , on
pourra encore retrancher plus de la moitié
de la fomme que coûteroit une poule qui
auroit du grain crevé prefque à difcrétion ; chaque poule alors feroit donc très-
bien nourrie pendant toute fon année
pour onze fols trois deniers de grain.

Si l'on veut un exemple en grand qui
prouve que la dernière réduction, loin
d'être trop forte, eft encore trop petite,
la volaille de ma baffe-cour peut le fournir. J'aime qu'elle foit bien nourrie ; elle
a été compofée pendant les mois de novembre & de décembre d'environ trois
cens pièces qui n'étoient pas toutes du
genre des poules, ni même de leur claffe ;
de ce nombre étoient des dindons, des
paons, des faifans & des canards : fi on
en excepte les faifans, les derniers oifeaux
confomment plus que des poules. La
faim de tout ce petit peuple a été con-
tentée chaque jour par un boiffeau d'orge,
qu'on ne lui donnoit qu'après l'avoir fait
crever, & cela à deux fois, car les poules
font fatisfaites fi on leur fait faire deux bons
repas par jour, fi on leur a donné de quoi
bien remplir deux fois leur jabot, à des
heures affez éloignées les unes des autres.

G ij

Dans les intervalles elles s'amuſoient à chercher des inſectes, & à arracher des brins
d'herbe. Il n'en eſt pas de même des jeunes
poulets ; ils digèrent davantage proportionnellement, & ſont preſque toûjours
prêts à manger. La portion du matin un
peu plus grande que l'autre, étoit ſervie
à ma volaille à ſept heures & demie ou
huit heures, & la dernière à une heure
après midi. A la vérité les poules trouvoient des ſupplémens dans les fumiers de
la cour & des écuries, & de plus grands
encore dans deux pièces de gazon qui
ornoient une cour ; mais le gazon ne leur
fourniſſoit pas autant d'herbe dans ces
deux mois qu'il leur en fournit dans pluſieurs autres mois de l'année. J'eſtime que
ſi toute cette volaille n'eût été que poules
ou poulets , & que leur nombre eût été
de 365, elle eût très-bien vécu du même
boiſſeau d'orge qui n'avoit ſervi à nourrir
que 300 pièces , mais parmi leſquelles il
y en avoit de bien autrement voraces que
les poules : la dépenſe d'une de celles-ci
dans toute ſon année n'eût donc été que
d'un boiſſeau d'orge crud , ou de moins
de huit ſols , mettant le ſeptier d'orge à
ſept livres dix ſols ; mais ce grain eſt beaucoup plus cher à Paris proportionnellement aux autres que dans les campagnes.

Au lieu de grain on donne souvent du son à la volaille, & on le fait par vûe de ménage : ces écorces auxquelles très-peu de substance farineuse reste attaché, ne semblent pas aussi propres à fournir de la nourriture que le grain qui a toute sa farine. Y a-t-il donc autant à gagner qu'on paroît le croire, à substituer le son au grain ? les expériences que j'ai faites ne le prouvent pas. On le donne mis en pâte au moyen de l'eau avec laquelle on l'a mêlé ; quelques-uns le font cuire, mais son volume n'est pas augmenté par la cuisson d'une quantité qui mérite qu'on en tienne compte. Deux mesures de son sec & délayé ensuite avec de l'eau, n'ont tenu lieu aux poulets à qui je les ai don-nées, que d'une mesure d'orge cuit, & par conséquent que de $\frac{3}{5}$ d'une pa-reille mesure d'orge dans son état naturel ; ainsi deux septiers de son ne nourriroient pas des poules pendant plus de temps qu'elles seroient nourries par $\frac{3}{4}$ de septier d'orge. Pendant qu'on m'achetoit l'orge 7 l. 10 s. le septier, on m'achetoit le sep-tier de ce son qu'on appelle des recou-pes 2 l. 14 s. mes poules qui mangeoient pour 5 l. 8 s. de ce son, ne m'eussent donc mangé que pour quatre livres dix sols d'orge, qui d'ailleurs semble devoir être pour elles une meilleure nourriture.

Quoique nous ayions mis au rabais la dépenfe annuelle de chaque poule, nourrie en ville d'orge crevé, de ce qu'elle trouve fur des fumiers, & de l'herbe qu'elle peut paître, nous l'avons pourtant mife au deffus de ce que coûtent à leurs maîtres les poules qui vivent en pleine liberté à la campagne dans des fermes & des métairies : là, ceux qui aiment le plus les leurs, fe contentent de leur faire jeter le matin & l'après-midi quelques poignées de grain, plûtôt, ce femble, pour avoir le plaifir de les raffembler, que pour les raffafier ; auffi celles qui ne fe trouvent pas à ces diftributions n'en paffent pas moins bien la journée. Il y en a à qui la diftribution n'eft faite qu'une fois par jour pendant la plus grande partie de l'année ; on ne donne du grain deux fois dans la journée que pendant la rude faifon feulement, lorfque l'herbe manque fur la terre rendue trop dure par le froid pour être grattée. Ce grain qu'on leur donne d'une main avare, eft en grande partie de nulle valeur ; il confifte le plus fouvent en des criblures, où eft de celui qui s'eft gâté, & pour lequel on ne trouveroit point de marchand. M. Jalabert, favant Profeffeur

de Genève, m'a appris qu'aux environs
de cette ville on n'y nourrit presque la
volaille que d'yvroye ; ce grain y a son
prix proportionné à ceux des autres. Les
poules en trouvent de meilleur aux environs des granges , & des autres endroits
où l'on bat le bled , autour des écuries
& dans tous les chemins par lesquels la
paille a été portée & secouée. Lorsqu'elles
ont à parcourir des lieux vastes , les fumiers & les gazons leur fournissent abondamment des nourritures de différens autres genres ; aussi ne voit-on point les
poules mourir de faim , même chez les
paysans qui ne leur donnent rien ou presque rien dans la plus grande partie du
cours de l'année ; elles sont faites pour
pouvoir vivre quand nous n'aurions aucun soin d'elles : le temps où elles dé-
pensent, est celui où nous les voulons rendre plus grasses que leur santé ne demande
qu'elles le soient.

D'ailleurs prodiguât-on les alimens
aux poules, elles auroient toûjours dans
leurs œufs de quoi payer leur dépense ;
mais en est-il de même des poulets qui
ne peuvent payer celle qu'ils occasion-
nent que par leur propre chair ! Le calcul de ce qu'ils coûtent n'est pas aisé à
faire ; leur première consommation jour-

nalière eft fi petite qu'elle n'eft guère cal-culable, elle augmente à mefure que le nombre de leurs jours croît. Le poulet nouvellement né a un jabot qui peut être rempli par un volume d'alimens auffi petit qu'un pois; au bout de quelques femaines fon jabot en peut contenir un volume plus gros qu'une cerife ; il eft devenu en âge d'être mangé, lorfque la capacité de fon jabot égale celle qui recevroit une pomme d'apis : le jabot d'une poule gue-dée de grain eft plus gros qu'une pomme ordinaire. Ce font ces variations dans la capacité du jabot, ou, ce qui eft la même chofe, dans la quantité d'alimens digérée chaque jour, qui rendent difficile l'efti-mation de ce que le poulet confomme jufqu'à ce qu'il foit en état de paroître fur nos tables : ces variations même peu-vent cependant nous aider à voir avec moins de furprife qu'un poulet de trois à quatre mois ne foit vendu communé-ment que deux fols ou fix blancs, dans des campagnes éloignées de Paris de cent lieues, dans les années même où le grain n'y eft pas à plus bas prix que dans les campagnes voifines de cette grande ville. Il a été prouvé qu'on pouvoit faire vivre une poule pour moins de huit fols, pen-dant une année entière, & par confé-

quent pour deux fols ou environ pendant
trois mois : en fuppofant le poulet nourri
des mêmes alimens que la poule, fi nous
favions le rapport de la confommation
qu'il en fait jufqu'à ce qu'il ait trois mois, à
la confommation faite pendant ce même
temps par une poule, nous apprécierions
affez exactement ce qu'il a coûté à nourrir;
nous devons juger au moins que cette confommation n'eft qu'une affez petite partie
de l'autre, que le poulet ne coûte à élever
qu'une petite partie de deux fols. Il faut
bien que cela foit ainfi, puifque les expériences répétées pendant une longue fuite
d'années, n'ont point fait connoître aux
gens de la campagne qu'ils fuffent lézés
en donnant leurs poulets à fi bas prix,
puifqu'elles ne leur ont point montré qu'ils
auroient plus de profit à vendre les œufs,
qu'à en faire éclorre des poulets. Le vrai
eft que ces poulets vivent à la campagne
comme les poules qui les mènent, & que
ce n'eft que pendant quelques femaines
qu'on leur diftribue à plufieurs heures du
jour du millet, qui n'eft pas plus cher,
& qui l'eft fouvent moins que le froment; dans la fuite on ne leur donne de
ce grain ou de quelqu'autre, que deux ou
trois fois par jour au plus pour les régaler.

Ces remarques fuffifent pour faire voir

G v

que les frais auxquels engage l'ancienne façon d'élever les poulets, sont très-petits, mais elles n'empêcheront pas d'appréhender que ceux qu'on tient dans des pouſſinières & dans des fevroirs, ne coûtent beaucoup plus à nourrir. Dans les belles ſaiſons, dans toutes celles où l'on élève des poulets à la campagne, on ſera maître de ne pas tenir long-temps dans ces longues boîtes ceux qui ſont éclos dans des fours, on ſera maître de les mettre dans des cages ſur du gazon, de les élever préciſément comme on élève ceux qui ſont nés ſous des poules.

Ce ne ſeront que les poulets qu'on voudra élever dans des ſaiſons où on n'en élève point à la campagne, qu'on ne laiſſera pas ſortir des pouſſinières, des fevroirs & des étuves, juſqu'à ce qu'ils ſoient devenus gros & forts. La rareté dont ils ſont dans ces ſaiſons, les mettra toûjours à un prix qui compenſera plus que l'excédent de ce qu'ils auront coûté à nourrir ſur ce que coûtent les autres, cet excédent allât-il loin ; il eſt cependant très-médiocre, les eſſais que j'ai faits pour pouvoir l'apprécier, m'en ont convaincu, quoiqu'ils n'aient pas été pouſſés auſſi loin qu'on le pourroit ſouhaiter, & que je l'euſſe ſouhaité moi-même.

Si l'on multiplioit les poulets & les

poules à un point tel que l'enceinte du lieu où on les tiendroit, ne fût pas proportionnée à leur nombre, le terrein alors sur lequel ils pourroient se répandre, seroit toûjours nud dans les endroits où il devroit être couvert d'herbe ; les pointes vertes qui tendroient à sortir de terre, seroient coupées par quelque bec dès qu'elles commenceroient à se montrer ; les grains qui tomberoient à terre lorsqu'on remue de la paille, seroient aussitôt ramassés que tombés ; les fumiers seroient presque totalement dépeuplés d'insectes, la disette même de vers de terre pourroit arriver : toute cette volaille n'auroit donc presque pour vivre que le grain qu'on lui donneroit, dont la quantité deviendroit par-là un objet plus digne d'attention. Les oyes & leurs oisons, les canards & leurs cannetons savent aller chercher de la nourriture hors de la maison de leur maître ; ils savent aller chercher à vivre au loin. Les dindonneaux si délicats dans leur premier âge, & qui alors ont été nourris avec des alimens choisis, parvenus à une certaine grandeur, ne craignent plus les injures de l'air, & s'accommodent de toutes sortes d'alimens : plus le nombre de ces dindonneaux est grand, & moins il en coûte pour les faire vivre, parce qu'on n'a toûjours qu'à payer la nourriture d'un enfant chargé de les conduire dans les champs, de les garder & de les ramener le foir. Il feroit à defirer qu'on fût faire mener de même à la campagne des troupeaux de poulets, je dis de poulets, parce qu'il pourroit y avoir de l'inconvénient à leur joindre les poules qui pondent ; alors on auroit beau multiplier le nombre des poulets, la dépenfe de les nourrir n'en feroit pas augmentée. Il feroit peut-être difficile de donner à ceux qui ont été élevés à la manière ordinaire une docilité pareille à celle des dindons, une docilité affez grande pour fe laiffer conduire par troupeaux à la campagne ; néanmoins le récit de divers voyageurs ne nous difpofe pas feulement à croire cette pratique poffible, il veut que nous croyions qu'elle eft déjà en ufage dans divers pays : on nous affure, par exemple, que les habitans d'une des ifles du Cap-verd conduifent le matin leur volaille, leurs poules & leurs poulets à la montagne, & qu'ils les en ramènent le foir à leur maifon.

Mais ce qui pourroit être difficile à exécuter pour des poulets nés fous les poules & élevés à la manière ordinaire, ne le feroit pas autant pour des poulets nés dans les fours, & élevés fans avoir eu de commerce avec aucune poule : comme on peut nourrir enfemble un plus grand nombre de ces derniers, plufieurs centaines, plufieurs milliers même, ils prennent plus, pour ainfi dire, l'efprit de fociété, leur goût les porte davantage à vivre en grande compagnie. D'ailleurs ayant toûjours été foignés par un homme ou par une femme qui leur a tenu lieu de mère nourrice, ils font extrêmement privés : j'en ai eu qui fe rendoient à la voix de mon jardinier, en quelqu'endroit qu'ils fuffent, qui fe laiffoient prendre par lui toutes les fois qu'il le vouloit ; il n'avoit qu'à le vouloir pour les déterminer à fuivre fes pas dans les cours ; il n'eût tenu affurément qu'à lui de les conduire très-loin dans la campagne ; ils l'incommodoient fouvent par leur trop grande envie d'être avec lui, ils s'obftinoient à fe mettre entre fes jambes, à un point qui lui faifoit craindre de les écrafer lorfqu'il marchoit.

Mais fans faire fortir la volaille de la baffe-cour, nous pouvons la nourrir d'un des alimens que les campagnes lui fourniffent en plus grande abondance, & pour lequel elles laiffent tous les autres, fans qu'il nous en coûte rien de plus que la peine d'en faire la récolte. Une poule fe trouve très-contente quand après avoir gratté elle parvient à arracher de terre un long ver ; souvent néanmoins il lui arrive de se voir enlever sa proie du bec par ses compagnes qui l'y ont aperçûe pendante, & qui en sont très-avides : on ne sauroit aussi donner aux poulets aucun mets qui soit plus à leur goût. Mais la proposition de nourrir en grande partie de vers de terre une nombreuse volaille, paroîtra tenir de la chimère : où trouver une quantité de vers de terre équivalente à des boisseaux & à des septiers de grain ! & comment parvenir à tirer de terre cette quantité de vers ! On ne sait pas assez combien la terre est peuplée de ces insectes, & combien elle a dû l'être ; ils sont le fonds de nourriture assigné à un nombre prodigieux d'espèces d'oiseaux, & ils sont presque le seul qui soûtienne leur vie pendant l'hiver : tant qu'il dure, les corbeaux, les corneilles, les pies, les geais, les bécasses, les pluviers, les vanneaux, les merles, les grives, les allouettes & tant d'autres dont l'énumération seroit trop longue, & dans laquelle les perdrix & les faisans peuvent entrer pour quelque chose, tant que l'hiver dure, dis-je, ces oiseaux tirent des vers de terre la plus grande partie de leur subsistance. Quand on est conduit,

comme je l'ai été, par l'étude de l'histoire des infectes à étudier celle de ces
vers, on ne peut affez s'étonner de l'im-
menfité du nombre de ceux qui font cachés fous la terre. Dans les années les
plus heureufes, les hommes avec tous leurs
travaux ne parviennent peut-être pas à
faire élever dans les champs labourés &
enfemencés, des épis qui contiennent une
quantité de grains dont le poids égale
celui des vers cachés dans la terre de ces
mêmes champs : dans chaque champ il y
a probablement plus de vers que d'épis,
& tel ver eft plus pefant que ne le font
enfemble tous les grains bien nourris de
l'épi qui en eft le mieux fourni. Les
terreins les plus peuplés de vers & de gros
vers, ne font pourtant pas les champs de
bled ; les terreins frais & humides en ont
bien une autre quantité, les prairies en
font bien autrement remplies. Ils fe multiplient beaucoup trop dans les jardins
de toute efpèce au gré de nos jardiniers ;
quoiqu'ils y préfèrent la terre rendue lé-
gère par le labour, & fraiche par les plantes qui croiffent deffus, ils font obligés
par leur nombre de fe répandre dans des
allées dont la terre eft compacte & nue.
On prendra quelque idée de la prodi-
gieufe quantité de ces vers, fi l'on examine

le matin ces allées après des nuits plu-
vieuſes ou humides; on remarquera que
leur ſurface eſt criblée de trous dont chacun a un petit monticule de terre fine
tournée en ſpirale, ou un petit morceau
de vermicelli de terre : chaque petit cy-
lindre de terre contourné en ſpirale eſt
fait des excrémens que le ver eſt venu
rendre pendant la nuit. La quantité de
ces excrémens eſt aſſez grande pour dé-
plaire aux jardiniers qui ont pris ſoin de
tirer leurs allées; elle ôte à leur ſurface
l'uni qu'ils lui avoient donné, ils la rendent raboteuſe. Mais ſi on veut voir les
vers mêmes, il ne faut qu'aller obſerver
les allées dans les nuits où l'air n'eſt pas
agité, une lumière à la main & tenue très-
bas : la terre, ſur-tout ſi elle eſt humide,
offre de tous côtés des vers ſortis en grande
partie de leurs trous & très-alongés; la
préſence de l'obſervateur les inquiète &
les détermine à y rentrer très-preſtement,
elle occaſionne de toutes parts des mouvemens.

On peut donc ſe convaincre qu'il n'y
a aucune exagération à avancer que les
proviſions de grains de différentes eſpèces
que les hommes ſe procurent par des travaux continus & pénibles, ne ſont pas à
beaucoup près auſſi conſidérables que les

proviſions de vers que l'Auteur de la nature a cachées ſous terre pour les oiſeaux :
ceux pour qui elles ſont deſtinées ne ſont
point chargés du ſoin de faire croître les
inſectes, & ils ont été pourvûs de becs
propres à les tirer des retraites ſoûterrai-
nes où ils ſe tiennent. Ne pouvons-nous
pas ſans injuſtice entrer en quelque par-
tage avec les oiſeaux ſauvages en faveur
de nos oiſeaux domeſtiques ? quelque
grande que nous faſſions la portion de ces
derniers, les autres n'en ſouffriront pas.
Mais comment, demandera-t-on, faire des
récoltes de ces vers auſſi conſidérables
qu'une baſſe-cour exigeroit qu'on les fît ?
Pour y parvenir, il n'y a qu'à le vouloir ;
elles n'obligeront pas à employer des
hommes auſſi robuſtes que nos moiſſon-
neurs, des enfans pourront s'en occuper
à la campagne : pour les y engager, ou
plûtôt pour engager leurs pères à les y
faire travailler, il n'y aura qu'à rendre les
vers de terre une marchandiſe de débit,
qu'à y mettre un prix qui, quoiqu'au deſſous de celui des grains les moins chers,
ſervira à récompenſer ceux qui n'auront
pas paſſé leur temps dans une pure oiſi-
veté.

Deux moyens de faire aſſez promptement une bonne chaſſe de vers ſont

connus des pêcheurs, qui les mettent en
ufage dans les temps où ils ont à garnir
d'appas les hameçons d'un grand nombre
de lignes : ces deux moyens ne font que
deux manières équivalentes de déterminer les vers à fortir de leur trou ; quand
ils en font dehors en tout ou en grande
partie, il eft bien aifé de les prendre avec
la main. Ces infectes ont, & favent apparemment avoir un ennemi très-formi-
dable qui, comme eux, habite fous terre:
la taupe n'y épargne pas ceux qu'elle
trouve en fon chemin ; elle a probablement pour motif dans les nouvelles routes
qu'elle mine, de fe procurer de quoi fa-
tisfaire fa faim. Les vers inftruits que les
mouvemens qui fe font fous terre autour
d'eux, peuvent leur être funeftes, qu'ils
annoncent les approches d'une taupe, fe
déterminent à abandonner leur trou. Il
eft bien prouvé qu'ils ont cette connoif-
fance par les deux moyens dont fe fervent
les pêcheurs pour la leur rendre fatale : l'un
& l'autre exigent que deux hommes au
moins foient occupés à cette chaffe. Le
premier moyen fuppofe un homme muni
d'une de ces fourches de fer appellées tri-
dents; il fait pénétrer les trois dents en terre
jufqu'à environ la moitié de leur longueur
ou plus, c'eft-à-dire, de quatre à cinq

pouces ; quand les dents ont pénétré affez avant à fon gré , il continue de tenir à deux mains le manche de la fourche pour le faire incliner plufieurs fois de devant en arrière , & de derrière en devant ; il produit ainfi dans la terre des environs une commotion qui inquiète & effraie les vers ; ils quittent l'intérieur de leur trou pour fe rendre fur l'herbe , où ils font pris par le compagnon de celui qui les épouvante.

L'autre façon de faire fortir les vers de leur trou ne demande point un homme armé d'une fourche , elle demande feulement qu'il ait des fabots aux pieds , & qu'il piétine de fon mieux la terre , laiffant alternativement tomber chaque pied chargé de tout le poids du corps , plufieurs fois dans le même endroit ; ces coups donnés à la terre la fecouent , la font trembler , & engagent , comme les mouvemens du trident , les vers à chercher à fe fauver.

Dans un temps affez court, c'eft-à-dire, en moins d'une demie-heure, j'ai vû des pêcheurs remplir de vers des pots ou des vafes de bois qui contenoient plus de deux litrons, par l'un & l'autre des moyens dont nous venons de parler.

Un travail qui aura un tout autre objet,

produira beaucoup de vers, fi on veut être attentif à ramaffer ceux qu'il mettra à découvert : il n'y a point de quarré de jardin labouré dans un temps humide, qui n'en procure une bonne quantité, fi le jardinier veut fe donner la peine de prendre ceux qui paroîtront fur la terre que chaque coup de fa bêche aura enlevée ; mon jardinier m'en a quelquefois rempli de la forte dans une matinée, par delà les deux tiers de leur hauteur ces petits pôts de terre cuite où l'on met des fleurs, c'eft-à-dire, de quoi remplir près de deux litrons.

L'exemple des corbeaux & des corneilles, & celui d'oifeaux plus petits de diverfes efpèces, enfeignent un moyen de faire de plus grandes récoltes de ces vers ; ils fuivent du matin au foir la charrue des laboureurs, qui en retournant les mottes leur offre des vers à choifir qu'ils n'ont qu'à prendre fans avoir la peine de fouiller bien avant dans une terre dure, comme ils y font contraints dans d'autres temps. Les enfans des laboureurs n'ont qu'à faire ce que font les corbeaux, les corneilles, &c. pour ramaffer dans leur journée une grande quantité de ces infectes.

Sans fortir de fes jardins, on peut faire de bonnes chaffes de vers dans bien des jours, ou plûtôt dans bien des nuits de l'année, dans toutes celles qui font un peu humides, ou qui n'ont pas été précédées d'une longue fécherefle. Nous avons déjà fait remarquer que la terre alors eft couverte de ceux qui font fortis de leur trou ; quoiqu'ils foient toûjours prêts à y rentrer, & qu'ils y rentrent très-vîte dès qu'ils s'aperçoivent qu'on s'approche, on en furprendra un bon nombre, malgré la lumière qu'on eft obligé d'avoir à la main, fi l'on s'en approche à petit bruit & qu'on fe foit exercé à cette chafle : ceux qui font entiérement hors de leur trou, & ceux qui en font dehors en grande partie, ceux qui pour multiplier leur efpèce fe font joints deux à deux, & font occupés à fe féconder réciproquement, n'auront pas le temps de s'échapper avant que d'avoir été faifis.

La volaille feroit mal & très-inégalement nourrie, fi on ne lui donnoit que la récolte de vers de chaque jour ; il y auroit des jours qui ne produiroient rien, & d'autres qui produiroient trop. Pendant les gelées & pendant les longues féchereffes, les vers favent s'enfoncer fort avant en terre ; ils fe mettent ainfi à l'abri du trop grand froid & du trop grand chaud, & trouvent la terre humide qui leur con-

vient, mais en lieu d'où il seroit trop difficile de les tirer. Si l'on veut nourrir
les poules, les poulets, &c. de vers, il
faut donc en avoir en provision comme
on a du grain, il faut en conserver en
vie dans un lieu où on les puisse prendre
sans aucune peine, & dans la quantité
dont on aura besoin ; c'est à quoi il n'y
aura aucune difficulté, il n'en coûtera
pour cela presque ni dépense ni soins.
On aura des tonneaux remplis de terre
jusqu'au quart ou au tiers de leur hauteur,
à mesure qu'une récolte de vers sera faite,
on la jetera dans un de ces tonneaux, &
ce sera dans ces mêmes tonneaux qu'on
ira prendre journellement ceux qu'on
voudra abandonner aux poules ; ils y seront aisés à trouver, parce qu'ils y vivront
bien, quoique leur volume égale ou surpasse celui de la terre. Les pères qui occu-
peront leurs enfans à ramasser des vers,
en pourront avoir chez eux des tonneaux
remplis, & les vendront à la mesure,
comme on vend le grain, à ceux dont les
basse-cours en peuvent consommer beaucoup.

Je n'ai dit rien de trop quand j'ai avancé
qu'on pouvoit les conserver en vie sans
presque aucun soin, car je ne regarde pas
comme un soin qui doive entrer en ligne

de compte, d'avoir attention que la terre
des tonneaux ne devienne pas trop sèche, d'y faire verser dessus un peu d'eau
de temps en temps. Mais je dois avertir
que si les tonneaux à vers sont tenus en
lieu où ils soient exposés à la pluie, il
est nécessaire de leur donner à chacun
un couvercle qui empêche l'eau de tomber dedans : si elle y entroit en assez grande
quantité pour réduire la terre en boue &
pour la surnager, les vers y seroient noyés;
il leur est salutaire d'être tenus dans une
terre humide, & mortel de l'être dans l'eau
même.

Si on vouloit avoir dans sa basse-cour
un endroit qui seroit bien fréquenté par
la volaille, où elle aimeroit à se tenir,
on y feroit construire un bassin du diamètre que comporteroit la dépense qu'on
y voudroit faire ; on lui donneroit au
moins un pied de profondeur, il seroit
revêtu de pierres comme les réservoirs
d'eau ; s'il étoit de plomb, il en seroit
encore plus parfait par rapport à l'usage
auquel il seroit destiné ; son fond seroit
couvert d'un lit de terre épais de deux ou
trois pouces, qu'on tiendroit humide par
des arrosemens ; sur cette terre on jeteroit
de temps en temps des vers qui ne tarde-
roient pas à pénétrer dedans : il faudroit

qu'on y en jetât beaucoup & souvent, si l'on vouloit parvenir à l'en bien peupler; la volaille ne cesseroit de gratter pour les déterrer. Ce bassin demanderoit à être construit de façon que l'eau pût s'en écouler, autrement les vers courroient risque d'être noyés par les grandes pluies. Le grillage qui laisseroit échapper l'eau surabondante, ne devroit pas être percé de trous plus grands que ceux des rapes à tabac, afin qu'ils ne permissent pas aux vers un peu gros de sortir.

Pour avoir laissé à découvert l'année dernière un tonneau qu'on avoit rempli en grande partie de vers de terre pris dans mon jardin, ils y périrent tous, ils furent noyés, & cela dans une saison où il étoit difficile d'en renouveller la provision : n'en ayant pas assez d'autres dont je pûsse disposer, je me bornai à en donner pour toute nourriture à une seule poule, & je me contentai de l'en nourrir pendant quinze jours de suite, parce que je voulois m'en conserver pour régaler mes poulets; elle me parut fort contente de la manière dont elle avoit été traitée pendant ces quinze jours. Jamais poule ne s'étoit trouvée journellement à de si grands festins, elle s'engraissa; loin que son appétit pour ces vers, dont elle étoit fournie à souhait, à souhait, ait été en diminuant, il a toûjours augmenté ; elle eut assez le premier jour d'un demi-litron de vers, dans la suite elle vint à manger son litron par jour, & ensuite son litron & demi.

Quelque prouvé qu'il me paroisse qu'on peut faire un usage très-avantageux de ces vers pour élever la volaille, j'ai eu occasion trop de fois de voir que des nouveautés utiles courent risque d'être négligées pendant long temps, & même toûjours, pour oser espérer que les vers soient bien-tôt substitués, comme cela le devroit être, au moins à une partie du grain consommé dans les basse-cours. L'établissement des pratiques nouvelles ne se fait que quand elles se trouvent favorisées par quelques circonstances heureuses; il y a pour elles, comme pour tout le reste, heur & malheur. Que quelque Gentilhomme se détermine à faire faire des récoltes de vers dans sa terre, qu'il persiste à s'en servir pour épargner son grain, ses voisins en voudront user comme lui, & de proche en proche cette pratique s'étendra : que ce premier manque, ou qu'il s'y prenne mal, ou qu'il se dégoûte trop vîte, cette pratique, malgré son utilité, tombera dans l'oubli, & courra risque de n'en être jamais tirée.

Tome II. . H

Nous avons déjà eu occafion de le dire,
bien des fois, la volaille eſt avide d'inſectes
de tous genres ; on ne ſauroit donc trop
ſonger à les multiplier dans les lieux où elle
cherche à ſe nourrir, dans la baſſe-cour,
& dans les autres endroits où on lui permet d'aller. On enſeigne dans les livres
d'œconomie ruſtique, comme une fort
bonne pratique, de jeter des ſeaux de ſang
de bœuf ſur les fumiers qui ſont à la diſpoſition des poules ; ce ſang attire des
mouches, & elles ſe déterminent à pondre ſur celui qui a formé des maſſes en
ſe coagulant ; les vers qui y naiſſent ſont
un régal pour les poules & les poulets.
Lorſque les fumiers ne ſeront pas placés
aſſez près de l'endroit qu'on habite, pour
avoir lieu de craindre d'être expoſé à
une odeur plus pénétrante & plus puante
que celle qui leur eſt ordinaire, on pourra
jeter deſſus toutes les chairs qu'on abandonne à la corruption ; ce ſera un moyen
bien ſûr de faire naître des vers pour la
volaille.

Près des grandes villes où la culture
des légumes eſt bien payée & où on en
élève beaucoup ſur des couches, on pourroit faire commodément une récolte de
vers plus gros que ceux à qui le nom
de ver de terre eſt affecté, & la faire très-

abondante: quand on rompt les couches au printemps, on y trouve des vers plus gros que le pouce & longs de dix-huit à vingt lignes, qui se doivent transformer en une grosse espèce de scarabés du genre des hannetons, dont le mâle porte sur la tête une corne qui lui donne quelque ressemblance avec une tête portant froc ; aussi nomme-t-on vulgairement ces scarabés, des capucins. Qu'on n'imagine pas que nous proposions là un objet trop petit pour être digne d'attention ; le fond des couches est quelquefois tout lardé de ces gros vers : les couches d'un seul marais de mon voisinage en fournirent une année plus qu'il n'en falloit pour remplir un tombereau. J'ai vû de ces vers jetés dans d'autres années, le long du chemin le plus proche de quelques autres marais, qui y formoient des tas qui eussent bien suffi aussi pour remplir une pareille voiture. Les maraichers ramasseroient volontiers & donneroient à très-bon marché ces vers propres à fournir une nourriture succulente à la volaille. Je ne voudrois pourtant pas qu'on l'en rassasiât, je voudrois qu'on la lui laissât desirer : en cet état de ver ils fournissent bien autrement de nourriture que dans celui de scarabé, dans lequel ils sont cependant mangés par

H ij

les oiseaux ; dans ce dernier état ils font prefqu'entiérement écailleux , au lieu que dans le premier ils n'ont d'écailleux que la tête & les jambes , tout le refte eft une chair blanche ou une bouillie encore plus blanche , & qui femble devoir être fort appétiffante pour les poules.

Ce n'eft pas pour enfeigner un moyen d'épargner fur la nourriture des poulets , que je ne crois pas devoir m'abftenir de raconter la manière ingénieufe & utile , dont une Demoifelle de mes amies s'avifa d'en nourrir de très-petits pendant plufieurs jours de fuite. Ayant trouvé le tas de bled d'un grenier couvert d'une croûte faite de grains liés enfemble par des fils filés par une petite chenille , dont nous avons eu occafion de parler ailleurs , & que nous avons mife au rang des fauffes teignes , elle prit de ces chenilles & les jeta à de petits poulets , elle vit avec plaifir avec combien de goût ils les mangeoient , & qu'ils les mangeoient plus volontiers que le bled : c'en fut affez pour la déterminer à les faire porter dans le grenier où ils donnèrent tous à l'envi fur les chenilles fans s'avifer de toucher au bled qui étoit pour eux une nourriture moins délicate ; en quelques jours ils vinrent à bout d'exterminer toutes celles du tas de bled en fe régalant bien.

Les plantes, comme les infectes, peuvent fournir à la volaille d'une baffe-cour un grand fupplément au grain : j'ai affez fait entendre combien elle tire de parti de celles qui viennent fans culture, des gramens & des autres plantes des gazons ; elles aiment encore mieux les légumes que nous faifons croître pour nous-mêmes dans les potagers, & il y a bien des temps dans l'année où on leur en peut faire une bonne part : on a à leur jeter les laitues, les chicons, les épinards, & beaucoup d'autres plantes qu'on arrache parce qu'elles font montées ; la poïrée, les choux & d'autres légumes, dont l'énumération feroit inutile, leur peuvent fournir beaucoup de feuilles que nous rejetons : les épluchures de toutes les herbes font ordinairement portées de la cuifine dans la baffe-cour, & font de vraies falades pour la volaille. Ce que j'en dis eft moins pour avertir de ne pas négliger de leur abandonner tout ce qui nous eft inutile dans les productions de nos potagers, que pour faire remarquer que ces productions peuvent fournir beaucoup à la volaille dans le cours de l'année, & que quand on lui en donne largement, on ne doit pas être furpris qu'une très-petite quantité de grain puiffe lui fuffire.

H iij

Si on mettoit pourtant les poules aux herbes crues, ou au moins à certaines herbes, pour toute nourriture, peut-être ne s'en trouveroient-elles pas bien ; l'épreuve que j'ai faite d'un légume conduit à le penser. Les épinards d'une planche de mon potager étant montés, je les destinai à nourrir quatre poules & un coq que j'avois renfermés dans une cage, tant qu'elles en voudroient manger ; on leur en donna abondamment chaque jour, mais on ne leur donna rien autre chose. Au bout de quelques jours leur fiente ne fut plus liée, des poules qui pondoient cessèrent de pondre, leur crête pâlit & noircit même après qu'elles n'eurent vécu que d'épinards pendant huit à neuf jours : je crus donc les devoir faire vivre comme les autres, de crainte que le régime auquel je les avois assujéties, ne les fît périr. Au reste, quoique nous nous accommodions fort bien de salade, l'estomac qui la digère le mieux, seroit bien-tôt dérangé, si elle étoit le seul aliment qu'on lui donnât à digérer.

Peut-être y a t-il des plantes dont la volaille pourroit faire un usage plus long & plus continu que des épinards, peut-être ne faudroit-il pas la fixer à un seul légume : peut - être y en a-t-il qui tem-

péreroient les effets que produifent les autres ; ce font là des matières à recherches.

Enfin au lieu de ne nourrir les habitans de fa baffe-cour que de plantes crues,
on pourroit les leur donner cuites. On
eft en ufage de faire cuire les orties qu'on
préfente aux jeunes dindons, que l'expérience a appris être pour eux un aliment
fain : des chauderonnées d'orties feroient
peut-être de grands plats pour les poules
& les poulets, & qui ne feroient pas chers.

Les détails dans lefquels nous fommes
entrés fur l'œconomie d'une baffe-cour,
mériteroient d'être pouffés plus loin, &
offrent un vafte champ à des expériences
utiles, mais ils nous ont jetés dans une
digreffion qui nous a fait abandonner les
poulets du premier âge, ceux qu'on élève
dans les pouffinières, avant que de nous
être affez étendus fur les différentes nourritures qu'on peut leur donner : cette
même digreffion a cependant fervi à en
faire connoître plufieurs que nous n'aurons plus qu'à indiquer. Nous ne les
avons nourris que de mie de pain & de
millet, ce font pour eux deux fort bons
alimens, mais ce ne font pas les feuls qu'on
doive leur donner, fi l'on veut exciter
leur appétit & les entretenir dans un em-
bonpoint qui empêche, lorfqu'on en

H iiij

prend un à poignée, de fentir trop fon fternum, de trouver très-aigu l'os qui eft fous le ventre. Ils aiment tous les grains qui font du goût des petits oifeaux que nous tenons en cage, le chenevi, la navette, la graine de laitue, le froment ; on peut leur en offrir de mêlés enfemble, il ne tient alors qu'à eux de choifir, & ordinairement ils en prennent de tous. Peut-être vaut-il mieux laiffer le millet pour bafe de leur nourriture en grain, & ne leur préfenter quelqu'un des autres que deux ou trois fois par jour ; il devient ainfi pour eux un ragoût, & ils fe dégoûtent de celui qui eft toûjours à leur difpofition, ou ne le mangent pas avec tant d'avidité. Jufqu'à ce qu'ils foient devenus très-forts, je ne voudrois pas faire travailler leur eftomac fur les dures écorces de l'orge & de l'avoine. Je leur ai donné du riz en grain ou non crevé, dont ils n'ont pas paru faire plus de cas que du millet.

Ce n'eft pas feulement fous la forme feche qu'on peut leur offrir les différentes efpèces de grains ; ils les trouvent très-bons, & quelquefois meilleurs après qu'on les a fait crever ; ils ont cependant préféré le millet crud au millet crevé : en ce dernier état il n'a guère qu'un volume double de celui qu'il a avant d'avoir été tenu

dans l'eau bouillante. Ce n'eſt que de
l'orge ſec que j'ai voulu parler lorſque je
viens de dire qu'il falloit qu'ils fuſſent
forts avant que de le leur donner, car des
poulets très-jeunes encore en mangeroient
de crevé ſans qu'il les incommodât; ils en
mangeroient alors très-bien de mondé,
& de même de l'avoine mondée, connue
ſous le nom de gruau : il y a des pays où
on en fait le fond de leur nourriture,
comme on le fait du millet dans un plus
grand nombre d'autres pays.

Ils ont au reſte des goûts qui ne du-
rent que quelques jours : du riz crevé
m'avoit paru devoir être pour eux une
excellente nourriture, & qui n'eût pas
été trop chère, parce que le volume de
ce grain eſt très-conſidérablement augmenté par la cuiſſon; lorſque j'en ai offert
à des poulets, ils l'ont mangé avec une
très-grande avidité, mais de jour en jour
ils l'ont cherché avec moins d'empreſſe-
ment, & au bout de quatre à cinq jours
ils l'ont ordinairement regardé avec aſſez
d'indifférence.

Je n'ai point vû leur goût s'uſer pour
un ragoût que j'ai imaginé de leur donner, qui en eſt un véritable, quoiqu'aſſez
ſimple : dans la pâtée des petits oiſeaux
les plus délicats, & de ceux qui, lorſqu'ils

font grands, n'aiment pas à vivre de grain,
on fait entrer du cœur de mouton ou d'autres viandes ; la plûpart de ceux qui élèvent à la brochette des rossignols, des fauvettes, &c. font grand usage pour les nourrir de ce cœur de mouton haché. Il m'a paru que je devois éprouver si de la pâtée dans laquelle entreroit de la viande, ne seroit pas aussi un mets sain & agréable aux petits poulets : j'ai mêlé en différentes proportions de la viande hachée, soit crue, soit cuite, avec du pain émietté; les poulets à qui elle a été présentée, l'ont mangée avec une avidité qui ne s'est pas démentie. Plus elle a de viande, & plus ils l'aiment ; ils imitent les enfans qui n'en viennent à manger leur pain qu'après avoir mangé les confitures qui étoient étendues dessus; ce n'est qu'après avoir enlevé avec leur bec les parcelles de viande les plus apparentes, que les petits poulets mangent les miettes de pain.

Cette pâtée dont ils ne se lassent pas & qui les nourrit très-bien, ne sera pas un aliment cher, au moins dans les campagnes; la viande que j'y fais entrer est du cœur, du foie & du mou de bœuf, en un mot de celle dont les chats font nourris dans les bonnes maisons. Cette viande ne m'est jamais revenue à plus de deux ou trois fols la livre, & elle eût moins coûté à ceux qui eûffent fû fe la procurer de la première main ; dans bien des campagnes les Bouchers n'en ont aucun débit, ils la jettent fouvent. Fît-on cette pâtée avec de la meilleure viande de boucherie, on trouveroit par - tout de l'épargne à la donner aux poulets naiffans, au lieu de leur donner, comme on eft en ufage de le faire, des jaunes d'œufs durs, ou de la pâtée faite avec ces jaunes d'œufs. J'ai pefé une demi-douzaine de jaunes d'œufs durs pris au hafard, elle pefoit trois onces deux gros ; ainfi le poids d'une douzaine de jaunes d'œufs eft de fix onces & demie, c'eft-à-dire qu'il faudroit 29 œufs $\frac{7}{13}$ ou près de deux douzaines & demie d'œufs pour faire une livre : or dans le temps où les œufs font à meilleur marché, & où la viande eft la plus chère, deux douzaines & demie d'œufs coûtent plus qu'une livre de viande, & fur-tout de viande telle que nous la demandons.

Mais fans acheter de la viande, dans la plûpart des maifons on en trouvera tous les jours gras affez pour bien fervir les poulets en pâtée ; les reftes de celles de toutes efpèces rôties ou bouillies, ferviront à en faire d'excellente, & en fourniront

H vj

une quantité fuffifante à un nombre confidérable de poulets, dans les bonnes maifons & dans les grandes communautés. La fœur Marie de la communauté de l'Enfant Jefus avoit fû connoître le goût des fiens pour la viande ; attentive à ramaffer chaque jour celle qu'on vouloit bien lui abandonner, elle en faifoit des plats de hachis qu'elle étendoit en le mêlant avec de la mie de pain ; les petits poulets couroient & voloient vers ces plats dès qu'ils les voyoient paroître, & ils ne les abandonnoient que lorfqu'ils les avoient rendu nets, ou qu'ils avoient fi fort rempli leur jabot qu'il fembloit prêt à crever.

Les reftes de viande ne font pas les feuls qu'elle leur ménageât, ni les feuls qui foient à leur goût ; ils aiment peut-être un peu moins la foupe que la viande, mais cependant ils l'aiment beaucoup. La fœur Marie ne manquoit pas chaque jour de faire faire à fes poulets un repas de foupe & de viande ; mais aux poulets comme à nous, la foupe doit être fervie la première. Comme elle doit être pour eux une bonne nourriture, je fuis dans l'ufage d'en faire donner aux miens une fois ou deux chaque jour, de celle qui eft reftée de la table des domeftiques : les jours où on n'en a pas de graſſe, ils ne dédaignent point la maigre, ils paroiſ-ſent s'en accommoder auſſi-bien que de l'autre. Qu'on ne croie pas que tout pain imbibé d'eau ſeroit pour eux de la ſoupe; je penſe bien qu'ils ne ſont pas fins con-noiſſeurs en ſoupe, mais ſi l'on remplit une moitié de leur auget de vraie ſoupe, & l'autre moitié de pain mouillé d'eau, ils ne s'y méprendront pas, ils mange-ront la ſoupe & laiſſeront le pain mouillé.

Les plus grands docteurs en pâtée de roſſignols & d'autres petits oiſeaux auſſi difficiles à élever, font entrer du miel dans celle qu'ils leur préparent : Olina n'a pas manqué de le preſcrire pour celle dont il a enſeigné la compoſition avec un grand appareil. Un des bons effets du miel dans la pâtée, c'eſt de la conſer-ver ſans qu'elle ſe corrompe ni ſe deſſè-che pendant des mois entiers. J'ai auſſi humecté de miel différentes pâtées que j'ai préparées aux poulets, ſavoir, celle qui étoit faite de mie de pain & de viande hachée, & celle qui l'étoit de mie de pain & de jaunes d'œufs durs ; elles en ont été rendues plus agréables au goût des poulets ; ils ſe ſont jetés avec avi-dité ſur la pâtée emmiellée, pour la-quelle ils ont abandonné celle qui n'en

différoit que parce que le miel y manquoit.

Tous les autres alimens néanmoins ne
font rien pour eux en comparaison des
vers de terre, il n'en eft aucun pour lequel leur goût foit auffi décidé, & dont
ils foient auffi gourmands; dès qu'on en
a fait tâter aux plus jeunes poulets, ils
n'en voient point paroître fans courir &
voler vers eux avec une avidité fupérieure
à celle qu'ils montrent pour tous les autres mets. C'eft un fpectacle vraiment
amufant que de voir quarante à cinquante
poulets difperfés fe porter vers l'affiette
remplie de vers de terre, qu'on a mife
dans leur pouffinière, au premier avis,
pour ainfi dire, qu'ils ont eu, qu'elle y eft,
de les voir s'élancer deffus. Celui qui a faifi
un ver le premier en profite rarement,
il lui eft arraché du bec par le bec d'un
autre poulet qui fuit pour le manger à
l'aife; ce poulet eft pourfuivi par d'autres,
un de ceux-ci le lui enlève, il eft enlevé
à ce dernier par un autre; enfin tel ver
paffe quelquefois dans le bec de quatorze
à quinze poulets avant que d'être avalé,
& ne l'eft ordinairement que par le poulet qui a gagné quelque coin, & qui a mis
fa tête à l'abri. Les poulets à qui il a été
ôté, retournent à l'affiette, prennent un

autre ver qui les expose à leur tour à des poursuites. Quoiqu'il ne s'agisse que d'arracher à un poulet la proie dont il s'est saisi, quoique ceux qui le tentent, ne cherchent point, pour s'en rendre maîtres, à assommer, ni même à becqueter celui qui en est possesseur, tout ceci a pourtant l'air d'un combat, & d'un combat qui a quelquefois des suites fâcheuses : les poulets qui courent avec une grande rapidité, culbutent ceux qui se trouvent dans leur chemin, ils leur passent sur le corps ; les culbutés sont non seulement piétinés par ceux qui les ont renversés, ils le sont par ceux qui suivent, & s'en trouvent mal. Quelqu'amusant que soit ce spectacle, si on aime ses poulets, on ne doit pas se le donner souvent ; on ne les régalera même de vers qu'avec précaution, on coupera les vers par morceaux, un gros & long ver seroit trop difficilement avalé par un petit poulet ; on distribuera les vers coupés en plusieurs tas sur une petite planche ou dans un long auget : lorsque l'étendue dans laquelle les poulets en pourront prendre ensemble sera grande, il y aura moins de poulets qui seront tentés d'arracher du bec d'un autre le morceau dont il se sera emparé ; ils ne se troubleront plus autant réciproquement dans leur friand repas.

Nous avons mis nos poulets au gras par les derniers mets que nous avons indiqués comme fort à leur goût, les restes des repas maigres ne leur sont pas néanmoins indifférens : il n'y auroit pas une grande ressource pour les nourrir en ce que l'on dessert de poisson de dessus les tables ; mais ce qu'on laisse dans les plats de fèves & de lentilles peut leur fournir davantage, & leur fournir des alimens qu'ils aiment. Les petites féves blanches qu'on ne dédaigne pas, même dans les meilleurs repas, sont trouvées fort bonnes par les poulets ; ils leur préfèrent pourtant les lentilles qui sont un des grains cuits pour lequel ils marquent plus d'avidité. La cuisson leur fait prendre plus de volume qu'aux féves : lorsqu'elle en a renflé une quantité qui n'étoit capable que de remplir quatre litrons, cette même quantité en peut remplir onze, au lieu que quatre litrons de féves séches après avoir été cuites ne donnent que six litrons deux tiers.

Il y a donc à choisir entre les alimens qui peuvent être donnés aux poulets, il y a même tant à choisir, que bien des gens pourront être embarrassés par le choix, & exigeront que j'aide à les décider ; tout ce que je puis faire de mieux pour les satisfaire, c'est de décrire le régime de vie, pour ainsi dire, auquel je mets les poulets depuis qu'ils sont nés jusqu'à ce qu'ils puissent être abandonnés à eux-mêmes ; je le donne pour bon, mais en avertissant qu'on peut se dispenser de le suivre scrupuleusement. La première nourriture que je fais offrir aux poulets nés depuis environ vingt-quatre heures, est de la mie de pain ; on la leur donne ensuite dès le même jour mêlée avec un peu de millet. Ce mélange, dont le millet fait la plus petite portion, est la nourriture à laquelle je les fais tenir pendant quatre à cinq jours. Dans les jours suivans je commence à leur faire goûter de la pâtée, soit grasse, soit maigre ; on la met dans un auget différent de celui qui contient la mie de pain & le millet. Lorsqu'ils ont sept à huit jours, lorsque devenus plus forts on les a fait passer de la première poussinière dans la seconde, on leur sert pour leur déjeûner une quantité de pâtée proportionnée à leur nombre, c'est-à-dire, qui suffit à les rassasier tous. Cette pâtée est une espèce de ragoût composé en grande partie d'orge crevé, d'un peu de mie de pain & de lait : voici comment on la prépare. On jette dans un mortier l'orge crevé, on

l'y pile, & de temps en temps on le poudre
de pain émietté ; on continue de piler jufqu'à ce que prefque tous les grains d'orge
paroiffent écrafés, & qu'on ait ajoûté une
quantité de mie de pain égale à peu près
au quart du poids de l'orge ; le plus & le
moins font ici très-indifférens : on hu-
mecte enfuite, on ramollit cette pâtée
avec du lait fans y en mettre affez pour
la rendre liquide. On ne fe contente pas
de leur avoir fait faire un bon déjeûner,
leur faim qu'il a appaifée n'eft fouvent
pas long-temps à revenir : afin qu'ils
trouvent de quoi manger dans les momens
où ils en ont envie, on a foin de tenir
leurs augets pleins en partie de quelque
graine, comme de millet, de froment,
de chenevi, de navette, &c. On leur fait
ainfi attendre un fecond repas de pâtée,
& on ne le leur fert guère qu'après que
mes gens, à qui il arrive fouvent de dîner
avant moi, ont dîné. Ce repas eft ordinairement plus magnifique que le premier,
il eft à deux plats, & quelquefois à trois ;
un des plats eft de foupe, l'autre de pâtée à
la viande, auquel on en joint quelquefois
un troifième de légumes : ils fe contentent dans le refte du jour du grain qu'ils
trouvent dans leurs augets. Il n'eft pas
néceffaire de leur donner à fouper. Si on

plaçoit leur dîner de meilleure heure qu'on ne le fait chez moi, vers les onze heures du matin, on pourroit pourtant les faire souper en pâtée vers les trois à quatre heures. Enfin une ou deux fois on leur jette des feuilles de salade ou d'autres herbes potagères. Quand on aura une provision suffisante de vers de terre, le repas où on leur en servira, sera celui où ils feront la plus grande chère. Avec ce régime, si on les tient dans un lieu chaud, nullement humide & très-proprement, ils se porteront bien, ils seront en bonne chair, & ceux qui seront assez grands pour paroître sur les tables, y seront trouvés très-délicats.

Lorsque la saison n'obligera pas de tenir les poulets nuit & jour dans des poussinières mises en des lieux où elles seront chauffées, soit par la chaleur du fumier, soit par celle du feu ordinaire ; lorsqu'on aura des jours sereins, & que la température de l'air extérieur sera au dessus de quinze degrés, on fera passer ces beaux jours aux poulets dans des cages mises sur un gazon ; on leur ménagera même des ouvertures par lesquelles ils pourront sortir de leur cage, mais trop petites pour laisser entrer des poules, & même des poulets d'une taille au dessus de la leur. On leur servira dans ces cages

les mêmes mets qu'on leur auroit donnés
dans des lieux moins fermés. Ces mets
ne manqueront pas de ramener sous la
cage les poulets qui s'étoient dispersés aux
environs ; on aura alors la commodité de
les reprendre, lorsqu'on voudra les reporter dans un lieu où ils doivent passer la
nuit plus chaudement qu'en plein air.

TROISIE´ME ME´MOIRE.

Où l'on parcourt les utilités que peuvent procurer les nouvelles manières de faire éclorre & d'élever les oiseaux ; & où on examine si elles sont sujettes à des inconvéniens , comme on les en a soupçonnées.

IL a été prouvé de reste par les Mémoires précédens, qu'il ne tenoit qu'à nous de porter la multiplication des oiseaux domestiques aussi loin que nous le voudrions, en faisant couver leurs œufs dans des fours, & il n'est qui que ce soit à qui les avantages les plus essentiels que cette multiplication peut nous valoir, ne se présentent ; il n'est qui que

ce foit qui ne regarde comme un bien
d'avoir des poulets, des dindonneaux,
des cannetons, des oifons à meilleur marché, & qui ne juge que plus le nombre
en fera augmenté, & moins ils feront
chers. Mais diverfes circonftances que
nous examinerons dans ce Mémoire, peuvent faire tirer des partis des nouvelles
manières de faire naître, & d'élever les
oifeaux, auxquels il peut être à propos
que nous faffions faire attention. Il ne
fera pas même inutile que nous y diffi-
pions quelques craintes qu'on a montrées par rapport à des qualités dont on
a parlé comme particulières aux oifeaux
que nous leur devrions, & qui ne feroient
pas à l'avantage de ceux-ci.

C'eft auprès des grandes villes, & fur-
tout aux environs de la capitale, qu'il
importe que les établiffemens des fours
à poulets fe multiplient; on fe trompe-
roit fi on les jugeoit mieux placés dans
les provinces les plus reculées, parce
qu'on croiroit que la volaille y pourroit
être élevée à meilleur marché : il y auroit
peu, & fouvent même il n'y auroit rien
à gagner dans les pays les moins peuplés,
fur la nourriture, fur le grain, qu'on eft
obligé de lui donner. A mefure que les
villes fe font agrandies, tout s'eft arrangé

pour les faire subsister : les précautions
que prennent des Magistrats attentifs &
vigilans, font que le pain n'est guère plus
cher à Paris que dans les petites villes des
provinces les plus éloignées ; il n'y a même
que trop d'exemples d'années où la récolte n'ayant pas été favorable dans certaines provinces, le pain y a été vendu
beaucoup plus cher qu'à Paris. On ne
s'aperçoit pas dans les grandes villes des
frais du transport des grains, qui s'est fait
& a été payé de proche en proche par ver-
sement ; il n'en est pas de même des alimens sans lesquels on pourroit vivre si
on avoit du pain & des légumes ; la chair
que tant d'animaux de différentes espèces
fournissent à notre subsistance, est toûjours plus chère à Paris que dans les lieux
qui en sont à une grande distance ; la livre de viande de boucherie coûte toûjours à Paris environ le double & un
peu plus de ce qu'elle coûte dans des lieux
qui en sont fort éloignés : il est vrai
qu'elle est renchérie par les droits qui y
ont été imposés pour faire contribuer le
plus équitablement & le plus doucement
qu'il a été possible, les particuliers aux
besoins de l'Etat, mais il s'en faut bien
que ces impositions n'aillent à en doubler
le prix ; ce qui l'augmente si considéra-

blement, c'est qu'on amène directement les bœufs de 100, ou de 150 lieues; ce font les dépenses que ce transport occasionne, qui les enchériffent. Ce font de même les frais du transport, ou plûtôt une forte d'impoffibilité de le faire au delà d'un certain éloignement, qui est cause que le prix de la volaille est porté bien autrement haut à Paris que celui de la groffe viande. Dans les campagnes des provinces éloignées, une paire de poulets ne coûte guère plus qu'une livre de viande de boucherie; quand cette livre y est payée trois fols & demi ou quatre fols, on y a une paire de poulets pour le même prix; au lieu qu'à Paris la paire de poulets vaut environ cinq livres de groffe viande; lorfque la viande de boucherie y est vendue fept fols & demi ou huit fols, deux médiocres poulets font achetés à peu près quarante fols. Si les poulets pouvoient être tirés d'auffi loin que les bœufs, & qu'ils n'engageaffent pas proportionnellement à plus de dépenfe pour être conduits à Paris, la paire de poulets ne devroit y valoir que huit fols, ou, à caufe que les impofitions font plus fortes fur les poulets que fur la groffe viande, elle pourroit y monter jufqu'à dix fols, à peu près au quart de ce qu'on

l'achette

l'achette aujourd'hui ; mais il n'eſt pas poſſible de faire venir des poulets de 100 ou de 150 lieues, comme on fait venir des bœufs : les frais du voyage d'un de ceux-ci ne ſont qu'une aſſez petite partie du prix qu'il a été acheté ; outre les riſques que courroient les poulets de mourir ou au moins de maigrir dans une route de cent lieues, les dépenſes faites pour les voiturer de ſi loin, ſurpaſſeroient bien des fois ce qu'ils auroient coûté de premier achat. L'expérience a appris à ceux dont le commerce eſt d'en fournir Paris & les grandes villes, quels ſont les termes au delà deſquels il ne leur eſt pas permis d'en aller chercher, pour qu'ils ne ſoient pas renchéris par le tranſport au deſſus du prix auquel on peut eſpérer de les vendre. Si les environs de Paris en fourniſſoient annuellement une quantité qui pût ſuffire à la conſommation qui s'y en feroit, il eſt donc prouvé qu'aux droits du Roi près, la volaille y ſeroit proportionnellement à auſſi bon marché que dans les campagnes les plus éloignées, que deux poulets n'y coûteroient guère plus qu'une livre de viande de boucherie. Quelle douceur pour ſes habitans ! La multiplication des fours à poulets peut la leur procurer, ſi elle eſt portée aſſez loin.

C'est donc auprès de cette très - grande
ville, & auprès des autres villes confidé-
rables, qu'il importeroit le plus de faire
faire de ces établiſſemens. Les lieux où ils
feroient le plus utiles font auſſi ceux où ils
feront plus aiſés à faire ; les hommes que
leurs intérêts rendent actifs & induſtrieux,
y font moins rares que dans les campagnes éloignées, dont les habitans reſtent
dans une eſpèce d'engourdiſſement très-
préjudiciable au bien général.

Je n'ai pourtant garde de vouloir reſ-
treindre les établiſſemens des fours à poulets aux ſeuls environs des grandes villes,
j'eſpère au contraire que ceux qui y auront eu une heureuſe réuſſite encourage-
ront de proche en proche à les multiplier, & les feront parvenir dans les endroits les plus reculés. La cruelle maladie
qui a enlevé une grande partie des beſ-
tiaux de tant de pays qu'elle a parcourus,
nous doit faire ſouhaiter de trouver un
jour dans l'augmentation de la volaille de
quoi ſuppléer à la rareté de la viande de
boucherie, dont nous ſommes menacés.
Cette cruelle maladie nous laiſſe des ſujets
d'inquiétude d'autant plus fondés pour
ſes retours, qu'on la voit reparoître dans
des cantons où elle n'a ceſſé de faire des
ravages que depuis peu d'années , &

qu'entre tant de remèdes qu'on a tentés,
& qui ont été enseignés pour en arrêter
les effets, il n'y en a encore aucun connu
sur lequel on puisse compter.

Les soins nécessaires pour faire éclorre
les poulets, conviennent fort à des femmes;
mais de quelque sexe que soit la personne
qui en sera chargée, une seule suffira pour
veiller à un nombre de fours beaucoup
plus grand probablement que celui auquel
aucun établissement ne sera porté, & elle
aura encore chaque jour bien du temps de
reste : plus l'objet du produit de ses soins
sera considérable, c'est-à-dire, plus elle fera
couver d'œufs à la fois, & moins la dépense
de sa nourriture & de ses gages sera sensible. Si la même personne est chargée de
plus, comme il conviendroit qu'elle le fût,
du soin d'élever les poulets, c'est-à-dire, de
leur porter de la nourriture à différentes
heures du jour, de voir si la chaleur des
mères artificielles, des poussinières & des
sevroirs n'est point trop foible, & qu'outre les poulets on fasse éclorre des dindonneaux, des cannetons, &c. en grande
quantité, on lui donnera des occupations
suffisantes pour bien remplir sa journée.
Les accidens de tous genres en seront
plus sûrement prévenus, quand quelqu'un
fera du matin au soir son affaire capitale

de voir ce qui se passe dans les fours &
dans toutes leurs dépendances.

Quelque simple d'ailleurs que soit un art,
celui qui l'exerce continuellement a beaucoup d'avantage sur ceux qui ne font que
s'en amuser, ou qui ne lui donnent du
temps que par intervalles ; aussi quoiqu'il
ne tienne qu'à tous les gens de la campagne
qui ont des poules & suffisamment de fumier, d'avoir des fours pour y faire couver des œufs, peut-être vaudroit-il mieux
qu'il n'y eût dans chaque village qu'un
seul particulier qui fît chez lui un établissement de ces sortes de fours, mais auquel il se livreroit tout entier. Le succès
ne dépend ici que d'opérations fort simples, mais il en demande une assez grande
suite, qui doivent être faites à temps, &
qui feront exécutées avec plus de précision par quelqu'un qui en fera continuellement occupé. Je voudrois que les fours
à poulets fussent banaux, qu'on y reçût
tous les œufs qui feroient apportés du
village & des environs, moyennant une
rétribution ; elle pourroit se prendre sur
les poulets qui naîtroient ; le Directeur
des fours en retiendroit une portion qu'on
auroit trouvé juste de lui accorder pour
dédommagement de ses soins, de son
temps & de ses dépenses. Il feroit à pro-

pos même qu'il y eût différentes conven-
tions faites, selon l'âge qu'auroient les
poulets lorfqu'il les remettroit ; fi on lui
abandonnoit, par exemple, le tiers des
poulets qu'il livreroit dès qu'ils feroient
éclos ou vingt-quatre heures après, on
pourroit convenir qu'on lui laifferoit la
moitié de ceux qu'il auroit fait naître,
s'il les gardoit pendant cinq, fix ou fept
femaines, & cela non feulement pour ré-
compenfe de la continuation de fes foins
& de ce qu'il lui en auroit coûté pour
les nourrir, mais encore parce que ceux
qui mourroient chez lui, y mourroient
à fes rifques, ils feroient toûjours cenfés
avoir été de fa portion.

Il feroit extrêmement à fouhaiter qu'il
n'y eût pas un gros village dans lequel
on ne trouvât de ces fours banaux. Cependant malgré le profit qui en revien-
droit à ceux qui fe chargeroient de les
établir & de les conduire, on ne peut fe
promettre de les voir multipliés à ce
point, à moins que le miniftère bien convaincu de l'utilité dont ils feroient au public, ne favorife ceux qui voudront donner leur temps à des entreprifes fi louables. Ce feroit mal connoître les hommes que de croire que leur propre intérêt éclairera affez les gens de la cam-

pagne pour les déterminer à profiter du nouveau moyen qui s'offre pour les aider à subfifter ; il s'en faut bien qu'ils n'agiffent toûjours comme leur intérêt le demanderoit ; la volaille même que nous n'avons jufqu'ici tenue que d'eux, nous en donne des preuves ; jufqu'ici ils ne nous l'ont pas fournie en auffi grande quantité qu'ils l'auroient pû & qu'ils l'auroient dû. Si en parcourant les fermes, les métairies & les maifons des payfans d'un canton, on s'arrête à examiner le nombre des poules qui y font, dans quelques-unes des habitations de ce même canton, dans quelques-unes de celles qui fe touchent, on le trouvera double, triple, quadruple, &c. de ce qu'il eft dans les habitations voifines, où il n'y a pas moins de commodités pour faire vivre de la volaille, & fans qu'il y ait d'autres caufes de ces différences que l'activité des ménagères qui demeurent dans les unes & la nonchalance de celles qui vivent dans les autres. Des exemptions, des privilèges donnés avec mefure ne coûtent rien à l'E´tat, ils ne font pas une charge confidérable pour le peuple ; ces privilèges, dont l'avantage le plus réel eft fouvent de mettre à l'abri d'être inquiété mal à propos, font extrêmement defirés à la campagne; c'eft pour en jouir que les uns fe chargent d'avoir un étalon & que d'autres tiennent des chevaux de pofte, &c. Trouveroit-t-on qu'il y eût de l'inconvénient à accorder des exemptions pareilles à celles que l'étalon vaut, à un particulier de chaque bourg ou gros village, qui pendant toute l'année auroit des fours chauffés, foit par le feu ordinaire, foit par le fumier, dans lefquels il feroit obligé de faire couver en chaque faifon au moins un nombre d'œufs prefcrit ? L'appas de ces exemptions détermineroit bien des gens qui n'y euffent jamais penfé, à établir des fours à poulets, on brigueroit le droit de le faire à de pareilles conditions.

S'il y a des lieux où il importe plus de faire fervir les fours à la multiplication des poulets, il y a auffi des temps où on trouvera mieux fon compte à s'occuper de cette multiplication, favoir, les temps où les oifeaux de toute efpèce ont ceffé de couver. Il n'a pas échappé à ceux qui fe font une affaire férieufe d'avoir leurs tables fervies des mets les plus recherchés, des mets que la faifon refufe, & à tous ceux qui fe parent de la réputation de gourmands, que nos fours pourroient leur valoir en toute faifon ce qu'ils ont nommé de la viande nouvelle : il n'eft

I iiij

point de temps où ils ne se puissent promettre des poulets très-petits, de jeunes
poulardes, des dindonneaux, des cannetons, des oisons, &c. parce qu'on pourra
faire couver dans tous les mois de l'année
des œufs de ces différentes espèces d'oiseaux. Il est vrai que les femelles pondent
peu pendant l'hiver ; il sera pourtant aisé
de rassembler assez d'œufs pour contenter
les friands, & on en aura même pour fournir
à de grandes couvées, si on conserve ceux
qui ont été pondus vers la fin de septembre
& dans le mois d'octobre, pour ne les faire
entrer dans les fours qu'en hiver. La ponte
des poules recommence dès le mois de janvier, & d'autres oiseaux domestiques donnent des œufs d'aussi bonne heure ; ce sont
sur-tout les couveuses qui manquent alors.
Les œufs qui auront été conservés pendant six semaines ou deux mois d'une saison froide ou peu chaude, seront encore
en état d'être couvés ; ces deux mois ne
sauroient les altérer autant que trois semaines d'été : or j'ai vû en été une poule
faire éclorre vingt poulets de vingt - un
œufs qu'elle avoit dérobés ; entre les œufs
qui avoient donné des poulets, il y en
avoit donc qui avoient au moins trois semaines, lorsqu'ils avoient commencé à être
couvés, en supposant que la poule en avoit

pondu un régulièrement chaque jour.

Ce n'eſt pas ſeulement à couver les œufs des différentes eſpèces d'oiſeaux que nos baſſe-cours nous mettent continuelle-ment ſous les yeux , que nos fours à pou-lets peuvent être employés utilement ; ils peuvent tenir lieu aux œufs des oiſeaux de quelque eſpèce que ce ſoit, grande ou pe-tite , terreſtre ou aquatique , de la mère qui les a pondus , lorſqu'il s'agit d'en faire éclorre les petits; & ce qu'il y a d'heureux, c'eſt que les œufs de ces différentes eſ-pèces d'oiſeaux peuvent être couvés en même temps dans le même four, parce que, comme nous l'avons fait remarquer ailleurs, la Nature a réglé qu'ils le ſeroient tous par le même degré de chaleur. Les plus grands oiſeaux ne font prendre aux œufs ſur leſquels ils ſe tiennent , que le degré de chaleur que les petits donnent aux leurs ; les œufs ne deviennent pas plus chauds ſous l'oiſeau le mieux pourvû de duvet, que ſous celui qui a le moins de plumes, & des plumes plus roides : le degré de chaleur qui opère le développement du cygne , de l'oiſon & du dindonneau dans ſon œuf, eſt le même qui met le ſerin , & appa-remment le colibri, en état d'éclorre; toute la différence n'eſt que dans le temps pen-dant lequel ce degré de chaleur doit

I v

agir fur les uns & fur les autres ; il fait naître le ferin en 11 à 12 jours, & il faut qu'il agiffe conftamment pendant près de quatre femaines fur l'œuf d'une dinde, pour amener le dindonneau au même terme.

Il n'y a donc nul inconvénient à mettre dans le même four des œufs de différentes efpèces d'oifeaux, ce qui nous vaut la facilité de faire naître fans dépenfe les petits de plufieurs fortes d'œufs, lors même qu'on n'en a que très-peu. On ne fauroit rien faire de mieux de quelques œufs pondus de bonne heure par des cannes, des dindes, des oyes, des pintades, des paonnes, &c. que de les manger, fi pour les faire couver il falloit à ceux de chaque efpèce un four particulier ; les foins qu'il exigeroit ne feroient pas affez payés s'il ne fervoit qu'à un très-petit nombre d'œufs, on ne fe réfoudroit pas à les lui donner.

Les fours dans lefquels on tient des œufs de poules fans qu'ils en foient entiérement remplis, font donc prêts à recevoir ceux de quelque efpèce d'oifeaux que ce foit, qu'on peut avoir journellement à y faire entrer. Il vient une faifon où tout homme qui aime à avoir fa terre peuplée de gibier, ne fauroit manquer de sentir l'avantage de trouver ainsi à point nommé un moyen de suppléer à des couveuses qu'on cherche souvent inutilement dans le besoin. Lorsqu'en fauchant les prés ou en sciant les bleds on a mis à découvert des nids de perdrix, & qu'on a lieu de craindre que les œufs n'en soient abandonnés par les pères & les mères, ou enlevés par les paysans, ou mangés par les bêtes puantes, on doit être content d'avoir un four où les perdreaux éclorront comme ils l'eussent fait sous la mère. Dès l'été dernier M. le Marquis de Broglie a sû mettre à profit, en petit à la vérité, les nouveaux fours; il est parvenu à lâcher sur sa terre plus de cinquante perdreaux grands & forts que la chaleur du fumier avoit fait naître d'œufs trouvés dans des pièces de bled qu'on avoit coupées. Madame la Marquise de Broglie, qui a bien des titres pour me faire souhaiter de pouvoir faire quelque chose qui lui soit agréable, m'avoit engagé à faire donner des instructions à un jardinier qu'elle envoya chez moi ; il étoit intelligent, aussi se crut-il assez habile au bout de vingt-quatre heures, & alla porter & répandre sa science aux environs de chez lui.

Les capitaines & les officiers en sous-

I vj

ordre que le Roi prépose à ses capitaineries des chasses, travaillent à les rendre peuplées de gibier avec un zèle très-bien prouvé à ceux qui ont occasion de les traverser, soit par la quantité de perdrix qu'ils font lever, soit par la quantité de celles dont la tranquillité n'est pas troublée par les passans, & qui paissent & marchent aussi paisiblement que les poules dans les basse-cours : celles-ci au reste ne sont pas plus fournies de volaille que certains cantons le sont de perdrix. Mais toute la vigilance des officiers des chasses ne peut sauver dans certaines années les perdreaux encore dans les œufs, ou nouvellement nés, lorsque les pluies sont trop abondantes ou trop continues. Les fours donneront des moyens sûrs d'empêcher beaucoup de perdreaux de périr dans ces années pluvieuses. Dans celles même où la saison est la plus favorable à la naissance des perdreaux, on est dans l'usage de faire couver par des poules beaucoup d'œufs de nids qui ont été trouvés & jugés être trop à découvert ; alors des poules qui aient l'inclination de couver, se font souvent chercher inutilement, pendant qu'il seroit nécessaire de les avoir presque sur le champ, pour ne pas donner aux œufs le temps de se trop refroidir ce qui occasionne chaque année une perte considérable d'œufs, & par conséquent de perdreaux.

Ce qu'on peut faire pour la multiplication des perdreaux, on le peut de même pour celle des faisandeaux, & pour celle de diverses espèces d'oiseaux domestiques aussi-bien reçus sur nos tables que les précédens ; c'est sur quoi j'aime bien mieux avoir à citer les expériences faites par d'autres, que les miennes propres. M. de la Roche envoya chez moi vers la fin du printemps de 1748 un garçon de la Ménagerie de Versailles, dont il a l'intendance, pour s'y mettre au fait de la construction & de la conduite des fours, & de la manière d'élever les poulets : trois à quatre leçons rendirent ce garçon assez habile pour faire couver avec succès des œufs d'oiseaux de différentes espèces. Les attentions & les soins qu'avoit pris M. de la Roche pour faire ce nouvel établissement à la Ménagerie, furent récompensés comme il avoit desiré qu'ils le fussent, & d'une manière qui rejaillit sur moi lorsque le Roi voulut être témoin de la réussite des nouvelles opérations, lorsque Sa Majesté voulut voir de ses propres yeux éclorre des poulets & d'autres oiseaux, lorsqu'elle se plut à aider à sortir de leur coquille ceux qui faisoient en sa présence des efforts pour s'en tirer. Perdreaux, faisandeaux, cannetons, pintadeaux, paonneaux, &c. dûrent la vie aux nouveaux fours, & la chaleur du fumier ayant été employée à propos à les élever comme elle l'avoit été à les faire éclorre, vers la fin du mois d'août je jouis du plaisir d'en voir de toutes ces espèces parvenus à la grandeur qui rend barbares pour eux ceux mêmes par qui ils avoient été si tendrement soignés.

Quand je ne citerois point d'expériences pour le prouver, on ne balanceroit pas à croire que les œufs des oiseaux des plus petites espèces, & ceux des plus grandes, ne fussent couvés aussi efficacement dans les fours que les œufs de poules : je dirai pourtant que j'y ai fait éclorre des moineaux & des verdiers, & que j'y eusse fait éclorre des serins, des rossignols, des fauvettes & des roitelets, si j'y eusse mis des œufs de ces derniers oiseaux ; à la Ménagerie de Versailles on a fait éclorre des merles.

Les oiseaux qui n'ont pas été instruits par la Nature à chercher & à prendre eux-mêmes dès qu'ils sont nés, les alimens qui leur conviennent, qui ne savent que les demander à leurs pères & mères, ne sont pas heureusement de ceux dont la multiplication nous importe le plus; il n'y a guère que ceux qui appartiennent à la classe des pigeons, qui méritent que nous regrettions de ce que jusqu'à un certain âge, ils attendent qu'on leur mette la nourriture dans le bec. Il n'y a pas d'apparence qu'on s'occupe à faire couver dans les fours en grande quantité les œufs de ces oiseaux qui exigent trop de soins & trop d'assiduité pour être élevés. Une profession entière, celle des Oiseliers, qui nous fournit plus d'oiseaux curieux que d'utiles, pourroit néanmoins tirer parti des fours pour faire éclorre & élever ceux de bien des espèces : les Oiseliers ne se rebutent point d'en nourrir à la brochette, malgré le grand nombre de ceux qui périssent journellement entre leurs mains. C'est presque toûjours le froid qui tue ces oiseaux délicats, privés d'un père & d'une mère si nécessaires pour les tenir chaudement : au moyen de la chaleur des couches de fumier, des étuves & des fours, ils ne se ressentiroient point de l'absence de leur père & de leur mère, ils vivroient & croîtroient sous la mère artificielle, comme s'ils n'eussent pas été tirés de leur nid. L'Oiselier employera d'ailleurs plus utilement son temps quand il en aura des

centaines à qui il pourra donner la becquée tout de fuite , que lorfqu'il n'en a
qu'un petit nombre à foigner ; ces derniers ne demandent pas moins que ceux
dont le nombre eft très - confidérable ,
qu'il abandonne pour eux plufieurs fois
dans le jour fes autres occupations. Les
enfans de la campagne le fourniront abondamment dans la fuite , foit d'œufs , foit
de petits nouvellement éclos.

Il y a des cantons très-découverts &
voifins des bords de la mer , où au printemps & au commencement de l'été il eft
bien autrement facile aux enfans de faire
de grandes récoltes d'œufs , qu'il ne leur
eft d'en faire en cherchant les nids nouvellement conftruits dans les buiffons , les
haies, les taillis & les forêts. Les oifeaux de
mer & ceux de marécage pondent dans des
prairies où l'herbe s'élève peu ; le nid prefque plat & compofé d'un petit nombre
de brins de tiges de plantes, cache mal les
œufs : les mieux cachés font dans l'enfoncement fait par le pied d'un cheval ou
d'un bœuf lorfque la terre étoit ramollie
par la pluie. Quand le temps favorable à
la ponte eft venu, on n'a qu'à fe promener
dans ces efpèces de prairies ou de marais , pour voir des oifeaux s'élever de
toutes parts ; & ils s'élèvent fouvent de

l'endroit où eſt un nid. On y trouve auſſi des nids en plus grande quantité qu'on ne l'imagineroit ; le petit payſan qui s'eſt occcupé à les chercher pendant une matinée ou une après-midi , retourne ſouvent chez lui après avoir rempli un panier auſſi grand que ceux des vendangeurs , d'œufs pour la plûpart auſſi gros , & d'autres plus gros que ceux des pigeons : la famille entière eſt régalée de ces œufs auſſi bons que ceux des poules ; tant qu'il y en a , on en fait des omelettes. En les diſant auſſi bons que ceux des poules , nous n'avons pas cherché à les vanter : les fins connoiſſeurs préfèrent aux œufs de poules , les œufs de vanneaux ; ils ſont recherchés en Hollande. Il y a beaucoup de ces derniers œufs parmi ceux dont nos petits payſans vont faire des récoltes dans les marais de nos côtes de Poitou. Les vanneaux eux-mêmes ne ſont pas des oiſeaux à mépriſer , & peut-être en feroiton plus de cas ſi on les ſervoit ſur nos tables lorſqu'ils n'ont que l'âge des pigeonneaux. On pourroit avoir ainſi de jeunes oiſeaux aquatiques de beaucoup d'eſpèces différentes , ſi au lieu de manger les œufs qu'on auroit ramaſſés on les faiſoit couver : entre les oiſeaux qui en éclorroient , ceux à qui on feroit obligé de donner la

becquée ne seroient pas aussi difficiles à
élever que le font les serins, les chardon-
nerets, les fauvettes, &c. ils sont com-
munément assez forts pour résister de
bonne heure aux injures de l'air; on les
éleveroit aussi aisément que l'on élève
les pies, les geais & les corbeaux. La plûpart des oiseaux aquatiques dont je viens
de parler, s'aprivoisent très-aisément; les
vieux pris aux filets & qu'on a mis hors
d'état de faire usage de leurs aîles dont on
leur a coupé les grandes plumes, vivent
dans les cours & les jardins, sur-tout lorsqu'ils y ont un peu d'eau; ceux qui seroient nés chez nous ne sauroient donc
manquer de s'y trouver bien.

La facilité qu'on aura de faire couver
au moment de leur arrivée les œufs des
oiseaux d'espèces rares qui seront envoyés
des pays éloignés, ne peut-elle pas nous
valoir le plaisir d'en voir naître chez nous,
& peut-être d'y en naturaliser d'admira-
bles par leur plumage, & de singuliers par
leur forme ! il n'est peut-être guère d'espèces de perroquets que nous ne pûssions
nous rendre propres. Il est très-certain, &
il m'est très-connu, que des perroquets
ont pondu & couvé avec succès à Luçon
au palais épiscopal pendant que M. de
Barillon en étoit Evêque, c'est-à-dire, il

y a environ soixante ans ; ce Prélat fit peindre le père, la mère & leurs enfans, on les voit encore aujourd'hui au buffet de la salle à manger. Plus récemment un Chanoine d'Angers a eu chez lui une paire de perroquets qui, pendant trois années consécutives, ont fait nid, pondu & couvé : des accidens ont empêché deux des couvées de réussir, mais trois petits perroquets sont nés de la troisième, & un de ceux-ci vit actuellement chez un Curé d'auprès d'Angers, à qui il a été donné. Peut-être parviendrions-nous à accoûtumer à notre climat, si nous les avions fait naître en France, ces oiseaux si jolis par leur extrême petitesse, sur les plumes desquels l'or est semé & sert à rehausser les couleurs les plus vives, ces colibris dont le corps a moins de volume & de poids que celui de divers scarabés & de quelques papillons. Mais ce qui seroit encore plus à desirer, & à quoi il seroit plus aisé de réussir, ce seroit de naturaliser chez nous des espèces d'oiseaux qui augmenteroient le nombre de celles qui sont destinées à nous donner des alimens à notre goût. La classe des aquatiques, & sur-tout le genre des oyes & celui des canards, fourniroient probablement à nos basse-cours plusieurs espèces nouvelles

de beaux & bons oiseaux : plusieurs espèces de poules très-bonnes & admira-
bles par leur beauté, nous manquent ; il
faut les aller chercher à la Chine & aux
Indes orientales, d'où il n'y en a eu de
transportées en Europe qu'autant qu'il en
a fallu pour faire desirer à ceux qui les ont
vûes, qu'on travaillât à les y naturaliser.

Sans être naturaliste, on aimeroit assu-
rément à voir naître chez nous de ces oiseaux dont les plumes fournissent une parure à nos militaires, & qui sont employées à beaucoup d'autres ornemens,
de ces oiseaux aussi remarquables par leur
grandeur énorme que les colibris le sont
par leur prodigieuse petitesse, qui sont
parmi les autres oiseaux ce que l'élé-
phant est parmi les quadrupèdes, & la
baleine parmi les poissons. Qui ne verroit
pas avec plaisir sortir de son œuf un oiseau aussi gros qu'en sort l'autruche ! On
nous a rapporté bien des faits étranges
sur la manière dont leurs œufs sont couvés, qui, s'ils ne sont pas tous faux, le
sont pour la plûpart, puisqu'il y en a de
directement opposés les uns aux autres.
Beaucoup de voyageurs prétendent que
la femelle se contente d'enterrer ses œufs
dans le sable, après quoi elle les abandonne, & s'en repose, pour faire éclorre

les petits, sur la chaleur du soleil : quelques-uns au contraire veulent que le mâle & la femelle couvent souvent ensemble, & que les œufs ne soient jamais abandonnés, au moins par l'un & par l'autre à la fois ; mais ce n'est que des yeux qu'ils les font couver ; la direction de leurs regards est si importante, que si elle cessoit un instant, les œufs seroient perdus, ils se corromproient aussi-tôt. Entre ceux qui veulent que les autruches abandonnent leurs œufs, il y en a qui leur ôtent toute mémoire pour ceux-ci, & qui leur en font couver à la manière ordinaire d'autres qu'elles rencontrent dans leur chemin & qu'elles n'ont pas pondus : quelques-uns au contraire leur donnent une mémoire qui les ramène à leurs œufs, lorsque les petits sont prêts à naître ; de dix œufs plus ou moins dont la couvée est composée, ils lui en font casser quatre ; elle les sacrifie au salut des petits qui doivent naître des autres œufs, ils leur fourniront une nourriture sans laquelle ils périroient par la faim : dans les œufs cassés se produisent des vers dont les petites autruches nouvellement nées se nourrissent jusqu'à ce qu'elles soient en état d'aller chercher des alimens au loin. On ne croira pas que ces faits & quelques

autres de même nature qui leur pourroient être ajoûtés, aient été vérifiés par
de bons obſervateurs. Ceux qui ont prétendu que les autruches ne couvoient
point, ont pourtant cru en trouver une
bonne raiſon dans la peſanteur conſidérable de leur corps; ils ont jugé & dit
qu'elles écraſeroient les œufs ſur leſquels
leur corps ſeroit poſé : ils en euſſent penſé
autrement, s'ils euſſent fait aſſez d'attention à l'épaiſſeur & à la ſolidité de la
coque, qui ſont telles qu'elles permettent
qu'on en faſſe des vaſes, dont on ſe ſert
comme nous nous ſervons de ceux de porcelaine.

On doit être plus diſpoſé à s'en rapporter à M. Kolbe qu'à une foule d'au-
teurs trop amateurs du merveilleux, &
qui n'ont pas vû par eux-mêmes; il fait
tout ſimplement couver les autruches de
la manière dont couvent les poules & les
oiſeaux de tant d'autres eſpèces : il n'eſt
pas du nombre de ces voyageurs qui nous
donnent des Mémoires ſur des pays qu'ils
n'ont fait que parcourir, il a réſidé pendant neuf à dix ans au Cap de Bonne-
eſpérance, & uniquement pour y faire des
obſervations. Il aſſure qu'il a eu occaſion
d'obſerver même très-ſouvent, que l'autruche mâle & la femelle ſe chargent alter-

nativement du foin de couver les œufs
qui font pofés fur le fable ; il ajoûte que
les petits ne fauroient marcher que quelques jours après celui où ils font nés ,
& que jufqu'à ce qu'ils foient en état
d'aller chercher de la nourriture , le père
& la mère leur apportent de l'herbe.

Peut-être néanmoins que le récit des
voyageurs, qui fe font contentés de dire
que les œufs des autruches font couvés
par le foleil, peut fe concilier avec ce que
M. Kolbe attefte comme témoin oculaire.
Il y a des pays dans l'Afrique bien plus
chauds que les environs du Cap de Bonne-
efpérance : dans ces pays brulés par l'ex-
ceffive ardeur du foleil, les œufs dépofés
fur le fable n'ont pas befoin d'être échauffés par la mère pendant le jour ; ils exigent plûtôt qu'elle les dérobe à l'action
d'une chaleur qui feroit capable de les
cuire, ce qu'elle peut faire en les enter-
rant dans le fable ; fi elle les couvroit
alors de fon corps, ce feroit pour les
rafraîchir ou pour les empêcher d'avoir
trop chaud. Les autruches paroiffent donc
très-difpenfées dans de tels pays de fe tenir fur leurs œufs pendant le jour ; mais
il y a des nuits dans ces mêmes pays où
la chaleur du jour eft infupportable, qui
feroient trop froides pour les œufs , &

pendant lesquelles les autruches doivent
être obligées de rester sur leurs œufs. Ce
ne sont là que des conjectures ; nous pouvons nous promettre de les voir bien-tôt
vérifiées ou détruites par un des plus
passionnés amateurs de l'histoire naturelle ; M. Adamson, qui dans un âge où
il est presque permis de se livrer aux plaisirs frivoles, n'est sensible qu'à celui
d'observer & d'étudier les animaux & les
plantes, est parti depuis cinq mois pour
le Sénégal avec le desir le plus vif de nous
bien instruire de l'histoire des autruches ;
il me doit envoyer de leurs œufs avec
toutes les précautions capables de les faire
arriver propres à être couvés.

Nous n'aurons peut-être pas besoin
d'attendre jusqu'à ce que nous puissions
faire couver les œufs envoyés d'Afrique,
pour faire éclorre des autruches en France ;
les bontés du Roi, si favorables à tout
ce qui peut perfectionner nos connoissances, nous ont déjà mis, dès l'été dernier, en état de commencer à tenter cette
expérience. Il ne restoit alors à sa ménagerie qu'une autruche mâle & une femelle ;
celle-ci y pondoit tous les ans des œufs
qu'elle n'a jamais couvés ; ce qui est assez
ordinaire aux femelles des autres espèces
d'oiseaux, transportées dans un climat
fort

fort différent de celui de leur pays natal. Sa Majesté voulut bien donner des ordres pour que les œufs que pondroit l'autruche de la ménagerie, me fussent apportés: les deux premiers qu'elle pondit se trouvèrent tels que ceux des poules qu'on appelle hardés, ils n'avoient point de coque, ils n'étoient couverts que d'une membrane, ils furent crevés à la sortie du corps. Elle en pondit un troisième revêtu d'une coque pour le moins aussi solide que l'est celle du commun de ces sortes d'œufs, & qui avoit quelques particularités, elle étoit bien plus blanche que celle des œufs de cette espèce que j'ai vûs jusqu'ici, elle avoit & a encore la blancheur & l'éclat de la porcelaine : mais cette coque n'est pas unie comme le sont celles de tous les œufs d'autruche dont j'ai eu connoissance ; sur plus de la moitié ou près des deux tiers de sa surface, elle a des cannelures qui forment des espèces de côtes qui ont quelque ressemblance avec celles des melons, mais posées plus obliquement. M. de la Roche ne manqua pas de m'envoyer cet œuf le lendemain du jour où il avoit été pondu. Dès que je l'eus reçu, il fut mis dans un four qui me donnoit journellement le nombre de poulets que je devois attendre des œufs qui y étoient couvés ; l'œuf précieux y fut entretenu dans une chaleur égale & la plus propre à faire naître des oiseaux de toute espèce ; mais au bout de cinq semaines, l'espérance d'en voir sortir une autruche me fut ôtée : je le secouai pour la première fois, & le bruit que le secouement me fit entendre, m'apprit qu'il n'étoit rempli au plus qu'à moitié & d'une matière très-liquide. J'ai eu des œufs de poules, ce qui est très-rare, qui cloquoient, c'est-à-dire, qui faisoient entendre du bruit dès le jour même où ils avoient été pondus, & qui n'étoient pas bons à être couvés : je ne sais si l'œuf d'autruche n'avoit pas été dans ce cas, car je ne songeai pas même à le secouer lorsque je le reçus, je ne songeai qu'à le faire couver & à le soigner ; son intérieur étoit sans doute mal conformé. L'autruche qui l'avoit pondu, est morte vers la fin de l'année dernière ; mais elle a été remplacée par deux autres femelles, qui pourront donner des œufs mieux conditionnés, & sur lesquels on pourra répéter l'expérience avec plus de succès.

Ceux qui voudront bien concourir à nous faire faire des tentatives propres à naturaliser en France les oiseaux des pays les plus éloignés, en nous envoyant de leurs œufs, auront des précautions à prendre pour les faire arriver en état d'être couvés malgré la longueur du temps qu'ils devront rester en route ; ces précautions néceffaires à la confervation des germes feront expliquées dans le Mémoire fuivant.

Mais les nouvelles manières de faire éclorre & d'élever les oifeaux, dont nous n'avons fait jufqu'ici qu'étaler les avantages, ne font-elles point fujettes à des inconvéniens ? On a prétendu qu'il étoit plus ordinaire aux poulets de naître contrefaits & eftropiés dans les fours, que fous les poules. Je ne vois pas quelle en pourroit être la caufe, & je n'ai point obfervé de faits qui m'aient invité à la chercher ; ils y naiffent, comme nous l'avons vû ailleurs, bien plus à leur aife que fous une mère qui ne leur fauroit être d'aucun fecours. Quelquefois à la vérité des poulets y éclofent qui ont une jambe, ou même leurs deux jambes trop jetées en dehors ; mon jardinier les nomme des *crapauts*, & ils font affez bien nommés, parce qu'ils ne marchent prefque que fur le ventre, ayant les jambes trop écartées ; mais il y a auffi de ces crapauts qui naiffent fous les poules. S'il étoit prouvé que ces accidens fuſſent plus ordinaires aux poulets des fours qu'aux autres, la ſeule cauſe à laquelle on pourroit les attribuer, c'eſt à ce que les œufs n'y ſont pas auſſi ſouvent retournés que ſous les poules : on pourroit ſoupçonner que lorſque l'œuf reſte long-temps dans une même poſition, les cuiſſes & les jambes du poulet prennent un mauvais pli ; le remède ſeroit de retourner les œufs chaque jour, ce qui n'eſt ni long ni difficile.

Mais il eſt né un doute à plus de gens que je n'aurois cru qu'il y en eût à qui il eût pû naître, qui ſeroit d'une toute autre conſéquence, s'il étoit fondé : parmi ceux même que j'ai vûs ſe réjouir de ce que les fours pourroient leur valoir en tout temps de la viande nouvelle, pluſieurs m'ont paru inquiets ſur la qualité de cette viande ; ils m'ont demandé ſi des poulets éclos & nourris dans une couche de fumier, ne ſentiroient pas le fumier. Cette queſtion m'a même été faite par bien des perſonnes éclairées & peu touchées par rapport à elles-mêmes de la perfection des mets. L'Egypte a auſſi ſes friands qui, au rapport de Thevenot & de M. Maillet, prétendent que les poulets éclos ſous une poule ont un meilleur goût que ceux qui ſont éclos dans de

fours ; mais l'un & l'autre de ces Auteurs
ajoûtent tout de fuite qu'ils n'ont jamais
pû s'apercevoir de cette différence. Si
je difois feulement que je n'en ai trouvé
aucune entre ceux qui font nés & qui ont
été élevés dans les couches & les poulets
venus & élevés à la manière ordinaire, on
auroit raifon de fe défier de mon témoignage : une illufion pareille à celle qui
fait trouver à un propriétaire les fruits de
fon jardin, & le vin de fon crû, bien fupérieurs aux autres, pourroit m'avoir féduit
pour mes poulets ; mais ceux qui n'a-
voient pas le même intérêt que moi à les
trouver parfaitement femblables aux autres, après en avoir mangé ont tous répondu uniformément qu'ils n'y favoient
apercevoir aucune différence, & le doute
qu'on avoit eu ne leur a pas paru avoir
pû être férieux.

Si l'odeur du lieu où un poulet eft né
pouvoit influer fur le goût qu'il aura dans
la fuite, ceux qui éclofent fous des poules
dans des poulailliers, ne feroient pas affurément préférés à ceux qui naiffent dans
les couches de fumier : l'odeur du lieu
où font les couches n'a rien d'auffi défa-
gréable que celle d'un poulaillier mal-
propre, comme ils le font ordinairement;
mais ce n'eft pas l'endroit où un oifeau

eſt né qui rend ſa chair plus ou moins délicate & plus ou moins propre à flatter notre goût, ce ſont les alimens dont il a été nourri. La volaille qui a la liberté de courir, dont la chair eſt préférée par les connoiſſeurs à la chair de celle qui a été engraiſſée dans des eſpèces de cages, ſe tient volontiers ſur les fumiers. Nos poulets élevés dans les couches ont bien moins de communication avec le fumier que n'en a cette volaille libre, ils ne vont y chercher aucune nourriture, il ne ſert qu'à les tenir chaudement. Aucune odeur de fumier n'approche de ceux qui ſont élevés dans les étuves à feu, ni de ceux qui le ſont dans les pouſſinières entiére-ment couvertes par deſſus & vitrées; enfin ſi l'on excepte ceux qu'on tue très-jeunes, lorſqu'ils ſont condamnés à paroître ſur nos tables, ils ont vécu pendant des ſe-maines & des mois comme vivent les poulets nés ſous des poules.

L'imputation que nous venons de prou-ver avoir été faite injuſtement aux pou-lets nés par des voies différentes de l'or-dinaire, n'eſt pas la ſeule dont on les ait chargés; une encore plus grave, mais dont il m'a été aiſé de prouver la fauſ-ſeté par des faits moins équivoques que ceux qui dépendent du jugement du goût, par des faits qui font à la portée des yeux, c'eft qu'il ne faut pas s'attendre qu'ils contribuent à perpétuer leur efpèce ; on a prétendu que devenus coqs ils étoient incapables de porter la fécondité dans les œufs , & que devenus poules ils ne pouvoient pondre que des œufs ftériles. Les poulets qui me font nés dans la plus grande partie de l'année dernière , & ceux qui me font nés pendant toute celle-ci , fourniffent la réponfe la plus folide qui puiffe être faite ; ils font venus de poules nées dans mes fours, & qui n'ont prefque vécu qu'avec des coqs dont le lieu natal a été le même. Enfin j'ai renfermé des poules dans des loges où elles n'avoient de commerce qu'avec un coq éclos dans un four, des œufs qu'elles ont pondus font nés des poulets à qui rien ne man-quoit.

Il paroîtra peut-être plus difficile de deviner ce qui a pû donner lieu à cette dernière imputation, qu'il ne l'a été de démontrer qu'elle a été mal imaginée; un préjugé ridicule, mais trop généralement établi dans les campagnes, en eft apparemment le fondement. Ce préjugé eft que les oifeaux éclos d'œufs couvés par des mères d'une efpèce différente de la leur, ne veulent point couver, ils fe

croient exempts de donner à leur efpèce ce qu'ils n'en ont pas reçu ; on prétend que des poulets nés fous une canne,
& des cannetons nés fous une poule ,
ne voudront jamais s'affujétir à couver.
Ce ne font pas feulement les bonnes
femmes qui le foûtiennent, j'ai trouvé
des habitans de la campagne de tous ordres qui en étoient très-convaincus, des
Curés , par exemple , & entre ces Curés
j'en ai connu qui avec de l'efprit trouvoient mauvais que je doutaffe de ce fait.
Il eft appuyé par une autorité plus forte
que celle des Curés ; M. Frifch , célè-
bre par fes ouvrages fur les infectes des
environs de Berlin , & fur les oifeaux
d'Allemagne qu'il a deffinés , gravés &
enluminés avec beaucoup de foins &
d'intelligence , affure non feulement la
vérité de ce fait bizarre, il la prétend même
inconteftablement prouvée par des expériences. Quelle pourroit être la caufe
phyfique qui ôteroit ainfi à des oifeaux
là volonté ou la facilité de contribuer à
la propagation de leur efpèce ! au lieu
de la chercher il vaut mieux dire que
le fait ne demandoit pas à être expliqué.
Pour avoir droit de le nier , j'ai fait couver des œufs de canne par une poule ;
quelques-uns des cannetons qui en font

éclos, font devenus des cannes qui ont couvé avec autant d'affection & d'affiduité qu'en ont à couver les cannes nées fous des mères de leur efpèce. Ce préjugé eft de ceux dont il importeroit qu'on fût bien défabufé ; il peut arrêter les tentatives qu'on feroit pour naturalifer dans un pays des efpèces d'oifeaux étrangers, par les feuls œufs ; il ôte l'efpérance d'y pouvoir réuffir à ceux qui croient que les petits qui naîtroient de ces œufs auroient une parfaite indifférence pour l'accroiffement de leur efpèce.

On n'a pas voulu apparemment que les poulets nés dans des fours fuffent plus favorablement difpofés pour la multiplication de leur efpèce, qu'on n'a cru l'être ceux qui font nés fous une mère d'un genre différent du leur : on a jugé même qu'ils devoient être encore plus éloignés d'y pouvoir contribuer ; que les coqs qui auroient eu cette origine, ne feroient coqs que de nom , & que les poules qui en auroient eu une pareille, ne pourroient pondre des œufs féconds. Cette bizarre idée a été réfutée au delà de ce qu'elle méritoit de l'être, par les expériences faites en grand , dont nous avons parlé ci-deffus ; cependant malgré le peu de befoin que j'ai d'occuper des poules à couver,

K v

parmi plufieurs de celles nées dans les fours, qui ont montré le defirer, il y en a eu quelques-unes à qui j'ai accordé des œufs, pour pouvoir enfuite affurer, comme je le puis actuellement, que les poules qui font nées dans des fours favent auffi-bien couver que les autres, & qu'elles le fouhaitent de même.

J'ai encore ouï dire que les poulets nés par une voie différente de l'ordinaire ne devenoient pas auffi grands que les autres ; ma baffe-cour eft très-propre à détromper ceux qui pourroient le penfer ; elle a à leur faire voir des poules & des coqs en grand nombre qui ont reçu la vie dans des fours, parmi lefquels on n'en trouve point qui aient dégénéré : les coqs & les poules n'y cèdent ni en groffeur ni en hauteur de taille aux coqs & aux poules de l'efpèce à laquelle ils appar-tiennent.

On a été jufqu'à prétendre que les œufs de ces poules nées dans les fours étoient bien moins bons que les autres, qu'ils n'avoient pas un goût fi agréable ; c'eft à quoi je ne puis répondre qu'en dé-fiant les palais qui fe connoiffent le mieux en œufs, de diftinguer par le goût com—ment eft née la poule par laquelle ils ont été pondus.

Enfin on a dit contre nos poulets, car que ne s'eſt-on pas plû à dire contre eux, qu'il n'étoit pas poſſible de les engraiſſer. J'avoue que j'ai déſeſpéré de pouvoir deviner ſur quel fondement on l'avoit imaginé, mais je ſais qu'on n'a qu'à le vouloir pour les rendre des poulets gras. Pourquoi n'auroient-ils pas le même appétit que les autres ! & pourquoi digéreroient-ils plus mal ? On les a ſimplement en bonne chair, & on les a gras ſelon l'état dans lequel on les aime mieux, & ſelon les ſoins qu'on prend pour les bien nourrir ; ils ſont bons à tous âges, & ſi on les multiplie à Paris même, comme on le pourra faire, ils fourniront des plats aux meilleures tables, qu'on n'eſt pas en uſage & qu'on a été même dans une ſorte d'impoſſibilité d'y ſervir. On y fait paroître de bien des façons différentes des pigeons preſque naiſſans, qu'on nomme des pigeons à la cuillier ; pourquoi n'y ſert-on pas auſſi des poulets à la cuillier ? Je n'en ſais d'autre raiſon que de ce qu'on ne fait pas éclorre à Paris autant de poulets qu'on y fait éclorre de pigeons ; on y fait couver très-peu de poules, & ceux qui y en font couver, ne le font guère pour vendre leurs poulets, ils en veulent avoir pour multiplier leurs poules, ou

K vj

pour remplacer celles qui ont péri. Lorfqu'on trouvera à acheter à Paris des poulets nouvellement nés, je ne doute pas
qu'on ne les accommode de toutes les
façons dont on accommode les pigeons
à la cuillier : je ne le penfe qu'après les
effais que j'en ai fait faire chez moi plufieurs fois. Ce font-là de ces expériences
qui ne déplaifent pas à répéter & à varier :
ces poulets naiffans ont été au goût des
perfonnes à qui je les ai fait fervir, comme
au mien. La nouvelle cuifine à qui l'art
d'imaginer des ragoûts très - chers eft fi
bien connu, donnera peut-être les poulets encore plus en petit, elle n'attendra
pas peut-être qu'ils foient nés pour en
faire des mets fins ; quand elle en trouvera en quantité confidérable dont elle
pourra difpofer, elle apprêtera peut-
être des poulets qui n'auroient dû naître
que dans deux ou trois jours ; ce feront
des poulets qui mériteront mieux le nom
de poulets aux œufs que ceux à qui on
le donne, car alors le poulet auroit encore une grande partie du jaune de
l'œuf, qui eft auffi bon que celui des
œufs frais.

Je ne crains point le reproche auquel je
viens de donner lieu, je ne crains point
qu'on m'accufe de chercher à multiplier

les mets superflus; ceux à qui je les offre, doivent m'en savoir moins de gré que ceux à qui je voudrois rendre plus utiles les soins qu'ils prendront pour faire naître une très-grande quantité de poulets. Dans tout état où les biens sont trop inégalement distribués, loin d'éviter de donner des amorces au luxe, on doit chercher à le faire ; c'est un moyen de tirer de ceux qui ont au delà de ce que toutes leurs commodités exigent, & à qui le mal-être des autres hommes est fort indifférent, d'en tirer, dis-je, ce qui est nécessaire aux besoins les plus essentiels de plusieurs de ceux-là. On doit être mécontent de ce qu'il y a des hommes qui, sans que leur superflu même en souffre, peuvent donner d'un plat une somme qui feroit vivre une famille entière pendant une année. Mais dès qu'il y en a de riches à ce point, on doit être satisfait d'apprendre qu'un plat de petits pois a été vendu à un prix excessif : il y auroit de l'humanité à souhaiter que la primeur de tous les légumes & de tous les fruits fût portée aussi loin ; il feroit à desirer que la gourmandise orgueilleuse s'imposât beaucoup de ces espèces de taxes qui ne sauroient être trop fortes lorsqu'elles vont au soulagement de ceux qu'un travail rude & continu fait à peine subsister.

Mais ne doit-on pas craindre, m'a-t-on demandé, qu'en voulant rendre les poulets extrêmement communs & à grand marché, on ne rende les œufs rares & chers? L'abondance des œufs ne me paroît pas moins defirable que celle des poulets, mais quel meilleur moyen y a-t-il de la procurer que de multiplier les poules, ou, ce qui eft la même chofe, de faire naître beaucoup de poulets! On ne les tuera pas tous, on en laiffera vivre qui parviendront à âge de poule, & on ne fera pas couver dans les fours tous les œufs que les nouvelles poules donneront. Il eft très-vrai que fi tous les habitans d'un pays prenoient à la fois la réfolution de faire couver tous les œufs de leurs poules, les œufs deviendroient bien chers dans ce pays-là ; qu'un œuf néceffaire à un malade y feroit vendu autant qu'un poulet ; mais dès-lors la réfolution de faire couver des œufs cefferoit bien-tôt d'être générale ; ceux qui trouveroient mieux leur compte à vendre leurs œufs qu'à les convertir en poulets, perdroient ce dernier objet de vûe ; bien-tôt la proportion qu'il doit y avoir entre le prix des uns & celui des autres, feroit rétablie ; on n'auroit pas eu long-temps à fouffrir d'un parti trop généralement pris, & qui après tout n'eût pas fait trop de mal s'il n'eût qu'obligé à manger moins d'œufs & plus de poulets.

Une autre crainte d'un mal que l'on soupçonneroit pouvoir être produit par la trop grande abondance de la volaille, mérite plus d'être diſſipée. Eſt-il bien certain que la multiplication de la volaille portée auſſi loin que nous ſemblons le vouloir, ou qu'on le peut par les moyens que nous en avons donnés, fût avantageuſe à un E'tat, à tout le genre humain ! la conſommation des grains n'en ſeroit-elle pas trop augmentée ? n'ôterons-nous pas le pain à ceux aux travaux deſquels nous le devons, ou ne le leur rendrons-nous pas trop cher, & cela pour faire naître l'abondance d'une ſorte d'aliment dont la quantité qu'on a eue juſqu'ici a ſuffi ! Rien aſſurément ne peut être plus oppoſé à mes intentions : je me trouverois heureux ſi je pouvois contribuer à procurer aux gens de la campagne cette aiſance que l'un de nos plus grands Rois deſiroit de leur donner. Un des vœux de ce Roi, qui avoit pour ſes ſujets l'amour d'un père pour ſes enfans, un des vœux d'Henri IV étoit que chaque payſan pût tous les Dimanches mettre une poule dans ſon pot : tous les gens de la campagne le pourroient s'ils donnoient leurs soins à rendre les poules plus communes. Les examens dans lesquels nous sommes entrés dans le Mémoire précédent sur ce que la nourriture d'une poule peut coûter pendant une année, doivent rassurer contre les inquiétudes qu'on pourroit avoir que leur nombre extrêmement augmenté ne prît trop sur les grains qui sont le premier fonds, & le plus essentiel de la nourriture des hommes. La volaille ne coûte presque rien à nourrir à la campagne; la dépense n'est pas de la faire vivre, mais de l'engraisser; & on pourroit fort bien se passer de volaille grasse dans les années où les récoltes n'auroient pas été abondantes, on pourroit fort bien se contenter des poulets qui seroient en bonne chair.

Après avoir vû qu'aucun inconvénient ne balance ces avantages des fours à poulets, qui sont de nature à être généralement regardés comme réels, nous ne devons pas cesser de parler de ces fours sans avoir donné quelqu'idée d'une autre sorte d'avantages qu'on en peut attendre, qui ne seront pas aussi généralement désirés que les premiers, sans avoir fait remarquer qu'ils peuvent valoir aux Physiciens des connoissances nouvelles, & persectionner quelques-unes de celles qu'ils ont déjà. Il n'est point d'observations plus propres à nous instruire sur la manière admirable dont la Nature opère le développement des germes des animaux, dont elle conduit ces germes à être des embrions, & à faire croître ces derniers jusqu'à ce qu'ils soient des animaux assez forts pour paroître au jour, que les observations de ce qui se passe chaque jour dans les œufs des oiseaux depuis le commencement jusqu'à la fin de l'incubation. Chaque œuf qu'on casse pendant ce temps, offre un spectacle qu'on ne sauroit assez admirer, & qu'on admire sans s'en lasser. Harvée, Malpighi, & plus récemment Antoine Maître-Jan, ont décrit, & les deux derniers ont fait représenter les progrès journaliers dont ils n'ont pû voir la suite complette qu'au bout de trois semaines ; ils ont eu besoin chaque jour qu'un dessein fait le jour précédent les mît en état de reconnoître ce qu'un œuf couvé vingt-quatre heures ou quelquefois seulement douze heures de plus, montroit de visible qui ne l'étoit pas dans un œuf couvé vingt-quatre heures ou douze heures de moins. Au moyen de nos fours la suite des développemens & des accroissemens qui se font en moins de vingt-un jours dans les

œufs de poules, peut être mise sous nos
yeux dans la même heure & dans un temps
plus court : un même four pourra nous
donner des œufs à tout terme, & celui
de chacun sera connu, si on a eu soin
d'écrire sur chaque œuf, comme on doit
toûjours le faire, le jour où il aura commencé à être couvé, & même d'y écrire
l'heure, si on l'a destiné à des observations
plus précises. On sera donc maître de
casser dans le même moment des œufs où
se trouvera la suite complète des progrès
de l'incubation ; on pourra comparer sur
le champ tous ces progrès entr'eux ; pour
s'assurer des différences, on cassera plusieurs œufs pris à chaque terme, la comparaison qu'on fera de la sorte, sera tout
autrement exacte que celle qu'on n'a pû
faire que sur des desseins, en examinant
ce que ceux d'un jour ont de plus que
ceux du jour qui a précédé.

Si les goûts, les inclinations, les indus-
tries & généralement toutes les façons
d'agir des poulets & des autres oiseaux
éclos dans les fours & qui auront été élevés sans mère, & même sans avoir eu aucun commerce avec ceux de leur espèce,
sont parfaitement semblables à ceux des
oiseaux nés & élevés d'une façon plus con-
forme aux règles ordinaires de la Nature,

comme on trouvera probablement qu'ils
le font, on en conclurra que les oifeaux
n'ont aucun befoin d'être inftruits par des
mères ; qu'ils l'ont été par un Maître qui
ne manque jamais d'apprendre aux êtres
animés tout ce qu'il veut qu'ils fachent
& ce qu'il leur convient de favoir. Si les
poulets nés & élevés à la nouvelle manière
nous montrent par leurs cris qu'ils font
effrayés lorfqu'ils voient en l'air un mi-
lan, une buze ou quelqu'autre oifeau de
proie, nous ferons certains que c'eft l'Auteur même de la Nature qui leur a fait connoître les ennemis qu'ils ont à redouter.
Si les pinçons, fi les moineaux, &c. éclos
dans un four & élevés fans avoir eu aucune
communication avec ceux de leur efpèce,
ne laiffent pas chacun de faire leur nid
avec l'art particulier à leur efpèce, on
conviendra que cet art leur eft auffi naturel que leur manière de caffer le grain,
d'en ôter l'écorce, de le digérer, & que
la circulation du fang dans leurs artères
& dans leurs veines.

On pourra même éprouver s'il y a une
éducation qui puiffe effacer la crainte
avec laquelle naiffent les oifeaux foibles,
de ceux qui leur font fupérieurs en force,
& qui en veulent à leur vie : on pourra
faire éclorre dans le même four avec des

poulets, des oiseaux de proie de différentes espèces, des faucons, des éperviers,
&c. en un mot de ceux dont on aura pû
dénicher les œufs ; les élever ensemble
dans les mêmes poussinières, & le même
sevroir. On verra si malgré leur inclination carnassière, les oiseaux de proie ne
vivront pas en paix avec les poulets avec
lesquels ils auront été élevés, ce qui est
vrai-semblable, & ce qui l'est moins, s'ils
respecteront les poulets qui leur seront
étrangers. On verra si les poulets fami-
liarisés avec des oiseaux de proie ne jet-
teront pas des cris d'effroi, comme toutes
les poules & les coqs ne manquent pas
de le faire, lorsqu'ils découvriront en l'air
quelque oiseau carnassier de la même espèce.

La Chymie pourra tirer parti de nos
fours à fumier, elle en pourra faire des
usages utiles pour les digestions & les
autres opérations qui demandent une chaleur douce & continuée la même pendant du temps. Ceux qui ont travaillé
au grand œuvre, ont beaucoup parlé
de la chaleur du fumier sans en avoir
déterminé le degré ; s'ils eussent connu
nos fours, s'ils les eussent pû substituer au
feu de lampe, ils eussent été maîtres de travailler plus en grand, d'exécuter à la fois

un plus grand nombre d'expériences, parce qu'ils auroient pû mettre dans le même four un très - grand nombre de préparations différentes, au lieu qu'il n'y en a qu'une d'échauffée par une lampe. Ils ne nous en euffent pas mieux convaincus de la poffibilité de cette pierre philofophale qui convertit tous les métaux, ou au moins quelques-uns des métaux, en or, de cette pierre qui donneroit de belles connoiffances aux Phyficiens, mais contraires au bien des fociétés de toutes les parties du monde ; ils ne nous en euffent pas mieux convaincus de la réalité d'une autre pierre philofophale bien fupérieure à la première, de celle qui donne la Médecine univerfelle ; mais il leur feroit arrivé plus fouvent de trouver de ces faits curieux propres à enrichir la Phyfique, dont ils ont trouvé cependant un grand nombre qu'ils ne cherchoient pas.

EXPLICATION DE LA VIGNETTE
du troifième Mémoire.

LA Vignette de ce Mémoire fait voir une cour dans laquelle font deux fortes de cages fous lefquelles on tient les poulets à l'air dans les beaux jours.

a, eft une de ces cages d'ofier, connues dans toutes les campagnes, fous lefquelles on

met des poulets ; la capacité de la cage ne permet pas d'y en mettre un grand nombre, à
moins qu'ils ne foient très-petits.

L, eſt une cage plus ſpacieuſe que la précédente, & qui auſſi peut contenir de plus grands
poulets & en très-grande quantité.

QUATRIÈME MÉMOIRE.

Esquisse des amusemens philoso-
phiques que les oiseaux d'une
basse-cour ont à offrir.

ON est heureux quand on a un goût
décidé pour des amusemens doux
& tranquilles qu'on peut retrouver, & qui
rappellent à eux à toutes les heures du jour:
on est plus heureux encore quand on a lieu
d'attendre de ces amusemens des connoissances curieuses, & capables de procurer
des utilités aux autres hommes ; ce sont-
là des amusemens vraiment philosophi-
ques. Les oiseaux d'une basse-cour en
ont de tels à offrir à celui qui aimera assez
à les voir & à les observer : s'il a à passer
une partie de sa vie à la campagne, il
doit être bien content d'un goût qui lui

assurera journellement des plaisirs louables. Peut-être aurions-nous dû ajoûter
dans le Mémoire précédent, aux avantages que peuvent nous valoir les nouvelles manières de faire éclorre & d'élever
des poulets, celui d'être propre à faire
naître ce goût : on doit être tenté d'essayer si elles répondent à ce que nous
avons voulu en faire espérer ; & si on s'engage à faire couver des œufs, on ne sauroit manquer de s'affectionner aux oiseaux qui en éclosent ; dès qu'ils doivent
la vie aux soins qu'on s'est donnés, on les
voit croître avec complaisance, on les
suit dans le cours de leur vie, on aime à
les voir arriver à l'âge où les femelles pondent, on compare le nombre de leurs
œufs avec le nombre des œufs pondus
par d'autres poules, on en fait couver
pour savoir s'ils seront aussi féconds que
les autres, si les petits qui en naîtront
seront semblables à leurs mères. On est
ainsi invité à bien d'autres observations :
insensiblement on prend un esprit de curiosité dont des connoissances satisfai-
santes & qui peuvent être utiles, font le
fruit ; cet esprit de curiosité conduira à
des recherches qui auroient dû avoir été
faites il y a long-temps, & que l'on n'a
pas encore commencées. Nous allons en
indiquer

indiquer quelques-unes de celles qui mériteroient que de bons obſervateurs qui
habitent la campagne s'en occupaſſent.

Ces recherches ne ſont pas toutes auſſi
faciles qu'elles le paroiſſent d'abord ; les
expériences & les obſervations auxquelles
elles engagent, ſont ſimples à la vérité ,
mais la plûpart exigent des ſoins, des attentions, une aſſiduité & une perſévérance
dont peu de gens ſont capables : c'eſt ce
qui a fait que les connoiſſances les plus
élémentaires ſur le produit des oiſeaux
d'une baſſe-cour, nous manquent encore.
La première choſe qu'on auroit beſoin de
ſavoir, c'eſt le rapport de ce produit à la
dépenſe, ce que vaut par an une poule à
ſon maître, & ce qu'elle lui coûte. Des
expériences rapportées dans le ſecond Mémoire de ce volume mettent en état d'évaluer à peu près la dépenſe annuelle de cette
poule, mais le produit avec lequel elle devroit être comparée , n'eſt pas encore aſſez
connu : il ne s'agit pourtant que de s'aſſurer du nombre des œufs pondus par une
douzaine, une vingtaine, ou un plus grand
nombre de poules de même eſpèce pendant quelques années de ſuite, pour ſavoir à quoi on doit eſtimer par an la
ponte moyenne de chaque poule de cette
eſpèce : cette eſtimation ſera d'autant plus

jufte que le nombre des poules aura été plus grand. Tout fe réduit à compter une fois fes poules, à fe faire apporter chaque jour les œufs pondus dans la journée, & à en tenir note : cette fujétion n’eft pas grande pour chaque jour, elle le devient néanmoins pour la plûpart des hommes dès qu’elle doit durer une année entière, ou plus, car il faut néceffairement fuivre la ponte de plufieurs poules au moins pendant une année entière. Il y en a de bien meilleures pondeufes que les autres, quelques-unes ne donnent qu’un œuf en trois jours, d’autres pondent de deux jours l’un, d’autres tous les jours, & j’en ai eu une qui pondoit deux œufs dans le même jour ; mais elles ont toutes des temps pendant lefquels elles ceffent entiérement de pondre, & ce temps n’eft pas pour toutes le même, ni probablement d’une durée égale, ce qui pourroit faire des compenfations ; fi celle qui n’a donné qu’un œuf en deux jours, par exemple, pondoit pendant le double de jours que pond celle qui en donne un par jour, le produit de l’une & de l’autre en œufs feroit le même.

Ce ne feroit pas affez d’avoir fait ces obfervations fur la ponte des poules d’une efpèce, il importeroit d’en faire de pareilles sur celles de toutes les espèces, & cela en chaque pays, pour connoître celle qu'on doit s'attacher à y multiplier, parce qu'il y a plus de profit à en attendre. Ce ne sera qu'alors qu'on sera en état de décider si on a tort ou raison de ne pas peupler les basse-cours dans plusieurs cantons du royaume, de cette grande & excellente espèce de poules qu'on a rendu commune dans le pays de Caux, ou d'une autre espèce presque aussi grande qu'on élève dans le Mirrebalais, ou de celle qui donne ces chapons de Bruges renommés par leur grosseur ; si les poules frisées, si les poules à jambes courtes, appellées pieds-courts en quelques provinces, si les poules sans queue & même sans croupion, dont la grosseur n'est guère au dessous de celle des poules communes, ne pondent pas plus d'œufs que celles des plus grandes espèces. Ce n'est pas toûjours une raison pour qu'une poule en ponde moins, de ce qu'elle a été transportée & naturalisée dans un climat fort différent de celui dont son espèce est originaire ; les poules négresses qui nous viennent de Guinée & du Sénégal , donnent beaucoup d'œufs en France. Malgré leur crête noire, leur chair est blanche, & est trouvée très-bonne par ceux dont

l’imagination n’eſt pas bleſſée par la couleur noire des os qu’elle recouvre.

On ne doit pas ſeulement faire entrer
dans les comparaiſons que je propoſe, la
quantité des œufs, leur groſſeur mérite
qu’on en tienne compte : l’œuf d’une
poule qui peſera le double de celui d’une
autre poule, eſt équivalent à deux de
celle-ci. Il eſt très-ordinaire que des poules d’une grande eſpèce pondent des œufs
dont deux pèſent plus que trois de ceux
de l’eſpèce commune, & bien plus que le
double de ceux des poules fort petites.

Mais la dépenſe doit encore être comparée avec le produit en œufs : ſi la poule qui
donne dans une année une quantité d’œufs
dont la ſomme totale du poids eſt d’un tiers
plus grande que la ſomme totale du poids
des œufs pondus pendant le même temps
par une autre, coûte la moitié plus à nourrir, l’eſpèce de la ſeconde poule méritera
d’être multipliée par préférence. Quoique les œufs de ces poules qu’on appelle
naines, ne ſoient guère plus gros que de
gros œufs de pigeons, on pourroit donc
trouver qu’on éleveroit avec plus de profit ces poules ſi petites, ſi jolies & dont
toutes les parties du corps ſont bien pro-
portionnées, que d’autres poules d’une
eſpèce plus grande, ſi des expériences

apprenoient que les naines coûtent proportionnellement moins à nourrir.

Au reſte pour décider ſûrement ſi les
poules d'une eſpèce donnent en œufs un
produit plus conſidérable que celles d'une
autre eſpèce, & ſur-tout ſi elles donnent
des œufs plus gros, la comparaiſon doit
être faite ſur des poules à peu près de même
âge. On ſait que les premiers œufs des
poules ſont petits, mais on peut ignorer
que des poules pondent dans la ſeconde,
la troiſième & la quatrième année des œufs
bien plus gros que ceux qu'elles ont donnés dans le cours de la première.

Que ceux à qui les recherches que
nous venons de propoſer pourroient paroître avoir un trop petit objet, ſe rappellent pour combien les œufs entrent
dans les alimens des habitans de la campagne, & meme de ceux des villes, &
ils en jugeront autrement; ils ſouhaite-
ront avec nous qu'on pût trouver des
moyens de rendre les poules plus fécon-
des qu'elles ne le ſont. On prétend que
les poules bien nourries pondent plus
que celles qui le ſont mal, ce qui n'eſt
pas ſans vrai-ſemblance, & que cependant
celles qui ſont trop graſſes donnent très-
peu d'œufs; mais ces aſſertions ne ſont
point encore fondées ſur les expériences

sur lesquelles elles le devroient être. Certaines nourritures, certains grains sont vantés dans divers cantons comme favorables pour faire naître aux poules l'envie de pondre ; d'autres grains, d'autres alimens le sont dans d'autres cantons pour produire le même effet, mais c'est sur quoi on n'a rien d'assez prouvé, & ce qui demanderoit un très-grand nombre d'essais ; si leur objet n'est pas brillant, il est utile.

La ponte ordinaire des poules nous seroit tout autrement profitable qu'elle ne l'est, si les temps en étoient déterminés à notre gré ; alors la somme des œufs pondus par celles d'une basse-cour, seroit distribuée avec moins d'inégalité dans les différens mois de l'année ; si elles n'en ont chacune qu'une quantité fixe à nous fournir, nous voudrions qu'il y en eût qui s'acquitassent pendant l'hiver de ce qu'elles nous doivent. La nécessité où l'on est de garder des œufs dans la saison où elles les donnent en abondance, pour celles où elles nous les refusent presque totalement, est cause que chaque année il s'en trouve un grand nombre qu'on est obligé de jeter ; ils se sont corrompus pour avoir été gardés trop long-temps, ou avec trop peu de précaution. Seroit-il impossible de déterminer les poules à pondre pendant l'hiver ? J'ai fait quelques légères tentatives pour y réuffir, qui n'ont été fuivies d'aucun fuccès : j'ai fait en forte qu'elles ne fe reffentiffent pas de la rigueur de la faifon, en les tenant dans un lieu dont l'air étoit échauffé par les couches de fumier employées à donner de la chaleur aux fours où des œufs étoient couvés, & aux pouffinières dans lefquelles étoient élevés les petits nouvellement éclos : j'en ai nourries pendant un mois entier avec du chenevi, qu'on prétend être plus propre que tout autre grain à les faire pondre, fans en avoir eu un feul œuf. Je ne crois pas pourtant en devoir conclurre que la chaleur de l'air foit indifférente pour avancer la ponte, & qu'il n'eft point de nourriture qui y puiffe contribuer; j'ai vû qu'elle a été arrêtée dans les poules que je n'ai fait vivre que d'épinards : il eft probable qu'il y a d'autres alimens capables de produire un effet contraire, mais il faut qu'ils foient donnés dans le temps convenable, c'eft-à-dire, lorfqu'une poule eft dans un certain état. Elles muent une fois chaque année; ce font les approches, la durée & la fuite de cette mue qui fufpendent la ponte; elle eft un temps critique pour les oifeaux : pendant tout le temps qu'elle dure, jufqu'à ce que

L iiij

les plumes perdues aient été remplacées par d'autres qui n'aient plus à croître, la consommation du suc nourricier qui est faite pour le développement & l'accroissement des nouvelles plumes, est considérable, & il n'est pas étonnant qu'il n'en reste pas alors dans l'intérieur de la poule pour faire croître les œufs. Ce n'est donc pas précisément le froid de l'hiver qui empêche les poules de pondre, ce qui est très-prouvé, parce qu'il y en a qui donnent des œufs dans des mois de janvier & février beaucoup plus froids que les mois d'octobre, de novembre & décembre, pendant lesquels elles n'avoient pas pondu. Il est pourtant vrai que lorsque des froids considérables surviennent, ils arrêtent ou diminuent la ponte ; la poule alors qui donnoit un œuf chaque jour, ne le donne plus que de deux en deux jours, ou de trois en trois jours. S'il y a quelques poules qui pondent de bonne heure, ce font celles qui ont mué plûtôt, & qui font plûtôt rétablies de la mue ; il semble donc qu'on auroit un moyen sûr de faire pondre des poules pendant l'hiver, si on avoit le secret de les faire muer assez tôt. Ce secret ne seroit-il point de les dépouiller de leurs plumes dans le printemps ou vers le commencement de

l'été ! La mue forcée & prématurée empêcheroit celle que la Nature auroit exi-
gée plus tard, de devenir nécessaire : elle
ne l'est que quand les tuyaux des plumes
cessent de prendre de la nourriture &
se dessèchent ; alors les sucs nourriciers
qu'elles ne s'approprient plus sont portés au germe de plume qui est sous chacune de celles-ci ; il croît & force l'ancienne plume au bout de laquelle il est,
de lui laisser la place & de tomber. Cette
expérience est au rang d'un grand nombre
d'autres que j'ai négligées, quoiqu'elles
soient simples & aisées, & que je les aie
jugé dignes d'être tentées ; la bonne opi-
nion que j'ai du succès que doit avoir
cette mue prématurée, ne me permettra
pas, à ce que j'espère, de laisser passer
cette année sans en faire l'épreuve sur plusieurs poules : j'invite les curieux des
expériences utiles à vouloir bien aussi la
tenter ; mais je ne sais s'il est nécessaire
que je les avertisse que je pense qu'en dé-
pouillant la poule de ses plumes, il faut
imiter la Nature, les lui ôter peu à peu ;
on exposeroit sa vie, si on la déplumoit
entiérement dans un jour, ou même dans
peu de jours ; peut-être ne sera-ce pas
trop que de faire durer cette opération
quinze jours ou trois semaines. On perdra

L v

alors & pendant quelques-uns des mois qui suivront, les œufs qu'elle auroit pondus, mais ce sera probablement pour en être dédommagé dans une saison où ils sont plus rares.

Il ne tiendra cependant qu'aux gens de la campagne que nous cessions de desirer qu'on sache faire pondre des poules à la fin de l'automne & au commencement de l'hiver, que nous cessions même de desirer que leurs pontes soient distribuées autrement qu'elles ne le font, parce qu'il ne tiendra qu'à eux d'avoir en toute saison à vendre des œufs, parmi lesquels il n'y en aura jamais un seul de gâté, pendant quelque temps qu'ils les aient gardés, & de nous les vendre même aussi frais qu'ils l'étoient le jour où ils ont été pondus. Ceux qui ont lû dans le second volume des Mémoires pour servir à l'histoire des Insectes, ou ailleurs, les manières que j'ai enseignées de conserver pendant plusieurs mois de suite, pendant des années des œufs aussi frais que s'ils venoient d'être pondus, croiront que je veux rappeller ici ces moyens, & que mes souhaits actuels font que les gens de campagne cessent de négliger d'en faire usage: je veux effectivement leur présenter des moyens de conserver les œufs, les mêmes

pour le fond que ceux que j'ai donnés il
y a pluſieurs années , mais rendus ſi aiſés
à pratiquer , qu'ils ne demandent préciſément aucune adreſſe , très-peu de temps
& preſqu'aucune dépenſe. On n'a pas
beſoin d'aller chercher ailleurs que dans
cet ouvrage les expériences qui démon-
trent qu'il ſe fait une tranſpiration dans
chaque œuf au travers de ſa coque : j'ai
penſé il y a bien des années que ſi on
arrêtoit cette tranſpiration , que ſi l'œuf
reſtoit toûjours auſſi plein qu'il l'eſt
lorſqu'il vient de ſortir du corps de la
poule , alors la cauſe qui altère & qui cor-
rompt les matières de l'œuf n'exiſteroit
point , que cette fermentation qui opère
leur corruption ne ſauroit s'y faire ; elle
ne ſauroit naître dans des matières qui
n'ont pas aſſez de communication avec
l'air : or tout vernis impénétrable à l'eau ,
étendu ſur la coque de l'œuf , me parut
propre à empêcher les matières qu'elle
renferme , de tranſpirer , & par conſéquent à le conſerver dans l'état d'œuf
frais. J'en fis enduire pluſieurs nouvellement pondus , d'un vernis à eſprit de
vin ; le ſuccès répondit parfaitement à
ce que j'avois attendu de cette expérience ; les ſemaines , les mois ſe paſſèrent
ſans que les œufs verniſſés ceſſaſſent d'être

L vj

des œufs frais ; ceux qu'on fit cuire au bout d'un an étoient pleins du lait le plus blanc, & n'avoient aucun mauvais goût. Le vernis produisit donc tout l'effet que j'en avois attendu, mais mon espérance fut trompée par rapport à son principal objet : je ne m'étois pas proposé de faire une expérience curieuse, j'avois voulu en faire une utile qui procurât en grande quantité, à bon marché, & en toute saison des œufs sûrement frais ; j'avois espéré qu'à l'avenir tous ceux qui font sur mer des voyages de long cours, jouiroient de la douceur d'avoir d'excellens œufs pendant toute leur route ; j'aimois à penser qu'aucun vaisseau ne partiroit sans en avoir fait une grande provision.

Rien de tout cela n'est arrivé ; un esprit de curiosité a porté plusieurs particuliers à vérifier l'expérience, mais je n'ai connu que peu de personnes qui l'aient poussée jusqu'à faire vernir assez d'œufs pour en être fournies pendant l'hiver. Ce font les gens de la campagne qu'il eût été essentiel d'instruire de cette pratique : lorsque les femmes y filent, tricotent & cousent, elles font quelque chose de plus difficile que d'étendre du vernis avec un pinceau sur un œuf ; d'étendre ce vernis, de le faire sécher, font pourtant de petites opérations qui demandent à être montrées. De savoir où prendre & comment faire venir du vernis tout fait, est une difficulté capable d'arrêter des gens de la campagne, qui d'ailleurs voient en achetant le vernis, une dépense certaine, sans être sûrs de ce qu'elle leur produira.

Je leur ôtai dans la suite l'embarras de se pourvoir de vernis en apprenant à employer au même usage, du suif, de la graisse de mouton. Des enduits d'une graisse solide me parurent devoir arrêter aussi parfaitement l'évaporation que ceux du meilleur vernis ; les expériences le confirmèrent. Enfin je ne manquai pas aussi de faire remarquer que si après avoir rempli des pots d'œufs frais, on remplissoit avec de la graisse les intervalles qu'ils laisseroient entr'eux, ils s'y conserveroient parfaitement.

Ces derniers procédés, bien plus aisés à pratiquer que le premier, par ceux de qui nous devons tenir les œufs en grande quantité, ont encore l'inconvénient de demander d'eux quelques dépenses qu'ils peuvent craindre de risquer. La graisse dont un pot a été rempli s'y retrouve à la vérité en très-grande partie lorsque les œufs en ont été ôtés, & peut-être employée bien des fois à un pareil usage ;

mais il faut un fond de graisse, ce sont des frais à faire ; d'ailleurs portera-t-on au marché des œufs qui auront un épais enduit de graisse ? cet enduit devient alors une petite incommodité tant pour le vendeur que pour l'acheteur.

Des observations qui se sont présentées naturellement lorsque j'ai tenté de faire éclorre des poulets d'œufs qui avoient été enduits, soit de vernis, soit de graisse, m'ont conduit à voir qu'il y avoit beaucoup à retrancher de l'appareil que j'avois employé jusques-là pour conserver les œufs. J'avois craint qu'on ne pût réussir à arrêter toute l'évaporation de l'intérieur de l'œuf qu'au moyen d'un enduit d'une épaisseur sensible, d'un enduit composé de plusieurs couches, lorsqu'il étoit de vernis, & j'ai eu lieu de juger que cet effet pouvoit être produit aussi sûrement par la couche la plus mince que par la plus épaisse. Les expériences que j'ai faites en conséquence ont plus que confirmé cette idée; elles m'ont appris que les pores d'une coquille d'œuf pouvoient être suffisamment bouchés par une matière grasse dont il ne resteroit aucune couche sensible sur la surface extérieure de cette coquille, & presque point de traces; elles m'ont appris de plus que toutes les matières grasses étoient également capables de conferver les œufs : toutes celles au moins dont j'ai fait des effais ont réuffi fi également que je n'en connois aucune que je fache devoir être employée par préférence ; je me fuis fervi de beurre, de fain-doux, de cette graiffe que le rôti donne aux cuifiniers, d'huile d'olive, & par le moyen de chacune de ces matières employée en très-petite quantité, j'ai eu des œufs qui, quoique pondus depuis huit à neuf mois, étoient très-frais.

Si l'on eft à fon aife par rapport au choix de la matière, on ne l'eft pas moins par rapport à la manière de l'employer : on n'a qu'à prendre au bout du doigt, gros comme un pois foit de beurre, foit d'une graiffe quelle qu'elle foit, frotter la coquille avec cette graiffe, paffer & repaffer le doigt fur toute la furface de la coquille, afin de s'affurer qu'il n'y en a aucune partie qui ait échappée à la graiffe ; dès que cela eft fait, l'œuf eft en fûreté contre l'évaporation, ou, ce qui eft la même chofe, contre la corruption. L'huile eft employée à cet ufage avec la même facilité & la même œconomie : on trempe le bout de fon doigt dans l'huile qui eft dans une petite foucoupe ou dans tout autre vafe, on frotte la coque avec le bout du

doigt huilé, & ſi ce qu'on a pris d'huile
la première fois, ne ſuffit pas pour huiler
la coque par-tout, on mouille encore une
fois le bout du doigt dans la même liqueur,
& on continue la même manœuvre. Au
reſte voici la preuve que ni le beurre, ni
la graiſſe, ni l'huile, n'ont pas beſoin d'être
mis en aſſez grande quantité pour qu'il en
reſte une couche ſur la ſurface extérieure
de la coquille; j'ai ſouvent eſſuyé avec un
torchon blanc les œufs après qu'ils avoient
été huilés ou graiſſés, & ils ſont néanmoins
reſtés œufs frais.

Exigera-t-on des femmes de la campagne quelque choſe de trop difficile, lorſqu'on demandera que tous les ſoirs, ou à
quelqu'autre heure du jour, elles s'amu-
ſent à graiſſer ou huiler les œufs que leurs
poules leur ont donnés dans la journée!
ce ſera un ouvrage qui ne leur demandera
que bien peu de temps, & qui ne leur coûtera preſque rien, ſur-tout ſi elles ſe ſervent de graiſſe commune, ou d'un beurre
qui ne ſoit pas bien fin. Pour les exciter
à prendre ce ſoin, il ſera juſte de leur payer
plus cher les œufs graiſſés ou huilés, que
les autres; mais de quelque peu qu'on augmente le prix de la douzaine de ceux à qui
cette petite façon aura été donnée, ne
fût-ce que de deux liards ou même d'un,

le temps & la dépense à laquelle elle aura engagé, seront plus que payés.

Après que les gens de la campagne auront été instruits des moyens si faciles de conserver les œufs frais, s'ils en vendoient d'autres, ce ne pourroit être que par une mauvaise volonté, ou par une indolence aussi blâmable, & contraires l'une & l'autre à leurs propres intérêts ; mais il faut les instruire, & c'est ce qui pourra paroître de plus difficile. Un imprimé qui ne contiendroit que cinq à six lignes qui se trouvent dans la page précédente, renfermeroit tout ce qu'il est nécessaire qu'ils sachent : deux ou trois de ces imprimés pourroient être envoyés à chaque Curé, qui les distribueroit à ses paroissiens les plus intelligens, s'il ne vouloit pas lui-même se charger de leur donner de très-courtes leçons.

De long - temps néanmoins les œufs vieux, les œufs d'une qualité médiocre, & parmi lesquels il y en a souvent de très-mauvais, ne seront proscrits, à moins que le Gouvernement ne veuille étendre aux œufs les soins qu'il prend pour entretenir l'abondance des alimens, & pour empêcher qu'on n'en débite de mal conditionnés : il n'auroit qu'à ordonner, & bien-tôt on ne vendroit plus à Paris que des œufs

frais. On connoît les différens cantons
qui en fourniffent une fi immenfe quantité
à la confommation de cette grande ville ;
ce feroit dans ces cantons qu'il faudroit
fur-tout faire diftribuer les imprimés qui
apprendroient à huiler ou graiffer les œufs,
& y joindre la défenfe d'en vendre d'autres après un temps limité. On défendroit
auffi à ceux qui en apportent à Paris d'y
en faire entrer après un temps limité, aucun qui n'eût eu cette préparation aifée à
connoître : la crainte d'une vifite faite
aux portes les empêcheroit de fe charger
d'œufs non graiffés qui feroient une mar-
chandife de contrebande ; d'ailleurs ils ne
pourroient être expofés dans les marchés
où ils courroient rifque d'être confifqués.
Les mêmes précautions prifes pour les
villes des provinces leur affureroient,
comme à Paris, des œufs toujours frais.

On craindra peut-être, qu'on ne rende
graffe la coquille d'œufs très-vieux, pour
en avoir un débit plus fûr & très-prompt :
cela pourra arriver dans les commence-
mens, mais n'arrivera point ou très-rare-
ment dans la fuite. La peine de graiffer des
œufs frais & de graiffer des œufs vieux eft
la même ; ce ne fera donc que jufqu'à ce
qu'on fe foit défait de ceux-ci, qu'on
pourra ufer de tricherie ; mais les mar-

chands qui vont fe fournir au loin d'œufs
pour les tranfporter à Paris, ne manqueront pas d'avertir qu'ils n'en acheteront
plus de ceux qui les auront trompés : ils
fauront quand ils l'auront été, par les
reproches qui leur reviendront des perfonnes à qui ils les auront vendus à Paris;
enfin comme il n'y aura rien à gagner à
les tromper, on ne les trompera que rarement. Il pourra bien arriver que par négligence on n'étende pas la graiffe fur les
œufs le jour même où ils auront été pondus, qu'on n'en pénètre la coquille des
œufs qu'un jour on deux plus tard; tout
ce qui en arrivera, c'eft qu'ils fe trouveront dans l'état d'œufs un peu moins frais;
mais ils ne feront pas pour cela dans celui
des œufs vieux.

La multiplication des poulets ne paroîtra peut-être pas, & ne doit pas paroître
un objet plus important que la confervation des œufs à laquelle nous nous fommes tant arrêtés, fi l'on fait attention qu'il
eft très-probable que les poules fourniffent plus actuellement à la nourriture des
hommes par ceux-ci que par ceux-là. Il
eft aifé d'entrevoir que fi tous les œufs
confommés dans une année étoient mis
dans la balance, étoient pefés, & que tous
les poulets, poules, & chapons mangés

dans cette année le fussent aussi, le poids
des œufs l'emporteroit sur le poids de ces
derniers. Pour s'en convaincre, il ne faut
que remarquer que le nombre des poules
desquelles nous ne tirons que des œufs,
surpasse huit à dix fois celui des poules
dont nous tirons des œufs & des poulets,
& que ce que chacune de celles-ci nous
donne pesant en chair de volaille, n'excède pas huit à dix fois le poids de ce
qu'elle nous a elle-même fourni en œufs.
Pour les poulets que nous lui devons, il
n'y a eu que douze à quinze œufs sous-
traits de sa ponte totale faite pendant
l'année ; si nous savions assez à quoi a été
cette ponte totale, nous serions plus en
état de faire une évaluation juste : ne fût-
elle que de 75 œufs, c'en seroient 60 que
nous aurions à peser contre le produit de
15 œufs en volaille ; la poule qui ne sera
parvenue à élever que trois à quatre poulets, fournira à peine aussi pesant en viande
qu'elle a donné en œufs, & celles qui auront réussi à élever le plus de poulets ne
fourniront pas un poids de viande qui
surpasse assez considérablement le poids
de ce qu'elles ont fourni en œufs pour
compenser à beaucoup près le poids des
œufs venus de tant de poules qui n'ont
que pondu, & qui n'ont point couvé.

Il y a une manière d'avoir des œufs qui peuvent être gardés long-temps sans se corrompre, que je ne dois pas oublier de faire connoître, quoique celle de les conserver que nous venons d'expliquer, la réduise à n'être que curieuse. Il est très-singulier qu'entre les œufs pondus par les mêmes poules, il y en ait qui restent sains, qui ne prennent point de mauvais goût, quoique très-vieux pondus, & quoique tenus dans un air chaud pendant un temps cinq à six fois plus long que celui qui suffiroit pour faire pourrir les autres qui seroient placés à côté d'eux. C'est une observation que j'avois eu occasion de faire diverses fois, lors même que je ne savois faire couver les œufs que par des poules, & que j'ai répétée bien en grand depuis que j'ai cherché à faire éclorre des poulets dans des fours. Le temps même où j'étois le moins habile à les y faire naître a été celui qui m'a fourni dans des circonstances plus frappantes l'observation des œufs si peu sujets à se corrompre. Après que des œufs avoient été couvés dans mes premiers fours de fumier pendant plus ou moins de jours, il y en avoit qui y répardoient l'odeur la plus détestable, ayant été brisés par la puante matière qui avoit fermenté dans

leur intérieur, ou ayant la surface de leur
coque couverte d'une liqueur d'une odeur
aussi infecte qui avoit transsudé ; d'autres
œufs dont la coque n'étoit ni fêlée ni
mouillée, donnoient l'odeur la plus in-
supportable, dès qu'ils avoient été cassés.
Parmi ces œufs si corrompus, j'en trouvois d'autres qui, après avoir été cassés,
non seulement ne sentoient pas mauvais,
mais qui n'étoient altérés que comme le
font les œufs vieux que l'on mange journellement, & qui aussi étoient très-man-
geables. Ils ne différoient des œufs frais
qu'en ce qu'ils étoient moins pleins, mais
leur jaune n'étoit nullement dissous ; il
étoit en boule, comme l'est celui des
bons œufs.

Dans quelques-uns des œufs assez corrompus pour répandre la plus détestable
odeur, on trouvoit un poulet bien formé ;
dans d'autres de ces mêmes œufs on n'en
trouvoit que les débris, & dans d'autres on
n'y en voyoit aucun vestige : en ce dernier
cas la pourriture avoit agi plus efficacement sur les parties solides, elle les avoit
dissoutes, ou elle avoit commencé à agir
de meilleure heure, le germe y avoit péri
& s'étoit corrompu dès qu'il avoit commencé à se dévaopper. Le germe ou au
moins le germe en état de se développer

manque aux œufs des poules qui vivent fans coq, & tous ceux même des poules qui ne font pas privées de coqs, ne font pas des œufs féconds ou qui aient un germe bien conditionné : or puifque les œufs qui ont des germes font fujets à fe corrompre, il étoit très-naturel de penfer & très-probable que ceux qui fe confer-vent plus long-temps fains, font ceux qui font ftériles. Les expériences propres à ôter tout doute étoient trop fimples pour n'être pas tentées, & elles m'étoient né-ceffaires par d'autres confidérations.

J'ai tenu quatre poules fans coq dans une grande cage où rien d'ailleurs ne leur manquoit ; elles y ont pondu. J'ai fait couver les premiers œufs qu'elles m'ont donnés ; pendant quelques femaines des poulets en font éclos ou ont péri dans la coquille. Enfin eft venu un temps où les œufs qui avoient été fécondés avant que les poules euffent été renfermées dans la cage, ont été épuifés : tous ceux qu'elles ont pondus dans la fuite, font reftés clairs dans le four où ils ont été couvés ; il ne s'y eft point formé de poulet, & ils ne s'y font point corrompus ; ils font reftés fains, quoiqu'ils aient été environnés d'un air chaud à ce degré qui fait éclorre les pou-lets, pendant plus de trente & quelquefois pendant quarante à cinquante jours.

Trente à quarante jours d'un air qui a
le dégré de chaleur de la poule, doivent
être équivalens pour faire corrompre les
œufs, à bien des mois d'un air qui n'a que
la température de celui où l'on tient les
œufs qu'on veut conserver : on en devoit
donc conclurre que des œufs non fécondés
pourroient être gardés très-long-temps
sans se gâter. Au lieu de continuer de
faire entrer dans un four à poulets ceux
que mes poules privées de coq continuèrent de pondre, je les mis au rez de chauffée dans un lieu des plus frais de ma maison, après avoir écrit sur chacun le mois
& le jour où il avoit été pondu. Ce ne
fut que le troisième de janvier que je fis
essai de ceux dont la date étoit des premiers jours de mai : je ne m'attendois pas
qu'ils seroient des œufs frais, mais je les
trouvai, comme je m'y attendois, de fort
bons œufs vieux ; il s'étoit fait dans leur
intérieur un fort grand vuide. Ils avoient
eu un principe de corruption de moins
que les autres, mais tout ce qui peut laisser la liberté à la transpiration leur étoit
resté, les pores de leur coquille étoient
demeurés aussi ouverts qu'ils le sont naturellement. Leur jaune, loin de se dissou-
dre, de prendre de la fluidité, de cesser
d'être

d'être en boule, comme il arrive au jaune de ceux qui se gâtent, s'étoit épaissi dans quelques-uns, & j'en ai trouvé où il s'é-toit collé à la coquille par un endroit de peu d'étendue, par lequel il s'étoit trouvé appliqué contr'elle. Enfin j'ai fait accom-moder ces œufs de différentes manières, & ceux à qui j'en ai fait servir & qui en ont mangé avec moi, ne se sont pas dou-tés qu'ils fussent des œufs de plus de huit mois.

Pour avoir des œufs qui se conserve-roient depuis le printemps jusqu'au milieu ou jusqu'à la fin de l'hiver, il ne faudroit donc que priver des poules de tout com-merce avec les coqs : sans l'avoir sû, on a dû jusqu'ici bien des fois à cette circons-tance ou à une équivalente, de trouver moins d'œufs gâtés parmi ceux qu'on a achetés, & d'y en trouver de meilleurs que d'autres qui n'étoient pas cependant cor-rompus. Les poules ne sont pas fournies dans toutes les fermes d'autant de coqs ou d'aussi bons coqs qu'il seroit néces-saire pour que tous leurs œufs soient pro-pres à être couvés; j'en ai fait des expé-riences qui m'ont dégoûté d'acheter des œufs pour en faire éclorre les poulets dans mes fours, & qui m'ont déterminé à n'y plus faire entrer que ceux de mes poules;

pour faire de grandes couvées, j'en ai fait prendre chez une fermière que je savois incapable de me tromper en me vendant des œufs trop vieux ; les deux tiers, & les trois quarts quelquefois, se sont trouvé clairs : elle ignoroit également que ses œufs ne valoient rien pour être couvés, & qu'ils étoient excellens pour être gardés. Long-temps & trop long-temps avant les vacances, les paysans des environs de Reaumur gardent les œufs pour les vendre chez moi lorsque j'y suis : il est arrivé très-souvent que parmi ceux qu'ils avoient vendus, le cuisinier en a trouvé les deux tiers ou les trois quarts qu'il falloit jeter ; ce quart, ou ce tiers de bons œufs n'étoit apparemment composé que de ceux qui n'avoient point de germe.

Pendant qu'Harvée a fait ses observations sur l'incubation de l'œuf, le hasard semble s'être plû à ne lui en fournir aucun de non fécondé : s'il en avoit rencontré quelques-uns qui se fussent conservés sains pendant vingt-un jours, il n'eût pas fixé, comme il l'a fait, au quatrième celui où les œufs stériles commencent à se corrompre ; il auroit jugé tout autrement de ceux qu'il auroit vû commencer à se tourner en pourriture dès ce jour ; il les auroit regardés comme des œufs dont le germe avoit péri avant que d'avoir pû prendre un accroissement sensible. Le jour qu'il appelle critique, peut être funeste aux germes trop foibles; voici ses propres paroles * : *Ova hypenemia sive infœcunda, hoc ipso tempore (quasi die critico) mutari incipiunt, atque indolem suam ostendere ; nam ut ova fœcunda in colliquamentum (quod posteà in sanguinem transit) ab insitâ vi plasticâ mutantur, ita subventanea ova eodem tempore corrumpuntur & putredinem induunt.*

M. Antoine Maître-Jan, chirurgien à Méri-sur-Seine, à qui outre un gros volume de très-bonnes observations sur les maladies des yeux, nous en devons un petit dans lequel sont ses observations bien suivies & curieuses sur la formation du poulet, a pris les précautions qu'avoit négligées Harvée, & nécessaires pour comparer les effets de l'incubation sur les œufs féconds & sur les œufs inféconds ; aussi a-t-il remarqué que ces derniers conservent plus long-temps leur bonté *, « & que quoiqu'échauffés par la poule, ils restent plusieurs jours sans s'altérer » considérablement, hors que le blanc » diminue. »

Les palais délicats trouvent des différences dans le goût des œufs, selon les ali-

M ij

(note marginale) * *Tertia ovi inspectio, exercitatio 16. p. 53. édition de Londres, in-quarto.*

(note marginale) * Page 5.

mens dont ont été nourries les poules qui les ont pondus : je ne ſais pourtant s'il eſt bien certain, comme les connoiſſeurs le veulent, que ceux des poules qui paiſſent l'herbe & mangent du grain, ſoient meilleurs que ceux des poules qui ne vivent que de grain ; ce ſont des comparaiſons aiſées à faire, & dont on peut s'amuſer à la campagne. Mais il eſt bien reconnu que lorſque des années abondantes en hannetons leur en fourniſſent aſſez du matin au ſoir pendant quelques ſemaines pour s'en raſſaſier, leurs œufs ont un goût déſagréable, ce qui ſuffit pour prouver que la qualité des alimens n'eſt pas indifférente par rapport au goût des œufs.

En général, ce qui regarde la nourriture de la volaille dans ſes différens âges, eſt encore une vaſte matière à expériences. Malgré la longueur du ſecond Mémoire, il s'en faut bien que nous y ayions épuiſé celles qui méritent d'être faites pour s'aſſurer des alimens dont elle ſe trouve le mieux ; nous n'y avons qu'indiqué ceux qui ſont à ſon goût. Il faudroit avoir tenté d'élever des poulets avec chacun de ces alimens, ne donner preſque à quarante ou cinquante poulets que du millet, à quarante ou cinquante autres que de la mie de pain, à un pareil nombre d'autres que de la pâtée à la mie de pain & à la viande ; d'autres en même nombre pourroient être nourris avec des herbes cuites, &c. L'uſage qu'on fait avec ſuccès des orties crues, mais ſur-tout des orties cuites, pour nourrir les dindonneaux, invite à éprouver quelles ſont les herbes qui ſont le plus du goût des poulets, & quelles ſont celles qui ſeront plus favorables à leur accroiſſement.

Lorſque les poulets approchent de l'âge où nous leur faiſons payer cher les ſoins que nous avons pris d'eux, ils fourniſſent encore une nouvelle matière à expériences ſur la façon de les nourrir. Les friands ou les gourmands, car ces termes depuis quelques années ſont devenus ſynonymes, ſeroient très-contens de ceux qui leur procureroient des poulets dont la chair auroit un goût plus fin que celle des poulets qui leur ont été ſervis juſqu'ici, auroit du fumet. La manière dont ils payent les nouveautés mérite qu'on cherche à leur en offrir, ſur-tout lorſqu'elles peuvent dans la ſuite être partagées avec ceux qui en ſont moins avides. Les tentatives qui peuvent être faites en faveur de ces friands, ſont très-indiquées par ce qui eſt connu des changemens que produiſent certaines nourritures dans le goût de la chair de divers oiseaux. Il est bien constaté que les grives, qui sont excellentes lorsqu'elles mangent du raisin, ont souvent une chair qui a de l'amertume lorsqu'elles sont réduites à vivre de bayes de genièvre. Pendant les vendanges les merles sont assez bons, & leur chair devient véritablement amère lorsqu'ils se nourrissent de graines de lierre. La différence qui est entre la chair des lapins qui vivent de feuilles de choux & la chair de ceux qui broutent le serpolet, n'est ignorée de personne. Il seroit inutile de multiplier les exemples qui établissent que la qualité de la chair d'un animal participe de celle de l'aliment dont il a été nourri. Si l'on faisoit entrer des plantes aromatiques dans la nourriture des poulets, il semble que leur chair devroit prendre au moins un léger fumet. S'il y en avoit quelqu'une pour laquelle ils montrassent du goût, ce seroit celle qu'il leur faudroit offrir largement. Mais s'ils les refusent toutes, on peut essayer d'en faire entrer successivement de différentes dans ces boulettes de pâtée qu'on fait avaler forcément à ceux qu'on veut engraisser. De la mélisse, du baume, de l'estragon, de l'hysope, du romarin, de la sauge, de la lavande, du serpolet, & d'autres plantes aromatiques pourroient être introduites les unes après les autres dans la pâtée, après avoir été hachées menu. Ces effais pourroient fort bien coûter la vie à plufieurs poulets, mais il eft probable que lorfqu'on auroit trouvé une plante aromatique dont la pâtée pourroit être affaifonnée fans que le poulet en devînt plus maigre, on en auroit découvert une qui feroit un changement agréable dans la qualité de fa chair. On pourroit éprouver jufqu'aux aromates des Indes orientales, la canelle, le gérofle & la mufcade.

Je n'ai encore tenté aucune de ces expériences, mais j'ai à en citer une faite fans deffein, qui donne lieu d'en bien efpérer. M. Bouvard de l'Académie des Sciences, m'a raconté que deux dindons s'étant introduits dans un jardin affez négligé de M. fon père où il y avoit une planche d'oignons, ils en trouvèrent les feuilles appétiffantes ; on les laiffa continuer à s'en nourrir pendant quelques jours, après quoi on les tua : on trouva à leur chair un goût exquis qu'on n'avoit jamais trouvé à celle des dindons, un goût faifandé, un goût de venaifon ; la chair avoit été intimement affaifonnée par l'oignon. On affure au contraire que les dindons qui pour fe rendre à Paris paſſent par la forêt de Fontainebleau & y ſéjournent, ont une chair à laquelle les bayes de genièvre dont ils ſe ſont nourris en chemin, donnent un goût déſagréable. On eſt donc invité par l'expérience de M. Bouvard, non-ſeulement à nourrir des dindons, mais même des poulets avec des feuilles d'oignons, de poireaux, de ciboule & d'ail.

Quoiqu'on ſache très-bien engraiſſer la volaille, quoique cette ſcience ſoit une partie de celle du Rotiſſeur, quoiqu'on réuſſiſſe dans différentes provinces du royaume à faire des poulardes graſſes, des chapons, des dindons & des cannetons gras, des oyes graſſes, & qu'on faſſe arriver à Paris chaque année une prodigieuſe quantité de ces oiſeaux engraiſſés, il y a apparence qu'il reſte encore bien des choſes à ſavoir, ſoit par rapport à la manière la plus prompte d'engraiſſer, ſoit par rapport à la manière la moins chère, ſoit par rapport à la manière qui donne de la graiſſe & des chairs de meilleure qualité. Ce qu'on ſait déjà ſur cette matière n'eſt pas aſſez connu, nous ayant été enſeigné avec trop peu de ſoins & de détails par ceux qui en ont traité dans les Maiſons ruſtiques & dans d'autres ouvrages de ce genre. Enfin cette matière mériteroit

d'être examinée par ceux qui ſavent dé-
ſirer de ſe donner des occupations utiles
au public, qui dès qu'elles le ſont, leur paroiſſent nobles, & qui ſont capables de
bien ſuivre les expériences, de les combi-
ner & de les varier.

Une baſſe-cour n'eſt pas auſſi néceſ-
ſairement mal-propre qu'on pourroit le
croire, la mal-propreté ne lui eſt rien
moins qu'eſſentielle; lorſqu'on aura ſoin
que les fumiers y ſoient bien entaſſés,
lorſqu'on n'y en laiſſera pas d'épars, lorſqu'on ménagera aux eaux des écoulemens
ſuffiſans, les Dames même n'auront rien
à craindre quand elles voudront y aller
jouir des ſpectacles amuſans qu'elle offre
à toutes les heures du jour. Si l'on eſt
ſenſible à ce plaiſir qui n'eſt que paſſager
pour les amateurs des fleurs, & qu'ils ne ſe
procurent pendant quelques jours qu'au
moyen de peines & de ſoins pris pendant
une année entière; ſi l'on eſt touché des
variétés & des combinaiſons ſingulières
des couleurs, le genre des poules, qui doit
toûjours faire la baſe de la baſſe-cour,
préſentera aux yeux curieux des objets
propres à les ſatisfaire. La plûpart des
coqs, même des eſpèces communes, con-
ſidérés lorſqu'ils ſont éclairés par le ſoleil,
brillent de couleurs éclatantes, de la beauté

& du mélange singulier desquelles on est d'autant plus frappé qu'on s'arrête davantage à les examiner. Les poules même, si on n'a pas négligé de s'en procurer les belles espèces, ont une parure digne d'être admirée : les unes ont des taches distribuées avec une sorte de régularité, d'un blanc si vif, qu'il les a fait nommer des poules argentées ; d'autres portent le nom de poules dorées, parce qu'elles sont parées de taches qui au soleil semblent être d'or : les couleurs plus communes sont distribuées avec des variétés innombrables sur les poules ordinaires. Ce genre d'oiseaux destinés à être toûjours sous nos yeux, offre des couleurs dont on auroit peine à trouver les différentes nuances en les cherchant dans ceux des forêts, des rivières & de la mer, d'un très-grand nombre d'espèces. Si nous ne leur voyons pas des couleurs aussi décidées que celles qui nous frappent dans certains oiseaux, ce n'est pas qu'elles n'aient été accordées à quelques-unes de leurs espèces, mais c'est que nous avons négligé de nous rendre propres ces espèces d'une singulière beauté. Nous avons accoûtumé à notre climat des poules des Indes orientales, des poules d'Afrique, quoique leur pays natal soit plus chaud que celui des provinces de la

Chine, où vivent ces poules & ces coqs dorés par excellence, dont le plumage a en même temps à nous faire voir le vrai & beau bleu que nous ne trouvons à aucune de nos poules d'Europe, le rouge qui nous paroît parer ſi bien ces oiſeaux que nous nommons cardinaux, & le plus beau jaune du loriot.

Je ne dois pas laiſſer ignorer, par rapport à leurs couleurs, que parmi les poules ou les coqs d'une baſſe-cour il y en a qui offrent un phénomène annuel qui mérite d'être remarqué. Les oiſeaux muent tous les ans, tous les ans ils ſe défont de leur vieil habit & en prennent un neuf, ordinairement très-ſemblable à celui qu'ils ont quitté, au moins après la ſeconde mue & les ſuivantes; la poule qui étoit toute noire avant la mue, eſt encore toute noire après avoir mué; la poule entiérement blanche ne reprend pour l'ordinaire que des plumes blanches. Une des ſingularités de ces très-petits & charmans moineaux qui nous viennent de la côte de Bengale, & qu'on nomme Bengalis, eſt qu'après avoir mué ils ſont ſouvent d'une couleur fort différente de celle dont ils étoient auparavant; on voit un ventre bleu à celui à qui on en avoit vû un rouge; au contraire un autre qui

en avoit un bleu en prend un rouge ;
celui de quelques autres devient jaune,
& celui de quelques autres devient gris.
Je ne sais s'il y a un ordre dans lequel
les couleurs d'une année succèdent à celles
d'une autre, je sais seulement que le fait
du changement de couleur annuel ou
presque annuel des couleurs de ces petits
oiseaux doit être regardé comme certain,
étant attesté par tous ceux qui en ont
nourri en cage pendant plus d'une année.
Malgré la grande ressemblance qui est
entre tous les moutons & toutes les bre-
bis, le berger distingue les uns des autres ceux du nombreux troupeau qu'il
conduit journellement à la campagne :
quelque nombre de poules que l'on ait,
si l'on aime à les voir rassemblées lorsqu'on leur donne à manger, on les connoît toutes par des différences qu'on saisit
sans s'en apercevoir ; alors on peut remarquer qu'il y en a parmi elles dont la
couleur du plumage souffre des changemens pareils à ceux qui sont regardés
comme une singularité dans le plumage
des bengalis ; je vais en citer quelques
exemples. Le premier m'a été fourni par
une de mes poules qu'un doigt contrefait
avoit fait distinguer des autres, par la
femme aux soins de laquelle elles étoient

toutes confiées : cette poule dont un des pieds étoit dans un état semblable à celui d'une main potte, avoit un plumage, quand on a commencé à faire attention au sien, d'un de ces roux mélangé de brun qu'on voit le plus ordinairement aux poules de l'espèce la plus commune ; on remarqua l'année suivante & on me fit remarquer que cette poule étoit devenue presque noire, ayant seulement par-ci par-là des plaques blanches ; après une nouvelle mue le noir dominoit sur toutes les parties de son corps ; à la suite d'une autre mue ce fut le blanc qui y domina, & qui y domina tellement que le noir ne s'y trouva plus qu'en peu d'endroits, & par taches dont les plus grandes l'étoient moins que de petits écus ; enfin après la mue de 1748, cette poule est devenue parfaitement blanche, aussi blanche qu'une poule peut l'être, d'un blanc de cygne.

Comme elle est vieille actuellement, qu'elle a au moins dix ans, on pourroit croire que la vieillesse qui blanchit nos cheveux, blanchit aussi les plumes de certains oiseaux ; mais alors le passage du roux au blanc n'auroit pas dû se faire, ce semble, ainsi qu'il s'est fait, par le noir. Si cette poule continue de vivre encore quelques années, comme fa vigueur actuelle le promet, il y a apparence qu'elle n'en reftera pas au blanc, qu'elle reprendra du noir & du brun, & peut-être retournera-t-elle au roux. Un coq que j'ai chez moi, & dont les changemens arrivés à fes couleurs ont été obfervés de meilleure heure que ceux qui font arrivés à la poule dont il s'eft agi jufqu'ici, a donné des preuves que le blanc des plumes ne vient point de la vieilleffe, il a montré des retours de cette couleur à des couleurs plus foncées. Le maître de ce coq fut frappé dès fa première mue, de la couleur de fon nouveau vêtement ; auffi ne manqua-t-il pas de donner de l'attention aux couleurs des habillemens qu'il prit fucceffivement après cinq mues. Le Prieur de Bury près de Clermont en Beauvoifis, dans la paroiffe duquel étoit ce coq, a de l'amitié pour moi, que je mérite par celle que j'ai pour lui ; ayant jugé que je ferois curieux de voir cet oifeau fe vêtir chaque année de plumes autrement colorées que celles de l'année précédente, il le fit arriver chez moi vers le commencement du mois de décembre de 1746, en me marquant que pendant la première année de fa vie il avoit à peu près les couleurs avec

leſquelles il ſe montreroit à mes yeux pour
la première fois , du roux mêlé avec du
blanc ; que dans ſa ſeconde année il n'a-
voit été couvert que de plumes entiérement rouſſes ; que dans ſa troiſième année
il n'en avoit eu que de noires ; que dans
ſa quatrième année il n'en avoit eu que
de blanches : dans ſa cinquième année,
qui étoit celle où je le reçus, il avoit
des plumes blanches ſur leſquelles il y
avoit beaucoup de roux , ou d'un brun
tirant ſur le maron ; des plumes rouſſes
couvroient le col, le deſſus du dos, les
aîles & le ventre ; les plumes rouſſes do-
minoient, les blanches même avoient du
roux. Je paſſai deux mois ſans le voir ,
le temps des vacances : pendant mon ab-
ſence il s'étoit déguiſé de façon que je
ne l'euſſe nullement reconnu à mon retour, ſi je n'euſſe pas été averti qu'il avoit
dû prendre un plumage différent de celui
qu'il avoit eu dans les autres mois de la
même année ; le ſien étoit tout blanc, &
du plus beau blanc. Pendant les vacances de 1748 , il s'eſt défait de ſes belles
plumes blanches ; celles qui ont pouſſé
en leur place , & dont il ſera couvert juſqu'au mois d'octobre 1749, ne ſont au
plus que blanches en partie , mais la plûpart ſont extrêmement rouſſes, ou plûtôt

blondes. Voilà donc un retour du blanc à un brun clair, dont je suis témoin de mes propres yeux ; ce n'est donc pas au nombre des années que la blancheur de ses plumes est dûe : je ne puis manquer de lui souhaiter une vie prolongée au delà du terme de celle des plus vieux coqs, ayant lieu de croire qu'il continuera à paroître chaque année avec de nouvelles couleurs, je pourrai observer s'il y a quelque régularité dans la marche de ces changemens.

Les faits semblables à ceux que je viens de rapporter, cesseront peut-être d'être rares, lorsque chacun examinera si les poules de sa basse-cour n'en ont point de pareils à faire voir. Depuis que ma poule m'a averti que d'autres pourroient, comme elle, n'être pas constamment vêtues de plumes de même couleur, j'ai remarqué qu'un coq de l'espèce des poules, dont les plumes se relèvent en se tournant vers la tête, dont les plumes ont une sorte de frisure qui vaut à ces sortes de poules le nom de poules frisées, j'ai remarqué, dis-je, qu'un coq frisé qui étoit parfaitement noir, avoit acquis à l'une & à l'autre de ses aîles plusieurs plumes de verd appellé verd canard ; l'année suivante le nombre de ces plumes augmenta sur les aîles, & quelques-unes de cette couleur lui vinrent au bas du col & au deſſous du ventre. La mort qui m'enleva ce coq vers le milieu de l'hiver, n'a pas permis de ſavoir s'il devoit perdre avec le temps toutes ſes plumes noires.

Ces ſortes d'obſervations répétées pourroient conduire à faire plus ſûrement des expériences qui paroîtroient curieuſes aux Phyſiciens, & qui plairoient beaucoup à ceux qui ſont paſſionnés pour la beauté du plumage des oiſeaux. Les Indiens de la Guiane travaillent déjà pour ceux qui aiment les beaux perroquets ; ils ſavent faire venir des plumes rouges & des plumes jaunes à des aîles qui n'en avoient point, ou qui n'en avoient pas en aſſez grand nombre. Ce fait que M. de la Condamine a rapporté dans ſon intéreſſante relation de la rivière des Amazones, eſt atteſté par tous ceux qui ont habité à Cayenne : on diſtingue même par un nom, des autres perroquets, ceux qui doivent à l'art une partie de leurs plus belles plumes, on les appelle des perroquets *tapirés.* On nous dit que les Indiens arrachent les plumes dans les endroits où ils ſavent qu'en la place des vertes ils peuvent en faire venir de rouges ou de jaunes, & qu'ils frottent les chairs qu'ils ont mises à découvert, avec du sang de grenouilles d'une certaine espèce. Si un plus long séjour à Cayenne, ou moins d'occupations eussent permis à M. de la Condamine de faire tapirer devant lui des perroquets, nous saurions mieux ce que nous devons penser de la recette de sang de grenouille. Tout ce que font les Indiens se réduit peut-être à faire paroître plûtôt des plumes que la mue eût fait paroître plus tard ; le sang de grenouille ne tient peut-être lieu que de baume aux petites plaies qu'ils ont faites aux perroquets. Les Indiens connoissent, dit-on, les perroquets propres à être tapirés ; n'est-ce point qu'ils ont une connoissance semblable par rapport aux perroquets, à celle que nous aurions par rapport à nos poules dont la couleur du plumage change après chaque mue, si des observations suivies nous eussent appris quelles sont les poules au plumage desquelles ce changement doit arriver, & quel il doit être ? On achette moins que les autres les perroquets qui ont été tapirés, quand on sait qu'ils l'ont été ; aussi les Indiens se gardent-ils bien de les annoncer pour tels. En quoi peut-il importer que leur rouge soit dû purement à la Nature ! n'est-ce point parce que celui auquel l'art a eu quelque part, est l'effet d'une opération équivalente à la mue, & que l'expérience a appris que les plumes rouges ou jaunes qui tomboient à la mue fuivante, n'étoient pas toûjours remplacées par des plumes de même couleur, comme les plumes blanches du coq & de la poule dont nous avons parlé, ne font remplacées par des plumes de même couleur qu'au bout de plufieurs années !

Les dindons, les canards & les oyes font des affortiffemens prefque néceffaires à une baffe-cour & qui ne lui manquent guère ; ils contribuent à la parer & à la rendre plus animée. Ces dernières efpèces d'oifeaux jointes à celles des poules fuffifent pour fournir une ample matière à des obfervations & à des comparaifons fur le génie des oifeaux de différens genres, fur les principales différences de leurs formes, & fur leurs inclinations relatives à leur forme, elle en eft le principe. La gravité de la marche des oyes y contrafte avec les allûres moins mefurées des uns, & les allûres précipitées de divers autres. Les actes de fociété familiers entre ceux d'une même efpèce, leurs manières de fe faire l'amour, les combats qui fe livrent, foit entre ceux de différens genres, foit entre ceux de la même efpèce, font quelquefois des images de ce qui fe paffe dans la vie humaine, qui ne nous montre pourtant pas de mère si affectionnée pour ses enfans qu'une poule paroît l'être pour ses poussins; lorsqu'il s'agit de veiller à leur conservation, elle ne connoît plus de danger; elle s'élance alors sur un chien, devant lequel elle fuiroit en tout autre temps, elle a la témérité de l'attaquer alors à coups de bec. Le spectateur qui aura quelque teinture d'anatomie, admirera les mouvemens du bec de ces oiseaux qui ne prennent à la fois qu'un grain, mais qui réitèrent leurs coups de bec avec tant de justesse & de promptitude, qu'ils parviennent à remplir leur jabot en peu de temps, quelque petit que soit le grain. Il examinera comment prennent sur terre plusieurs grains à la fois, ceux dont le bec plus aplati par le bout & plus évasé, doit aussi leur servir à prendre des alimens dans l'eau. Ce spectateur ne se contentera pas de s'arrêter à considérer le coq d'Inde faisant fièrement la roue, il sera curieux de découvrir par quelle méchanique, par quelle disposition de sa peau ou de ses muscles il parvient à redresser les plumes de sa queue, à les écarter en même temps par en haut les unes des autres, pour les disposer dans un même plan vertical comme les rayons d'un cercle, & par quelle disposition de sa peau il redresse en même temps les plumes qui couvrent la plus grande partie de son corps, & il parvient à s'en rendre tout hérissé : il lui paroîtra remarquable qu'il n'y ait que peu d'espèces d'autres oiseaux qui soient en état de faire faire de pareils mouvemens à leurs plumes. Il fera attention à une autre singularité que le coq d'Inde montre en même temps, & qu'aucun des oiseaux que nous connoissons ne nous a encore fait voir, à cette longue pièce de chair flasque, rougeâtre ou violette, qui part du dessus de sa tête & qui pend alors au dessous du bec, de plusieurs pouces, au lieu que dans les autres temps elle ne lui tient lieu que d'une crête conique six à sept fois plus courte; pendant que les autres oiseaux, même les dindons femelles, ont des crêtes dont la forme est aussi fixe que celle des os, le dindon mâle en a donc une qu'il est maître d'alonger démésurément. Des yeux qui se feront rendus curieux trouveront dans une basse-cour des singularités qui auparavant s'étoient mille fois offertes à eux sans qu'ils les eussent remarquées. Les plumes dont est composée la queue des oiseaux de presque tous les genres, sont arrangées les unes sous les autres & les unes à côté des autres dans un plan parallèle ou incliné à l’horizon. Il n’y a, que je sache, qu’un seul genre d’oiseaux dont la queue est dans un plan vertical & pliée en deux parties égales, de manière que le dessous d’une moitié de ses plumes s’applique contre le dessous des plumes de l’autre moitié. Ce genre d’oiseaux dont le port de la queue nous paroîtroit très-singulier, si nous le voyions pour la première fois, est le genre des poules. Les faits que je viens de rapporter n’ont eu rien pour se faire préférer à un prodigieux nombre d’autres que les oiseaux mettent à chaque instant sous nos yeux, & dont je ne parlerai pas actuellement, que de s’être offerts les premiers à ma mémoire.

Si une basse-cour très-ordinaire a tant d’objets par lesquels elle peut fixer l’attention d’un esprit curieux, combien la quantité des objets intéressans se trouvera-t-elle multipliée pour lui dans la basse-cour qu’on aura réussi à peupler de toutes les espèces d’oiseaux qui y méritent des places ! Il aura à y comparer entr’elles bien des espèces de canards & d’oyes, & s’il ne se borne pas à des connoissances stériles, à en comparer les produits. Ce ne sera plus aux seuls coqs-d’Inde à qui il verra faire la roue, il verra de superbes paons redresser, renverser même vers

leur tête , malgré leur prodigieuse longueur, des plumes qui , par l'éclat de leur
or & de leurs vives couleurs, peuvent le
disputer à tout ce que la Nature a fait
de plus beau dans ce genre ; après avoir
vû les paons dorés , il verra encore avec
plaisir les paons blancs, quoique d'une couleur presque uniforme. Les pintades lui
montreront encore des couleurs plus mo-
destes , mais qui ne sauroient manquer
de contenter les yeux par la régularité
avec laquelle elles sont distribuées , le
pinceau ne sauroit rien faire de plus exactement symmétrisé. Les faisans , que nous
admirerions davantage s'ils étoient plus
rares dans nos bois & dans nos parcs,
peuvent être mis au nombre des habitans
des basse-cours ; il n'est nullement nécessaire de les tenir renfermés dans des loges,
ils vivent très-bien avec les poules , &
on jouit alors du plaisir de les voir : pour
se l'assurer on peut leur couper les plumes d'une de leurs aîles , leur beauté en
souffrira peu, le mâle n'en sera pas moins
ardent pour ses femelles , & les œufs de
celles-ci n'en seront pas moins féconds.
Les outardes, dont la grosseur égale au
moins celle des dindons , & dont la chair
est excellente, peuvent être accoûtumées,
comme ces derniers, à se tenir dans une

basse-cour : il n'est que dommage qu'on ne puisse pas s'en promettre autant d'œufs, car ce sont sur-tout les oiseaux qui peuvent nous être utiles par leur multiplication, qu'il faut tâcher d'y établir. Nous ne nous lasserons point de le dire, ce sont sur-tout les oiseaux des genres & des espèces qui manquent à un pays, qu'on doit se proposer d'y faire passer & d'y naturaliser, lorsqu'il est connu que d'autres pays trouvent de l'avantage à les élever.

Trop peu de Navigateurs sont disposés à prendre pendant une longue traversée les soins nécessaires pour nous apporter en vie les oiseaux que nous desirerions qu'ils nous procurassent; nous nous réduirons à leur en demander les œufs, dont le transport ne sauroit les embarrasser ; mis au milieu du son ou de quelqu'autre poudre, comme de la sciûre de bois, ils peuvent faire les plus longs voyages, même par terre, sans courir risque de se casser. Tout ce que nous exigerons de plus, c'est qu'on ait l'attention d'enduire de vernis, ou de frotter légèrement d'huile ou de graisse, quelle qu'elle soit, les œufs dont on voudra nous gratifier, le jour même où ils auront été pondus, si cela est possible. Ce procédé si simple a été suffisamment expliqué au

commencement

commencement de ce Mémoire, & il y
a été prouvé combien il est sûr pour
conserver les œufs dans l'état d'œufs frais.

Au moyen des fours à poulets, on
pourra faire couver ces œufs à leur arrivée ; mais pour les faire couver avec succès, il faut leur enlever ce vernis ou cette
matière grasse dont ils ont été enduits.
Ils ont été conservés sains, parce que la
transpiration a été arrêtée ; des expériences
réitérées m'ont appris que si la transpiration n'est pas rétablie, si elle n'est pas
rendue très-libre, le germe ne se dévelop-
pe point, ou l'embryon périt, tantôt plûtôt, tantôt plus tard. Entre les manières
que j'ai tentées pour que la coque se re-
trouvât suffisamment fournie de pores ouverts, celle qui m'a paru la plus sûre a été
de la ratisser avec une lame tranchante ;
celle d'un canif y est fort propre : cette
petite opération demande de la patience,
mais moins pourtant qu'on ne le pourroit croire. Il seroit bien plus commode
de n'avoir qu'à frotter avec du sable ou
de la cendre, les œufs qui ont été graissés
ou huilés ; mais les essais que j'ai faits
m'ont prouvé que l'on ne parvient pas
par ce moyen à enlever suffisamment la
matière grasse qui a pénétré dans les pores.
Inutilement ai-je tenté de l'en tirer avec

Tome II. . N

de la craie. Je n'y ai pas mieux réuſſi en
ſavonnant les œufs, ni en les lavant dans
une leſſive faite avec un ſel alkali. Le ra-
tiſſement qui emporte une couche mince
de la coquille, peut laiſſer encore des
pores bouchés par la matière graſſe, par
celle qui avoit pénétré plus bas que la
couche enlevée, mais il ouvre des pores
qui étoient fermés par la propre ſubſtance
de la coquille, ce qui fait une compen-
ſation; il briſe des grains qui, lorſqu'ils
étoient entiers, ne donnoient pas de paſſage à la matière de la tranſpiration, &
qui lui en offrent lorſqu'ils ont été caſſés,
lorſqu'ils ont perdu de leur continuité.
On ratiſſera donc ſoigneuſement toute
la ſurface de la coque de l'œuf avec la lame
d'un canif, ou une lame équivalente;
les endroits ſur leſquels elle aura paſſé ſeront aiſés à reconnoître par leur couleur
plus blanche, & par un air plus ſec: on
ne ceſſera les frottemens que quand on
aura donné à toute la ſurface la même
nuance; on détachera la couche la plus
épaiſſe qu'on pourra détacher, ſans courir riſque de caſſer la coquille. Celles
des plus gros œufs ſont ordinairement
les plus ſolides, & par conſéquent celles
ſur leſquelles il eſt plus facile d'opérer.
Si on nous envoyoit enduits de graiſſe

ou d'huile des œufs des plus grands oiseaux de l'Asie, de l'Amérique & de l'Afrique, du casouar, de l'autruche, du condor, &c. nous pourrions nous promettre de voir naître en Europe de ces oiseaux, qui sont des géans par rapport à ceux qui lui sont propres : rien ne seroit plus aisé que d'enlever à la coquille de pareils œufs une couche assez épaisse, pour rendre la transpiration aussi libre qu'elle l'étoit avant qu'ils eussent été enduits. J'ai tenté d'employer les dents d'une lime fine au même usage que la lame du canif, mais je n'ai pas trouvé qu'il y eût à gagner, comme je l'avois espéré, du côté du temps ; la lime s'engraisse, & les intervalles vuides qui doivent rester entre ses dents sont bien-tôt remplis par l'espèce de limaille qui a été détachée.

On ne jouiroit pas pendant bien des années du plaisir qu'on se feroit procuré de voir plusieurs espèces d'un même genre rassemblées dans sa basse-cour, par exemple, pour nous en tenir au genre le plus intéressant par son utilité, beaucoup d'espèces de poules, si on ne songeoit à les perpétuer : ce ne seroit pas assez pour y réussir de les bien nourrir, & de faire couver chaque année une suffisante quantité

d'œufs pondus par les femelles de chaque
espèce ; des mariages mal assortis feroient
peu à peu dégénérer toutes ces espèces ;
les individus qui viendroient à manquer
ne feroient plus remplacés par des individus semblables ; on n'y retrouveroit plus
ces espèces qui étoient distinguées des autres par l'élégance ou par la grosseur de
leur huppe, de celles qui l'étoient par
leur prodigieuse grosseur, de celles qui
l'étoient pour être haut montées sur jambes, ni de celles qui se faisoient distinguer par des jambes si courtes que leur
ventre touchoit presque à terre, ni de
celles que l'extrême petitesse de leur corps
rendoit remarquables. Les coqs des plus
grandes espèces ne dédaignent pas les
poules des plus petites, & les coqs des espèces les plus petites osent s'adresser aux
poules des grandes espèces, qui ne les rebutent pas. Si on veut donc veiller à la
conservation des espèces, on est dans la
nécessité de ne permettre de commerce à
un mâle de chacune qu'avec des femelles
de son espèce. On est obligé de tenir
en captivité des poules & un coq de chaque
espèce ; pour être tenus ensemble jour &
nuit dans un lieu étroit, le coq n'en fera
pas moins l'amour aux poules, & celles-
ci ne m'ont pas paru en donner moins

d'œufs féconds. Il est donc d'une nécessité presque indispensable de préparer une suite de logemens dont le nombre soit égal à celui des espèces qu'on veut conserver. Ces logemens orneront la basse-cour, & se feront à peu de frais, si on se contente de les faire semblables à ceux que j'emploie à cet usage. Un berceau* à mailles plus petites que le treillage de ceux des jardins & fait, comme ces derniers, soit de cerceaux, soit de petit bois quarré, est la principale partie de l'édifice, & celle aussi qui se fait le plus remarquer. Ce berceau n'a que cinq pieds de hauteur, sa largeur en a plus de trois, pour sa longueur elle est déterminée par celle du terrein dont on peut disposer; au moyen de cloisons, aussi de treillage à mailles de même grandeur que les autres, il est divisé en un nombre de parties dont chacune fait une loge. Je ne donne de longueur aux plus petites loges que quatre pieds, & aux plus grandes que six pieds & demi; les plus petites suffisent à un coq & à deux ou trois poules, & je n'en mets que trois à quatre avec un coq dans les plus grandes. Chaque loge a sa porte qui n'est pas bien haute, mais qui permet au moins à un homme courbé d'y entrer. J'ai fait garnir les portes d'un grillage de fil de fer, parce qu'il laisse mieux

** Vignette de ce Mém. & Pl. VI.*

voir ce qui se passe dans les loges, que ne feroit un grillage de cerceaux.

Chacune des loges qui se trouve sous le berceau n'est pourtant qu'une partie du logement d'un coq & de ses poules, que leur chambre de jour, pour ainsi dire, derrière laquelle ils en ont une de nuit, une à coucher. La disposition des chambres de nuit & leur construction seront aisées à imaginer lorsqu'on saura que le berceau est posé à deux pieds du mur auquel il est parallèle, & que la face du berceau la plus proche du mur est faite d'une cloison de planches. Là il n'y a point de treillage entre la cloison qui forme la face postérieure du berceau, & le mur; il y reste donc une étroite galerie. Cette galerie est divisée par des cloisons en autant de parties que l'est la longueur du berceau, & en parties correspondantes ; chacune de ces parties forme la chambre à coucher d'un coq & de ses poules. On veut qu'ils y soient plus chaudement que sous le berceau, qu'ils n'y soient pas exposés à la pluie, la galerie doit donc être couverte d'un bout à l'autre d'un toit *, qui dans sa largeur est composé de deux planches ajustées de manière qu'elles forment une goutière qui conduit l'eau à un des bouts.

* Pl. VI,
V X D.

On a ſans doute ſuppoſé d'avance qu'il y a une porte de communication de chaque pièce qui eſt ſous le berceau, à la pièce de derrière, dont elle doit être accompagnée, quoique nous n'ayons pas encore parlé de cette porte; il ne ſuffit pas que ſa baie ſoit proportionnée à la taille de la plus grande poule, il faut qu'elle donne paſſage en bien des circonſtances à la tête & à un des bras d'un homme, qu'elle permette à un homme couché ſur le ventre d'entrer dans la ſeconde pièce. Une ſimple planche * coupée quarrément ferme cette ouverture; elle eſt une porte qui ne demande aucune ferrure, elle monte & deſcend dans deux couliſſes : tous les ſoirs on a ſoin de la deſcendre, de fermer la porte, & de l'ouvrir tous les matins : elle eſt tenue ouverte ou élevée par le moyen d'une petite ficelle attachée au milieu de ſon bout ſupérieur, qui a un anneau qu'on accroche à un clou.

> * Pl. VI, Q, Z.

C'eſt dans la pièce antérieure du berceau *, la grande pièce, que le coq & ſes poules ſe tiennent pendant au moins la plus grande partie du jour, c'eſt-là qu'ils trouvent à boire & à manger; ils y reſpirent un air qui n'eſt pas renfermé, & y jouiſſent de plus des rayons du ſoleil, ſi on a eu attention de placer la ſuite des

> * L.

loges dans l'expoſition du midi. La nuit ils ſont plus chaudement dans la pièce poſtérieure *, que les poules qui perchent ſur des arbres, preſqu'auſſi chaudement que celles qui couchent dans des poulailliers, ſi l'on n'oublie pas d'en fermer la porte le ſoir : cette porte fait leur ſûreté contre les fouines & les bélettes.

Une petite fenêtre grillée de fil de fer, placée à la cloiſon qui ferme chaque bout de la galerie, a ſa commodité ; par l'une & par l'autre on enfile la ſuite des chambres poſtérieures, on peut voir les œufs qui ont été pondus dans les nids, & les poules qui ſont dans le travail de pondre. Au reſte celles d'une loge ne ſont pas privées de toute ſociété, elles communiquent juſqu'à un certain point avec celles des loges dont la leur n'eſt ſéparée que par une grille. Cette communication n'eſt pas toûjours amiable, plus d'une fois j'ai été préſent à des combats entre le coq d'une loge & celui de la loge voiſine, & quelquefois entre des poules de ces deux loges contigues, livrés avec tant d'acharnement que la ſcène étoit enſanglantée, que la crête d'un des combattans, & quelquefois celle de l'un & celle de l'autre, répandoient beaucoup de ſang.

Quoique l'union règne ordinairement dans la même loge, j'y ai pourtant eu des exemples de combats plus finguliers & plus cruels que ceux dont je viens de parler : les deux poules d'une loge, après avoir vécu avec le coq que je leur avois donné, dans la meilleure intelligence, après avoir pondu des œufs qu'il avoit fécondés, le prirent en averfion, & ne ceffèrent de l'attaquer journellement à coups de bec ; bien-tôt elles parvinrent à lui déplumer la tête, à en faire fortir du fang : il ne faifoit aucun ufage de fes forces contre elles, à peine cherchoit-il à efquiver leurs coups ; elles n'en furent pas plus adoucies, elles continuèrent de lui donner de rudes coups de bec, de lui déchiqueter la tête & le col, & enfin elles le tuèrent en cinq à fix jours. Il eft dans les mœurs de la volaille, & ce n'eft pas un endroit par où fes mœurs puiffent nous paroître louables, que les oifeaux qui fe portent bien, qui font vigoureux, tombent fur l'oifeau qui eft languiffant ; dès qu'ils en voient un qui fouffre, & fur-tout qui eft enfanglanté, ils font déterminés à fe jeter deffus. Je remplaçai le coq que mes poules avoient tué, par un très-fain, très-fort & très-beau ; elles fe montrèrent bien-tôt

pour lui des mégères, comme elles l'a-
voient été pour son prédécesseur ; après
qu'il eut habité un jour & demi avec
elles, il fut mis dans un état qui me fit
craindre pour sa vie, que sa beauté demandoit que je cherchasse à lui conserver ; je le séparai de ces deux méchantes
poules, je lui rendis la liberté. Je tentai
de leur faire agréer successivement deux
autres coqs, elles les traitèrent aussi im-
pitoyablement qu'elles avoient fait les
premiers : je leur retirai l'un au bout de
deux jours, & l'autre au bout de trois,
c'est-à-dire, lorsqu'ils me parurent si
maltraités qu'ils eussent péri bien-tôt si
je les eusse laissés plus long-temps à la
discrétion des deux poules. Je renonçai à
offrir à celles-ci de nouveaux coqs, elles
eussent tué un à un tous ceux de ma
basse-cour, si j'eusse voulu les leur livrer
successivement ; ces poules étoient une
négresse & une assez grande poule de
l'espèce la plus commune.

Que les avantures que je viens de rapporter, ne fassent pas craindre qu'on ne
puisse tirer des loges tout le parti qui se-
oit à desirer ; pendant quatre à cinq années de suite que j'y ai tenu des poules,
ces avantures ne se sont pas répétées, &
je ne les ai racontées qu'afin que si l'on

retrouvoit des poules d'un ſi mauvais ca-
ractère, on ne s'obſtinât pas à leur faire
tuer des coqs. Au moyen des loges on
conſervera donc aiſément toutes les eſpèces de poules dans leur pureté, s'il eſt
permis de parler de la ſorte, elles ne
feront aucunement en riſque d'être altérées, & ces mêmes loges donneront la
facilité de faire diverſes autres expériences
curieuſes & utiles. Ces poules ſi achar-
nées contre les coqs, ne me furent pas
même inutiles pour une expérience qui
demandoit à être faite de nouveau : je
voulois ſavoir par la mienne propre pendant combien de temps après celui où
une poule a ſouffert pour la dernière fois
les careſſes du mâle, elle peut pondre des
œufs fécondés : je fis couver les œufs
qui furent pondus journellement par les
deux poules qui n'avoient plus voulu
ſouffrir de coq avec elles : ceux qui furent pondus par l'une près de cinq ſemaines après ſa ſéparation d'avec tout
mâle, donnèrent des poulets, mais ceux
qu'elle pondit dans la ſuite n'en donnèrent plus ; ainſi l'accouplement d'un coq
peut rendre féconds les œufs qui ſeront
pondus pendant plus d'un mois. Quand
je me fus aſſuré que ces poules ne pondoient que des œufs clairs, je les laiſſai

aller vivre en liberté dans la baſſe-cour, où elles ne donnèrent aucun indice d'inclination ſanguinaire, & où elles ne ſe montrèrent aucunement ennemies des coqs.

Trois autres poules que j'ai ſéparées des mâles avec leſquels elles avoient habité, ont ceſſé plûtôt de pondre des œufs féconds, au bout de 25 à 26 jours; mais peut-être y a-t-il des circonſtances où le nombre des œufs fécondés qui ſe trouvent à la fois dans le corps d'une poule, eſt encore plus grand que le nombre de ceux que m'ont donnés les deux premières poules, & peut-être ce nombre eſt-il quelquefois plus petit encore que celui après lequel les ſecondes poules ont ceſſé d'en donner de féconds. Cette expérience demanderoit à être répétée encore bien des fois, & dans différentes ſaiſons de l'année, pour s'aſſurér des limites au delà deſquelles la fécondation des œufs de poules ne ſauroit s'étendre.

Si l'on vouloit être pourvû d'aſſez de loges pour faire en même temps toutes les expériences auxquelles ces loges ſeroient néceſſaires, on auroit beſoin d'en avoir un grand nombre; il en faudroit au moins ſept à huit pour conſerver ſans altération les ſeules eſpèces de poules qui ſe trouvent actuellement dans le royaume, quoiqu'on n'en accordât pas à l'eſpèce la plus commune, à qui il ſeroit très-inutile d'en accorder. Je ne ferai pas actuellement la deſcription, ni même l'énumération de ces différentes eſpèces de poules, parce que j'aurai occaſion d'en parler plus au long dans un autre ouvrage; je ne crois pas néanmoins devoir attendre juſque-là à avertir les Curieux de ne pas négliger de s'en procurer deux eſpèces qui ont des ſingularités qui n'ont pas été connues, des Ornithologues. Dans le grand & bel ouvrage d'un des plus célèbres d'entr'eux, dans celui de Willughby ſur les oiſeaux, on trouve deux règles générales, dont l'une eſt démentie par une de ces eſpèces de poules, & dont l'autre l'eſt par l'autre eſpèce. Une de ces règles veut qu'il n'y ait aucune eſpèce d'oiſeaux qui ſoient munis de plus de quatre doigts; les poules d'une des deux eſpèces dont je veux parler, en ont cinq, trois antérieurs & deux poſtérieurs; le ſecond des poſtérieurs, le ſurnuméraire, eſt beaucoup plus grand que l'autre; ce n'eſt pourtant pas celui qui paroît le plus utile au pied, aſſez ordinairement il ſe relève en haut. Au reſte cette eſpèce de poules eſt une des plus

grosses, & mériteroit par sa seule grosseur qu'on travaillât à la multiplier ; elle
est étrangère, je la soupçonne même des
Indes orientales ; je l'ai eue en Poitou, où
on prétend qu'elle a été apportée par un
Officier de vaisseau. Elle se trouve très-
bien en France, elle pond de fort gros
œufs, & m'a paru en pondre autant que
les poules les plus communes ; mais nous
la perdrons si l'on ne songe pas plus à
la conserver qu'on ne l'a fait jusqu'ici :
il m'a fallu avoir recours à deux maisons
éloignées l'une de l'autre de plusieurs
lieues, pour parvenir à avoir un mâle &
une femelle, & on m'assura alors qu'on
n'en trouvoit plus dans des châteaux où
il y en avoit eu un assez bon nombre.

Les poules de l'autre espèce que je
veux indiquer, sont moins rares & moins
grosses que celles de la précédente, elles
sont même un peu plus petites que les
poules de l'espèce la plus commune ; on
en trouve assez aisément en divers cantons
du Poitou & de la Normandie : il semble que la queue leur ait été arrachée,
elle leur manque naturellement, ce qui les
dépare à nos yeux ; on les appelle en quelques endroits des poules sans queue, dans
d'autres des culs nus. Elles n'ont pas été
inconnues aux Historiens des oiseaux,

mais si elles l'eussent été mieux de Willughby & de Ray, ils n'eussent pas avancé
comme une règle sans exception, que s'il
y a des espèces d'oiseaux sans queue, il n'y
en a pas sans croupion. Quoiqu'on étende
souvent le nom de croupion à la charpente osseuse qui soûtient les chairs de la
partie postérieure du corps d'un oiseau,
on sait que ce nom est proprement dû à
un monticule pyramidal qui s'élève sur
le derrière ; ce petit corps , ce croupion
proprement dit, a aussi sa charpente osseuse qui soûtient les chairs dont sont
recouvertes des glandes qui rendent celui
de quelques oiseaux un morceau agréable,
& qui donnent un goût fort , un goût de
musc, à celui de quelques autres, au croupion des canards. Les glandes qui entrent
pour beaucoup dans sa composition, sont
destinées à faire la sécrétion d'une liqueur
onctueuse; c'est pour la laisser sortir que
le croupion de plusieurs oiseaux a un canal excrétoire très-visible, & que celui de
quelques autres en a deux. Les poules &
beaucoup d'espèces d'oiseaux, soit de
leur classe, soit de classes différentes, n'ont
qu'un de ces canaux : le canal excrétoire
des poules est un tuyau charnu qui s'élève
presque perpendiculairement sur le croupion ; sa figure est conique. Il est aisé de

se convaincre que ce tuyau est le conduit excrétoire des glandes du croupion ; on n'a qu'à presser avec les doigts les environs de la base du tuyau charnu , & sur le champ on détermine une liqueur épaisse à monter dans le canal & à sortir par son extrémité. Le tuyau paroît organisé de manière à pouvoir opérer ce qu'opère la pression des doigts ; à son extérieur il semble composé d'anneaux mis les uns au dessus des autres.

La singularité très-remarquable de nos poules sans queue, est qu'elles n'ont aucun vestige de croupion ; l'endroit d'où il devroit s'élever , si elles en avoient un , est plus enfoncé que le reste , c'est une table rase où on chercheroit inutilement des glandes & le canal excrétoire qui donne la sortie à la liqueur onctueuse.

Si j'étois tenté d'expliquer pourquoi il ne se fait pas à la partie postérieure des poules sans queue , une sécrétion pareille à celle des autres poules & des autres espèces d'oiseaux, à plusieurs desquelles j'ai trouvé un croupion , quoiqu'elles manquent de queue ; si, dis-je, j'étois tenté de l'expliquer , je serois averti du risque que je courrois de me tromper , lorsque je crois devoir faire regarder comme une erreur l'idée que se sont faite les Natura-

listes & les Physiciens, de l'usage de la liqueur onctueuse qui sort par le canal ou
par les canaux excrétoires du croupion des
oiseaux. Les merveilles les plus capables
de nous remplir de la plus juste admira-
tion, étant aussi prodiguées qu'elles le
sont dans tous les ouvrages de la Nature,
ceux qui avec des intentions très-louables
cherchent en les exposant, à forcer d'en
reconnoître l'Auteur, ne sont pas exempts
de reproches lorsqu'ils nous en racontent
qui ne sont pas de la plus grande certi-
tude : ils ont tous cru que les plumes des
oiseaux, pour être défendues contre la
pluie, & pour que l'eau coulât dessus,
avoient besoin d'être enduites d'une espèce d'huile ou de graisse, & que cet enduit fût renouvellé de temps en temps;
nous prouverons qu'ils ont eu tort de le
croire, dans un Mémoire qui n'aura uniquement que les plumes pour objet. Ils
ont voulu, en conséquence nous faire admirer un réservoir de liqueur grasse posé
sur la partie postérieure de chaque oiseau,
duquel il fait la faire sortir & la prendre
avec le bout de son bec pour la porter &
l'étendre sur les plumes à qui elle est devenue nécessaire.

Je ne m'arrêterai pas actuellement à faire
voir combien la quantité de liqueur qui

peut être fournie journellement par ce réservoir, est peu proportionnée à l'étendue des surfaces qu'ont ensemble les plumes en nombre immense dont une poule ou un canard sont couverts, combien il faudroit de temps pour que le réservoir en fournît assez pour graisser la surface d'une seule de ces plumes. Pour détruire entiérement une idée qui a dû plaire, & qui a été généralement adoptée, je n'ai besoin que de dire que les plumes de nos poules sans queue, ou, comme je les appelle, sans croupion, sont à l'épreuve de la pluie pendant un temps aussi long que celles des autres poules, & de divers autres oiseaux bien pourvûs d'un croupion où se fait la sécrétion d'une liqueur grasse.

Il est réel néanmoins qu'il y a bien des momens où l'on voit des oiseaux se becqueter le croupion, c'est ce qui en a imposé ; on a jugé qu'alors ils en exprimoient une liqueur grasse, dont ils chargeoient le bout de leur bec, pour l'aller étendre sur leurs plumes ; on n'a pas fait attention que le bout du bec n'y en auroit pas pû prendre assez pour se rendre gras lui-même. Tout ce qu'on auroit pû en conclurre, c'est qu'une petite incommodité, une demangeaison peut - être, déterminoit l'oiseau à se presser le croupion,

ou le réservoir, ou le conduit excrétoire
de la matière grasse, pour la faire sortir
des lieux où elle s'étoit trop épaissie & en-
gorgée. Les écoliers même savent que
cet engorgement peut se faire, & occa-
sionner des maladies; quand leurs moineaux sont tristes & languissans, ils exa-
minent l'état du croupion, & lorsqu'ils y
croient voir des glandes plus gonflées
qu'elles ne le sont naturellement, ils les
pressent, & quelquefois ils les percent
pour en faire sortir leur liqueur. Je ne sais
si le succès de cette dernière opération est
bien sûr, mais il vaudroit mieux, je crois,
chercher à désobstruer le canal excrétoire
dont le bout est quelquefois bouché par la
liqueur desséchée, & pour cela l'humecter
ou introduire dedans quelque petit corps
solide. Tant qu'on ignorera pourquoi il se
fait dans nos oreilles une sécrétion, mais
en petite quantité, d'une matière particulière, on ne se croira pas obligé de rendre
raison pourquoi il se fait aussi une sécrétion en très-petite quantité d'une matière
particulière sur le derrière des oiseaux.

Les œufs qu'on aura des poules tenues
dans des loges avec un coq de leur espèce,
après avoir été couvés, donneront des
poulets qui, laissés libres dans la cour,
lorsqu'ils seront parvenus à l'âge où ils

peuvent être abandonnés à eux - mêmes, y conserveront ce spectacle varié qu'offrent des oiseaux de bien des espèces qui vivent pêle-mêle. Ce spectacle se variera même de plus en plus, d'année en année par les alliances qui se feront entre les poules & les coqs des espèces qui diffèrent le plus entr'elles. Si on aime à s'occuper d'expériences propres à donner de nouvelles connoissances, on ne laissera pas faire toutes celles-ci au hasard, on en tentera beaucoup de différentes pour s'instruire de ce qui en peut résulter, soit par rapport aux formes, soit par rapport aux couleurs, soit par rapport à la qualité de meilleures pondeuses, tant pour le nombre que pour la grosseur des œufs. Entre ces expériences il y en a dont nous parlerons avant que de finir ce Mémoire, qui ne sauroient manquer de paroître très-importantes aux Physiciens.

La curiosité peut conduire à faire des alliances plus disproportionnées que celles d'oiseaux qui ne diffèrent qu'en espèce, elle peut inviter à en allier de genres différens, voisins les uns des autres ; on peut tenter sur les grands ce qui a réussi aux curieux qui se plaisent à en faire couver des plus petites espèces. Le chardonneret mâle féconde les œufs du serin femelle, il en naît des mulets dont le chant n'eſt ni celui du chardonneret, ni celui du ſerin, & qu'on trouve plus agréable que le chant de l'un & de l'autre. On fait avec ſuccès de ces mariages de diverſes autres eſpèces de petits oiſeaux; il y en a apparemment de même de faiſables entre des oiſeaux de grandes eſpèces de différens genres, qui ne ſeroient pas ſtériles : on ſait que des faiſans peuvent prendre du goût pour des poules, & on vante beaucoup les oiſeaux qui viennent des poules qu'ils ont fécondées, on prétend que leur chair eſt plus délicate que celle des poulets ordinaires.

Des accouplemens beaucoup plus contraires aux règles ordinaires de la Nature, ſe font quelquefois dans les baſſe-cours : j'ai eu occaſion de voir journellement une canne de l'eſpèce la plus commune, qui s'accroupiſſoit pour recevoir les careſſes d'un coq, qui n'étoit pas toûjours le même, & auxquelles elle ſe prêtoit d'auſſi bonne grace qu'elle eût fait à celles d'un canard : le coq de ſon côté ſembloit auſſi ardent pour cette canne qu'il l'eût pû être pour une poule. C'étoit pourtant par un vrai libertinage qu'elle ſe conduiſoit ſi mal, car elle vivoit avec un mâle de ſon eſpèce qui n'avoit que deux autres femelles , & qu'elle ne rebutoit pas; mais dans des temps où il étoit éloigné , & où elle l'eût voulu proche , elle invitoit le coq à faire les fonctions de canard, qui paroissoient se bien accomplir de la part de celui-ci. Des accidens arrivés aux œufs qu'elle a pondus, m'ont privé du plaisir de voir les oiseaux qui en seroient nés ; peut-être eussent-ils été différens en quelque chose des cannetons ordinaires. La mort enleva cette canne , & ne me permit pas , comme je l'avois espéré , d'avoir d'elle d'autres œufs, qui , s'ils eussent été fécondés , ne l'auroient été que par un coq avec lequel je l'aurois tenue dans une loge, & eussent donné des oiseaux singuliers. C'est une expérience qui mérite d'être faite sur quelqu'autre canne, & qui ne sera pas difficile , car on m'a assuré qu'il n'étoit pas rare de voir des cannes aussi déréglées qu'avoit été la mienne.

Il a été beaucoup parlé dans Paris, il y a quelques années, d'amours tout autrement étranges que celles d'une canne & d'un coq, des amours d'une poule & d'un lapin. M. l'Abbé de Fontenu que ses travaux suivis pour l'Académie des Inscriptions & Belles-Lettres dont il est Membre , n'empêchent pas d'aimer la Physique & de faire des expériences &

des observations curieuses, communiqua à l'Académie des Sciences ce qui se passoit dans la maison de M. son frère, où il demeure, entre une poule & un lapin : il l'informa de la forte inclination que ces deux animaux si mal assortis avoient prise l'un pour l'autre, qui étoit telle que le lapin en usoit avec la poule comme il eût fait avec une lapine, & que la poule lui permettoit tout ce qu'elle eût pû permettre à un coq. Ce fait parut à l'Académie de ceux qui ne doivent être crus que lorsqu'on est certain qu'ils ont été vûs par des yeux qui savent bien voir. M. l'Abbé de Fontenu en a de tels, mais il ne citoit pas le témoignage des siens sur l'accouplement du lapin avec la poule, il ne l'attestoit que sur le rapport de tous les domestiques de la maison, cocher, laquais & cuisinière, & de personnes d'un autre rang, mais peu accoûtumées à faire des observations, qui prétendoient voir journellement dans une cour où le lapin & la poule vivoient, ce que M. l'Abbé de Fontenu n'étoit pas à portée d'observer de son cabinet. Je ne lui eus pas plûtôt fait connoître que je serois curieux d'avoir en ma possession la poule & le lapin, pour m'assurer par moi-même de la réalité & de l’étendue du goût qu’ils avoient l’un pour l’autre, que sa disposition à me faire plaisir, dont je suis très-flatté & dont il m’avoit donné bien des preuves, ne lui permit pas d’hésiter un instant à me promettre que ces deux animaux seroient chez moi dès le lendemain.

Le lapin & la poule me furent aussi apportés dès le lendemain 24 juin; je les logeai dans un lieu où j’avois la commodité de les observer souvent sans les troubler, dans une garde-robe où on entre par le cabinet où je travaille, & dans laquelle je pouvois voir ce qui se passeroit sans y entrer : cette garde-robe a une grande fenêtre assez basse, qui donne sur mon jardin. Jusqu’au 28 ils me parurent dans une parfaite indifférence l’un pour l’autre ; le changement de lieu les avoit apparemment troublés & occupés; mais le 28 à 5 heures $\frac{1}{2}$ du matin, je vis le lapin s’approcher de la poule, placer son corps le long d’un des côtés de celle-ci ; un instant après laissant ses pattes postérieures à terre, il fit faire un saut, avec la légèreté propre aux lapins, à sa partie antérieure sur le dos de la poule qu’il saisit avec ses deux pattes de devant, à l’origine de l’une & de l’autre des aîles ; il approcha ensuite le plus qu’il pût la

partie

partie postérieure de son ventre du derrière de la poule, & fit faire à cette partie de petits mouvemens très - prompts, dont la fin n'étoit pas équivoque. Il ne lui fut permis de rester en cette posture que pendant un temps extrêmement court, la poule n'étoit pas disposée à se prêter à ses caresses; elle n'avoit que peu plié ses jambes, elle alla en avant & lui échappa.

Le 29 ne me fit voir aucune agacerie de la part du lapin, je dis de la part du lapin, car la poule se conduisit toûjours en poule modeste ; mais le 30, encore à 5 heures $\frac{1}{2}$ du matin, je commençai à observer le jeu que j'avois vû le 28, & il fut répété à bien des reprises. Le lapin venoit de manger une feuille de laitue ; après avoir frotté ses pattes l'une contre l'autre, & les avoir frottées contre ses lèvres, il alla chercher la poule ; dès qu'il fut près d'elle, il ne tarda pas à élever prestement sa partie antérieure & à la poser sur le corps de celle-ci ; mais avant qu'il eût eu le temps de s'y cramponner, la poule sut se soustraire à l'embrassement : elle étoit au milieu de la petite chambre, elle se sauva sous une chaise. L'ardent lapin l'y suivit, & malgré les bâtons de la chaise, qui rendoient très-étroite l'enceinte dans laquelle étoit la poule, il parvint à pofer fur le dos de celle-ci la partie antérieure de fon corps ; elle fe débarraffa encore de lui , & avança tout près du mur de la fenêtre , contre lequel elle appliqua un de fes côtés. Le lapin ne tarda pas à profiter d'une pofition dans laquelle il étoit plus difficile à la poule de l'efquiver , il grimpa promptement fur elle ; celle-ci ayant toûjours la même envie de lui réfifter , & l'embrafure de la fenêtre ne lui laiffant pas affez de liberté de fuir , eut recours à la force , elle retourna la tête pour donner aux lèvres du lapin trois à quatre coups de bec qu'il ne prit pas pour des careffes , & qui n'avoient nullement l'air d'en être , il fe retira fur le champ de deffus elle : il n'en fut pas quitte néanmoins pour les coups de bec qu'il avoit reçus , la poule lui en donna encore trois à quatre autres fur le devant de la tête. Ces coups le calmèrent , il refta tranquille auprès de la poule , il la laiffa même s'éloigner fans la fuivre , il alla lui-même de différens côtés. Au bout d'une demi-heure , après avoir mangé une feuille de laitue , le lapin parut avoir oublié les mauvais traitemens qu'il avoit reçus , il fe rapprocha de la poule , recommença fes tendres attaques , auxquelles elle ne parut pas plus difpofée à fe rendre qu'elle

se l'étoit montrée auparavant. Inutilement parvint-il à grimper sur son dos à
trois reprises différentes, elle ne lui permit pas de rester dans cette position ;
pour s'en défaire elle monta sur un tabouret assez bas, le lapin y fut presqu'aussi-
tôt monté qu'elle, & fit de nouvelles tentatives qui ne furent pas plus heureuses
que celles qu'il avoit faites lorsque la poule
étoit à terre.

Le lapin cessa des poursuites qui lui
avoient si mal réussi pendant près d'une
heure, après laquelle ses accès de ten-
dresse le reprirent ; vers les 7 heures, il
se rapprocha de nouveau de la poule,
qui un peu auparavant avoit coçoté, mais
très-doucement ; elle étoit au milieu de
la chambre lorsqu'il porta la partie antérieure de son corps sur le dos de celle-ci
avec une nouvelle ardeur ; il sut s'y mieux
cramponner peut-être qu'il n'avoit fait
jusqu'alors, ou peut-être que la poule
n'avoit plus la même envie de le fuir ; elle
fit pourtant quelques pas en avant, mais
assez lents, & ayant ses jambes un peu
fléchies. Le lapin passionné tint ferme &
ne l'abandonna pas, aussi le moment où elle
alloit consentir à être subjuguée, étoit-il
proche ; elle s'accroupit comme fait toute
poule qui après avoir fui devant le coq

confent à fouffrir fes carefles ; elle permit
au lapin de fe pofer comme il le voulut ;
il laiffa fes deux jambes poftérieures à
terre, & difpofa fon corps tout du long
du dos de la poule, dont la queue fe
trouva jetée, par la preffion des cuiffes
du lapin, fur le côté gauche ; enfin la
poule devint pour lui une lapine ; il refta
fur elle en action quatre à cinq fois plus
de temps qu'un coq n'y fût refté.

Mais la jonction fut-elle auffi complète que celle d'une poule avec un coq,
d'un lapin avec une lapine ? c'eft ce que
j'ignore ; ce que je fais, c'eft que ce qui
fe paffa fut fuffifant pour refroidir le lapin ; non feulement il ne chercha plus à
inquiéter la poule pendant plus de deux
heures de fuite, il fembla même n'avoir
befoin que de repos ; il paffa ces deux
heures fur le tabouret dont il a été parlé,
fans s'y donner de mouvement, fans y
changer de place.

La poule ayant porté fi loin fa com-
plaifance pour le lapin fous mes propres
yeux, il ne me fut plus permis de douter
de ce qu'on avoit rapporté s'être paffé
entre l'un & l'autre dans leur première
habitation, & il ne me parut plus auffi
néceffaire de fuivre avec affiduité leurs
démarches. D'ailleurs, s'il ne m'étoit pas

possible de décider si en mon absence la poule avoit été aussi traitable que le lapin l'avoit desiré, il me l'étoit au moins de juger s'il l'avoit laissé tranquille, ou s'il l'avoit tourmentée. Si une poule étoit capable de honte, & que la nôtre eût connu l'état dans lequel les caresses du lapin la mettoient, elle n'eût osé se montrer à coq quelconque ; elle étoit tout autrement chiffonnée qu'il ne semble permis à une poule de l'être. Nous avons dit que le lapin débutoit par poser ses deux pattes antérieures sur le dos à l'origine des aîles ; chaque patte poussoit en enhaut, vers la tête, les plumes qu'elle rencontroit, elle les obligeoit de se rebrousser & de laisser une place où les chairs étoient presque à découvert ; il restoit donc deux empreintes des embrassemens du lapin sur le dos de la poule, & ces empreintes étoient d'autant plus marquées & plus étendues que les embrassemens avoient été plus réitérés & plus longs. Une autre empreinte faite par les caresses du lapin, étoit encore aisée à remarquer sur les plumes les plus proches du derrière, mais ordinairement d'un seul côté ; là, au lieu d'avoir été plus relevées vers la tête, comme celles dont il vient d'être parlé, elles avoient été plus comprimées vers le corps, elles formoient un enfoncement; les bouts des dernières plumes de l'aîle moins forts que le reste de la tige, avoient cédé à des pressions du corps ou des cuisses du lapin, & même à celles des pattes de devant qui les avoient frottés lorsque le lapin s'étoit retiré de place, soit de gré, soit forcément.

Il y avoit donc des temps où la poule étoit dans un grand désordre; elle faisoit de son mieux pour le réparer en rajustant ses plumes avec son bec, mais ce n'étoit pas un ouvrage de quelques momens, un jour y suffisoit à peine, parce que les plumes avoient besoin d'être ramenées à leur première position par le ressort de leur portion logée dans les chairs, qui quelquefois avoit été trop forcé. Ces amours, si bizarrement assorties, m'ont paru mériter que j'en tinsse une espèce de journal pendant près de deux mois; elles ne se font pas constamment soûtenues avec la même ardeur, elles avoient leurs accès séparés les uns des autres par des intervalles, quelquefois d'un jour & quelquefois de plusieurs jours de suite. J'étois presque sûr qu'il n'y avoit pas eu d'agaceries de la part du lapin pendant celui où je ne lui en avois point vû faire, lorfque je ne retrouvois le foir aucun dérangement dans les plumes de la poule. Depuis le 7 de juillet jufqu'au 15, le lapin me parut tombé dans l'indifférence, & l'arrangement des plumes des aîles de la poule me le confirma; mais l'après-midi du 15 j'eus preuve que fes fentimens s'étoient ranimés, parce que je trouvai les plumes proche de l'origine de chaque aîle, extrêmement chiffonnées & relevées, & que d'un côté celles d'auprès de la queue avoient été enfoncées.

Non feulement il continua d'être paffionné le 16, je lui vis mettre même plus de galanterie dans fes amours qu'il ne l'avoit fait encore, je le vis fauter par deffus la poule d'un côté à l'autre, & pour s'ajufter fur le corps de celle-ci s'élancer & porter fubitement fes deux pattes antérieures près de l'origine des aîles. La poule l'ayant empêché de refter dans cette pofition, ce fut alors qu'il fit ce qu'on peut attendre de plus galant d'un animal de fon efpèce; en fautillant avec légèreté il décrivit un cercle dont elle occupoit le centre, il parcourut cinq à fix fois ce cercle, & dans le même fens, en continuant de faire de petits fauts; il s'approcha enfuite de la poule, qui

O iiij

n'ayant pas été gagnée par ces gentil-
lesses, sauta sur un tabouret sur lequel il
la suivit, paroissant desirer de tenter de
nouveau l'avanture. Il étoit difficile qu'il
retînt la poule dans une place si étroite ;
celle-ci, pour se mettre encore plus en
sûreté, alla se jucher sur le bord d'une
boîte remplie en partie d'herbes destinées
au lapin. Il fut forcé d'y laisser la poule
tranquille ; je me lassai aussi de les observer, & quand je retournai les revoir
au bout d'un quart d'heure, l'amant me
parut retombé dans une indifférence qui
sembloit m'annoncer que le moment où
il avoit été rendu heureux m'avoit échappé, il passoit près de la poule sans la regarder. Pendant qu'elle étoit accroupie
à terre, il se tint à son tour tranquille
sur le tabouret ; il fut une heure & demie sans montrer ni gaieté ni vivacité, il
prit, pour ainsi dire, un air sournois &
ennuyé.

Je n'aurois à rapporter que de pareilles
alternatives de passion & de froideur, si
je continuois à raconter comment il se
conduisit pendant près de deux mois que
je le tins dans ma garde-robe : je ne l'en
fis sortir qu'après que j'eus lieu de croire
qu'il n'avoit plus rien de nouveau à
me faire voir ; ce ne fut même qu'après

avoir mis ſa conſtance à une épreuve propre à m'apprendre s'il avoit un goût décidé pour la poule avec laquelle il avoit toûjours vécu, ou s'il étoit capable d'en prendre un pareil pour une autre. Je lui en choiſis une extrêmement familière qui venoit à tous ceux qui l'appelloient, & ſur-tout aux Dames, & qui ſe préſentoit d'elle - même lorſqu'on la vouloit prendre entre ſes bras ; mais cette poule ſi familière avec les figures humaines, ſe montra effrayée de celle du lapin. J'ai eu lieu de croire qu'il n'eût pas tenu à celui-ci qu'ils n'euſſent vécu enſemble dans la plus grande intimité, mais toutes les fois qu'il tentoit de s'en approcher, elle s'envoloit en chantant comme chante une poule effarouchée; elle ne parut point s'accoûtumer à le voir. Je les ſéparai après qu'ils eurent habité quatre jours enſemble, pendant leſquels le lapin ne fit aucun progrès auprès d'elle. Cette ſéparation fut à la vérité un peu prompte, des mois euſſent apparemment fait ce que des jours n'avoient pû opérer ; ce cas-ci eſt bien un de ceux où le temps eſt un grand maître.

Pour ne me pas reprocher de m'être ſi fort étendu ſur ce qui s'eſt paſſé ſous mes yeux entre la première poule & le lapin, j'ai befoin de me rappeller le temps où tout Paris fouhaitoit fi fort d'en être inftruit, le temps où je ne trouvois perfonne qui ne voulût que je lui racontaffe ce qu'il y avoit de réel dans leurs amours, où la curiofité de les voir l'un & l'autre amenoit chez moi tant de gens de différens ordres. Mais ce qu'on étoit au moins auffi curieux de favoir, c'eft quels feroient les produits d'une union fi bizarre. On auroit voulu, & je l'euffe bien fouhaité auffi, qu'elle nous eût valu des poulets vêtus de poil ou des lapins couverts de plumes. La poule étoit en ponte lorfque M. l'Abbé de Fontenu me l'envoya, & m'envoya avec elle deux de fes œufs ; je n'eus rien de plus preffé que de les mettre fous une poule qui couvoit ; je ne favois pas alors faire éclorre les poulets dans des fours, & fi je l'euffe fû, je n'euffe pas eu le déplaifir que j'eus deux jours après, de trouver les deux œufs caffés : leur coque pouvoit être trop tendre, & n'avoir pas été capable de réfifter aux frottemens & aux preffions que la couveufe leur avoit fait effuyer lorfqu'elle avoit voulu les arranger à fa manière. J'ai d'autant plus lieu de croire que la coque de ces œufs étoit mince, que la poule qui les avoit donnés en fit deux

chez moi en différens jours, dont la coque étoit fi peu capable de réfiftance,
qu'ils furent caffés en fortant de fon derrière, ou peu après qu'ils furent fortis.
Ceux qu'elle pondit dans la fuite, eurent
des coques d'une meilleure confiftance,
mais le nombre en fut petit, il n'alla
qu'à fix qui furent couvés, & fans aucun
accident, par trois différentes poules auxquelles ils furent diftribués : le terme
après lequel ils devoient l'avoir été affez
long-temps, arriva fans que rien en éclôt.
Je les caffai les uns après les autres, &
j'en trouvai cinq clairs, ou, comme nous
l'avons affez expliqué, des œufs tels que
ceux qui n'ont point été fécondés, & qui
peuvent être gardés très-long-temps &
même couvés fans fe corrompre ; les cinq
œufs dont je parle, étoient auffi très-fains.

Le fixième œuf différoit des autres en
ce qu'il étoit puant, & que fon jaune &
fon blanc étoient mêlés enfemble : cette
différence dont mon odorat s'étoit mal
trouvé, paroîtra un point fort important,
fi l'on eft refté convaincu par les expériences que nous avons rapportées au commencement de ce Mémoire, que le germe qui périt dans un œuf y eft le principe
de la corruption ; on en fera difpofé à
penfer que le fixième œuf avoit eu un

O vj

germe, qu'il avoit été fécondé ; on auroit donc été fondé à espérer qu'un animal s'y seroit nourri & développé, si quelqu'une de ces circonstances qui font périr le poulet dans l'œuf plus ou moins près du terme, n'eût été funeste au germe dû à un accouplement de deux animaux si peu faits pour s'unir l'un à l'autre. Si j'eusse assez sû alors que les œufs qui se pourrissent ne sont pas les stériles, j'eusse souhaité avoir un plus grand nombre d'œufs de la poule avec laquelle le lapin avoit vécu maritalement, je ne me fusse pas tant pressé de les renvoyer tous deux avec beaucoup de remercimens à M. de Fontenu, qui avoit eu la politesse de me les offrir pour toûjours. Mais on réussiroit probablement à avoir des œufs de quelqu'autre poule trouvée agréable par un lapin, & à qui le lapin ne déplairoit pas, en les faisant habiter l'un & l'autre seuls dans une même loge pendant plusieurs mois, & sur-tout si on les mettoit ensemble très-jeunes : la nôtre & son lapin étoient déjà âgés lorsqu'ils commencèrent à se connoître.

Mais nos loges peuvent servir à faire des mariages qui ne seront pas aussi mal assortis, des mariages entre des poules & des coqs, dont les fruits seront plus certains & propres à répandre des lumières sur une des plus obscures & une des plus intéressantes matières de la Physique, sur la génération des animaux. Les germes par le moyen desquels leurs espèces se perpétuent, sont-ils dans les œufs des femelles, où ils n'attendent qu'à être vivifiés par le mâle, à y être mis en état de croître par la liqueur ou les esprits que le mâle doit leur fournir? ou ces germes résident-ils dans les mâles jusqu'à ce que ceux-ci les mettent à portée de s'introduire dans les œufs des femelles, où ils doivent trouver tout ce qui est nécessaire à leur développement? enfin ces germes sont-ils un produit nouveau dû au concours du mâle & de la femelle? Ce dernier sentiment est le plus ancien, & quoiqu'il ait été adopté par des modernes d'un grand nom, ceux qui se sont accoûtumés à vouloir au moins entrevoir quelque rapport entre les effets & leurs causes, n'ont pû se prêter à une idée qui suppose que d'une liqueur ou de liqueurs mêlées ensemble & entretenues dans un certain degré de chaleur, il puisse résulter une machine composée de tant d'organes, qui sont eux-mêmes un assemblage d'un nombre prodigieux de machines différentes, merveilleusement réunies pour concourir à une même fin.

Le grand Defcartes a moins préfumé des forces de fon génie, quand il a entrepris d'expliquer la formation de l'Univers, que quand il a tenté d'expliquer celle de l'homme ; peut-être auffi n'étoit-il pas content de fes tentatives fur la formation de l'homme, qui n'ont été imprimées qu'après fa mort. Il entre bien un autre appareil dans la compofition du plus petit animal, que dans l'arrangement de ces globes, foit lumineux, foit opaques, qui nous étonnent par la grandeur énorme de leur maffe, mais qui pourtant ne nous font voir qu'un petit nombre de mouvemens réguliers dont nous ayons à rechercher les caufes : celle qui d'une liqueur ou de deux liqueurs combinées, fera naître un animal, ne femble pas en pouvoir être une qui agiffe à l'aveugle ; la douce & égale chaleur à l'action de laquelle ces liqueurs font expofées, ne fauroit être un agent capable d'opérer rien de fi parfaitement organifé. Ne fuppofons pas les liqueurs prolifiques auffi fimples que celles qui fervent à réparer les pertes qui fe font chez nous journellement ; donnons l'effor à notre imagination, même au-delà de ce qui nous eft permis de le faire ; pour rendre ces liqueurs propres à fournir à un pareil ouvrage, suppofons qu'elles contiennent tous les matériaux néceffaires à la conftruction de la petite machine animée, qui va être formée dans une grande, & dont elle ne différera que par la petiteffe ; tâchons de penfer avec quelques Savans que les liqueurs prolifiques, foit du mâle, foit de la femelle, font compofées de parties fimilaires à celles dont font formés tous les organes, foit de l'un, foit de l'autre, c'eft-à-dire, que dans ces liqueurs fe trouvent des parties fimilaires à celles qui compofent le cœur, à celles qui compofent l'eftomac, à celles qui compofent les inteftins, à celles qui compofent le cerveau, à celles qui compofent les yeux, à celles qui compofent les oreilles, la langue, le nez, enfin qu'il y a des particules femblables à celles qui compofent chaque os , chaque mufcle, chaque vaiffeau, chaque valvule , & même chaque fibre; fuppofons, en un mot, que chaque partie de la grande machine a fourni de quoi faire en petit quelque chofe qui lui reffemble ; fuppofons que dans une cavité charnue, qui fera, fi l'on veut, l'ovaire, ont été portés des extraits, pour ainfi dire , de tous les différens organes; ne nous rendons pas difficiles fur la manière dont ces extraits ont pû être faits, ni fur celle dont ils ont pû être confervés sains & purs dans les longs & tortueux chemins par lesquels ils ont été conduits, & si propres à y produire des altérations. Accordons qu'ils sont tous arrivés dans quelque lieu de l'ovaire ; mais nous ne saurions nous dissimuler qu'ils y sont tous pêle-mêle, que les matériaux propres à faire les yeux s'y trouveront mêlés avec ceux qui doivent servir à construire l'estomac, ceux du cœur avec ceux de l'oreille ou avec ceux du cerveau ; il y aura là plus de mélanges irréguliers qu'il ne nous est possible de l'imaginer. Quel est l'agent qui va débrouiller ce cahos, assortir les parties qui doivent être ensemble, en former des organes, réunir les différens organes à ceux à qui ils doivent tenir, finir enfin ce germe, qui pour être si petit que les meilleurs microscopes ne sauroient le rendre assez sensible à nos yeux, n'en est pas moins admirable ? Nous l'avons dit, il ne faut pas attendre que la seule action d'une chaleur douce puisse faire un pareil ouvrage, un ouvrage incomparablement plus composé qu'une montre à répétition.

Tout a ses modes, la Philosophie elle-même a les siennes ; ces qualités occultes, ces sympathies & ces antipathies qu'on n'auroit osé nommer il y a cinquante ans en Physique, ont reparu avec éclat depuis ce temps-là sous le nom d'attraction : sans nous avoir appris en quoi consiste cette attraction, on en a fait de fort beaux usages par rapport aux mouvemens des corps célestes ; on a voulu aussi la faire servir généralement à expliquer tous les phénomènes de la Nature. On a cru qu'elle pourroit être employée utilement pour débrouiller tous les matériaux qui doivent entrer dans les liqueurs prolifiques ; on l'a cru capable d'opérer le miracle de la formation du fœtus ; on a cru qu'il n'y avoit pour cela qu'à supposer que les parties similaires de même espèce avoient la propriété de s'attirer réciproquement, & qu'il y avoit différentes loix d'attraction pour des parties similaires d'espèce différente ; par le pouvoir de ces loix, toutes les parties propres à faire un cœur, toutes celles qui le font à faire un estomac, un cerveau, &c. chercheront celles qui font de leur espèce, se porteront vers elles, & se réuniront ensemble : voilà le cahos qui se débrouille, des masses sans nombre vont se former composées des parties les plus analogues. Nous sommes cependant encore bien loin de voir rien qui ressemble à aucune des organisations qui doivent concourir à former notre grand ouvrage : comment des attractions donneront-elles à telle masse la forme & la structure d'un cœur, à une autre celle d'un estomac, à une autre celle d'un œil, à une autre celle d'une oreille ? comment façonneront-elles d'autres masses en vaisseaux, d'autres en valvules, &c ? elles ne tendront qu'à réunir les parties similaires en des masses solides. Quelle loi d'attraction imaginera-t-on pour faire ce petit os de l'oreille, que sa figure a fait nommer l'étrier ? comment mettre en place dans leur ordre & assembler tant de différens organes ? Il est trop évident que pour parvenir à former un édifice si composé, il ne suffit pas de multiplier & de varier à son gré les loix de l'attraction, qu'il faut donner à cette attraction les plus grandes connoissances.

Ceux qui font produire les germes des animaux par des formes plastiques, doivent accorder à ces êtres dont nous n'avons aucune idée, une intelligence bien étendue. Des Philosophes ont prétendu que toute la Nature étoit animée, qu'il n'y avoit pas de portion assignable de l'étendue de l'Univers qui n'eût son ame en propre. L'auteur d'un Mémoire qui est, je crois, resté manuscrit, & qui fut envoyé à l'Académie pour concourir pour le prix dont le sujet étoit, *la nature du mouvement*, vouloit que chaque grand animal ne fût qu'un assemblage d'un nombre prodigieux d'animaux d'une petitesse indéterminable ; il faisoit un usage assez plaisant de ces petits animaux pour expliquer les sensations; il vouloit que de toutes les parties extérieures du corps partissent des chaînes de ces petits animaux cramponnés les uns aux autres par les pattes, qui alloient aboutir à l'endroit du cerveau où est le siège de l'ame : lorsque le bout du doigt se trouvoit trop proche du feu, sur le champ l'avis en étoit porté de petit animal en petit animal à celui qui se trouvoit le plus à portée de l'ame, & qui ne manquoit pas de l'en avertir. Notre Auteur auroit pû avoir bien de petits animaux à mettre en œuvre pour leur faire faire des germes; il auroit pû en avoir d'ouvriers de fibres, d'autres habiles à construire des veines, des artères, des valvules, des nerfs, des os ; il auroit pû en avoir de capables d'assembler les parties dont un organe est composé, un cœur, un estomac une langue ; mais celui à qui il auroit été obligé de donner la surintendance de tout l'ouvrage, auroit dû être un Architecte bien supérieur en étendue de tête à ceux qui bâtissent les plus superbes palais. L'Architecte qui préside à la construction de l'édifice animé, a besoin de savoir tout ce que fait celui qui a produit l'Univers. N'espérons donc pas expliquer la première formation d'un animal : s'il a plû à l'Estre suprême que des germes se produisissent journellement, de quoi il y a lieu de douter, nous devons désespérer de connoître les moyens qu'il y emploie.

Je n'ai garde de vouloir conclurre de tout ce qui vient d'être dit, que nous ne puissions raisonnablement nous promettre de savoir rien de plus sur la génération des animaux, que ce que nous en savons actuellement ; il s'ensuit seulement que tout homme qui aura assez médité ce que c'est qu'un germe, ce que c'est qu'un animal, n'entreprendra pas d'en expliquer la formation, il ne nous est pas accordé de pouvoir remonter jusque-là. Mais en partant des germes formés, il y a encore par rapport à la génération bien des faits intéressans à savoir, sur lesquels les Physiciens sont partagés : les uns veulent, comme je l'ai déjà dit, que les germes soient naturellement dans la femelle, & les autres que les femelles n'aient que ceux que les mâles ont fait passer chez elles pendant l'accouplement. Différentes eſpèces de mulets euſſent pû fournir beaucoup plus de lumières par rapport à cette curieuſe queſtion, que les obſervations microſcopiques de Leeuwenhoek & de Hartſoeker, ſi on eût donné aſſez d'attention à ce en quoi ils tiennent chacun du père & de la mère: nos mulets ordinaires, ceux qui viennent d'une jument fécondée par un âne, euſſent déjà pû donner quelques éclairciſſemens, & on en eût pû tirer bien davantage des animaux nés d'un père & d'une mère de genres très - différens, comme d'une vache & d'un âne, d'un taureau & d'une âneſſe. Mais j'ai vû avec plaiſir que parmi les eſpèces de poules j'en avois deux qui par des accouplemens plus dans l'ordre de la Nature que ceux qui produiſent des mulets, ſembloient très-propres à nous apprendre dans lequel des deux ſèxes eſt le germe avant l'accouplement; il m'a paru heureux d'avoir des poules d'une eſpèce, qui diffèrent de toutes les autres, parce qu'elles ont une partie de plus, un très-grand doigt, & d'avoir des poules d'une autre eſpèce, qui diffèrent de toutes les autres, parce qu'il leur manque une partie très-conſidérable & très-remarquable, le croupion. Faiſons habiter des poules communes avec un coq à cinq doigts, & des poules à cinq doigts avec des coqs communs ; faisons habiter des poules communes avec un coq sans croupion, & des poules sans croupion avec un coq commun : si des poulets naissent des accouplemens faits entre des poules & des coqs ainsi combinés, & il en naît, & même de propres à perpétuer leur espèce, il semble que nous en devons attendre des faits qui décideront la question dont il s'agit ; car en supposant, comme nous l'avons supposé, le germe existant avant l'accouplement, & que nous n'étions embarrassés que de savoir s'il existoit dans le mâle ou dans la femelle, les poulets dont nous parlons doivent nous montrer par des parties qu'ils auront, ou par le manque de certaines parties, si c'est à la femelle ou si c'est au mâle que le germe a appartenu originairement. Si les germes sont dans la poule, celle qui a cinq doigts, a des germes à cinq doigts, & quoiqu'elle ait été fécondée par un coq commun, elle donnera des poulets à cinq doigts. Ceux qu'elle donnera n'en auront que quatre comme le coq avec qui elle a habité, si les germes sont dans le coq. De même la poule commune qui doit la fécondation de ses œufs à un coq à cinq doigts, produira

des poulets à quatre doigts, si les germes
des poulets étoient en elle, & elle produira des poulets à cinq doigts, si les
germes lui ont été apportés par le coq.
De la poule commune fécondée par un
coq sans croupion, naîtront des poulets
qui auront un croupion, si la poule
avoit des germes indépendamment de
l'accouplement du coq, & de cette poule
ne naîtront que des poulets sans croupion, si les germes qui se développeront
sont dûs au coq sans croupion.

Depuis plusieurs années j'ai fait de ces
assortimens de poules & de coqs, dont
on devroit attendre des poulets propres à
décider si avant l'accouplement le germe
avoit été dans le mâle, ou s'il avoit été
dans la femelle : j'ai pris les précautions
nécessaires pour interdire aux poules tout
commerce avec d'autres mâles que celui
avec lequel je les avois voulu faire habiter.
J'ai varié ces assortimens bien au-delà de
ce que je viens de le dire ; aussi pour dé-
tailler tous ceux que j'ai faits, pour apprendre quels en ont été les produits,
& pour rapporter les remarques & les
réflexions auxquelles ceux-ci ont donné
lieu, il faudroit rendre ce Mémoire, déjà
trop long, une fois plus long qu'il ne
l'est ; ce sera la matière d'un autre Mé-

moire. Avant qu'il paroisse, les expériences qui en seront la base, auront pû être confirmées par des expériences semblables qu'auront faites ceux qui aiment à trouver dans leur basse-cour des amusemens utiles au progrès de la Physique. Je les invite à ne pas négliger celui qui vient de leur être indiqué. Il ne leur sera peut-être pas aisé de faire des expériences & des observations sur les poules de l'espèce de celles à cinq doigts, qui sont rares ; mais ils pourront facilement en faire avec les poules sans croupion, qui sont répandues dans plusieurs Provinces du royaume, comme en Poitou & en Normandie, & qui se trouvent même aux environs de Paris.

EXPLICATION DES FIGURES

du quatrième Mémoire.

VIGNETTE.

LA Vignette représente une cour dans laquelle se trouve un berceau grillé, divisé en plusieurs logemens, où des poules sont tenues sans que celles d'un des logemens puissent avoir de communication avec celles d'un des autres. Quand on a beaucoup d'espèces de poules, & qu'on veut conserver ces espèces sans qu'elles soient altérées par des alliances mal-assorties, on doit avoir beaucoup de ces

petites

petites habitations ; mais il en faut bien avoir davantage fi l'on veut faire toutes les expériences curieufes qui peuvent être faites en affociant des coqs d'une efpèce à des poules d'une autre efpèce. a b b , le deffous du berceau ; la difpofition des loges dans lefquelles il eft divifé & leur conftruction font mifes en vûe dans la planche VI d'une manière dont il n'étoit pas poffible de les faire voir dans cette petite figure.

a f, la partie où font les logemens dans lefquels les poules paffent la nuit. a , toit de planches.

f, fenêtre par laquelle on voit ce qui fe paffe dans les logemens par les trous qui font allignés avec cette fenêtre.

Les trois figures de femmes qui ne font ici placées que fous une efpèce d'auvent, pourroient l'être dans une chambre , & le feroient fi on ne fe fût pas propofé de les mettre en vûe.

La figure première apporte des œufs aux figures feconde & troifième, afin que celles-ci les enduifent de beurre, d'huile & de graiffe pour les conferver dans l'état d'œufs frais ; c'eft à enduire ainfi des œufs que ces deux dernières figures font occupées.

r, eft un réchaut dans lequel il y a un peu de feu qui peut être employé, fi on le juge néceffaire, à rendre la graiffe coulante.

PLANCHE SIXIÉME.

Cette planche repréfente une de ces loges dont on a befoin d'avoir un grand nombre, lorfqu'on veut conferver différentes efpèces de poules

Tome II. . P

fans qu'elles aient de commerce avec celles d'une autre efpèce, & lorfqu'on veut faire des expériences fur des poules d'une efpèce afforties avec des mâles d'une autre efpèce. Rien ne manque ici à une de ces loges, où deux ou trois poules & un coq ne fe trouvent pas trop à l'étroit. A la fuite de cette loge bien conditionnée, il y en a une autre détruite en grande partie, & qui par-là permet de voir ce qui eft caché dans l'autre. On prolonge cette fuite de loges felon que le permet le terrein dont on peut difpofer, & felon que les expériences que l'on fe propofe, demandent qu'on les multiplie.

A B C D E, partie antérieure d'une loge dont le deffus eft un berceau de treillage.

F F, mur contre lequel la loge eft appuyée.

A B H, le devant de cette loge, qui eft grillé.

I K, porte qui, quand elle eft ouverte, comme elle l'eft ici, permet à un homme d'entrer courbé dans la loge, c'eft-à-dire que cette porte a environ quatre pieds de hauteur : cette mefure & toute les autres font arbitraires. La hauteur de la porte eft une échelle pour toutes les mefures des autres parties, auffi a-t-il paru inutile de faire graver une véritable échelle.

L, la pièce antérieure de la loge dans laquelle il y a deux poules.

M, auget ou boîte dans laquelle on met la mangeaille des poules.

N, N, traverfes attachées fous l'auget, qui lui donnent un appui qui empêche les poules de le renverfer.

O, vafe où les poules trouvent à boire.

P, porte de communication de la pièce antérieure avec la pièce poftérieure, dans laquelle les poules pondent & couchent : une poule eſt à l'entrée de cette porte.

Q , planche mobile dans deux couliſſes , qui, lorſqu'elle eſt deſcendue, ferme la porte P. La ſûreté des poules demande que cette porte ſoit fermée pendant la nuit.

R S T V X , ſeconde loge détruite en grande partie, afin de mettre en vûe ſa pièce poſtérieure.

V X , toit qui couvre la ſeconde pièce ou la pièce poſtérieure de la loge.

Y , porte de communication de la pièce antérieure avec la poſtérieure.

Z , planche avec laquelle on ferme la porte de communication de l'une à l'autre pièce.

a a , cloiſon qui ſépare la première pièce ou l'antérieure, de la ſeconde ou poſtérieure.

b , la première pièce.

c c , la pièce poſtérieure.

d, d, d, bâtons ſur leſquels les poules peuvent ſe percher.

e , bâton ſur lequel une poule eſt juchée.

f , panier où les poules vont pondre ; il eſt placé ici beaucoup trop haut, il doit être plus bas que la fenêtre grillée g , afin que, lorſqu'on regarde par la fenêtre de la loge de chaque bout , on puiſſe voir dans les paniers de ſa loge & dans des paniers de quelques-unes des loges qui ſuivent : je dis dans les paniers, parce qu'il doit y en avoir au moins deux dans chaque loge.

Fin du ſecond Volume.